OPEN是一種人本的寬厚。

OPEN是一種自由的開闊。

OPEN是一種平等的容納。

OPEN 2/34

凱撒戰記

作者◆蓋尤斯・尤利烏斯・凱撒
譯者◆任炳湘 王士俊
發行人◆施嘉明
總編輯◆方鵬程
責任編輯◆江怡瑩
美術設計◆吳郁婷

出版發行：臺灣商務印書館股份有限公司
編輯部：10046 台北市中正區重慶南路一段三十七號
電話：(02)2371-3712 傳真：(02)2375-2201
營業部：10660 台北市大安區新生南路三段十九巷三號
電話：(02)2368-3616 傳真：(02)2368-3626
讀者服務專線：0800056196
郵撥：0000165-1 E-mail：ecptw@cptw.com.tw
網路書店網址：www.cptw.com.tw
網路書店臉書：facebook.com.tw/ecptwdoing
臉書：facebook.com.tw/ecptw 部落格：blog.yam.com/ecptw

局版北市業字第 993 號
初版一刷：2001 年 11 月
初版三刷：2013 年 8 月
定價：新台幣 300 元
本書由北京商務印書館授權出版中文繁體字本

ISBN 978-957-05-1731-6

OPEN 2/34

BELLUM CIVILE, DE BELLO ALEXANDRINO,
DE BELLO AFRICO, DE BELLO HISPANIENSI

凱撒戰記

蓋尤斯・尤利烏斯・凱撒
Gaius Iulius Caesar／著
任炳湘、王士俊／譯

臺灣商務印書館 發行

目次

譯者前言

本書包括凱撒繼《高盧戰記》寫的另一部作品〈內戰記〉和作者不詳的三部小戰記〈亞歷山卓戰記〉、〈阿非利加戰記〉、〈西班牙戰記〉。這五部戰記常常被合在一起，稱做《凱撒戰記》。

經過七年苦戰，凱撒征服了整個高盧，但他和羅馬世界的另一個巨頭龐培之間的關係卻愈來愈緊張。克拉蘇原來作為第三股力量，在他們之間起著平衡作用，這時已經死在安息（前五三年）。凱撒的獨生女兒尤莉婭嫁給龐培，本來是他們間的聯繫橋梁，又因難產身亡（前五二年）。從此他們間的關係急轉直下。這兩個人，一個有從高盧戰事中獲得的財富、聲望和一支久經沙場的軍隊作為資本；另一個有元老院、整個羅馬的國家機器以及除高盧以外的所有行省在作後盾，可以用合法政府的名義發號施令。雙方都有恃無恐，終於使內戰的爆發變成不可避免。

內戰有它很深刻的社會經濟根源，主要是由於一兩個世紀以來，羅馬的奴隸制經濟基礎發生了根本性的變化，而它的國家體制卻沒能跟上去。奴隸主階級中的所謂民主派和貴族共和派分別代表要求改革和反對改革的兩種勢力，展開了歷時百年的激烈鬥爭，爆發在公元前四九年的凱撒和龐培間的內戰，就是這兩種勢力的總決戰和總清算。它的直接導火線則是凱撒的職位繼承問題。

凱撒的高盧行省長官職務，根據瓦提尼烏斯法案，原任期五年，即從公元前五九年三月一日到前五四年二月底。在公元前五五年，又由特雷博尼烏斯法規定延長五年，即從公元前五四年三月一日延長到前四九年二月底。任期滿了之後怎麼辦？這件事不但凱撒自己擔心，他在羅馬的那些同黨也著急。如果他到那時放下兵權，隻身返回羅馬，以馬爾庫斯・加圖和克勞狄烏斯・馬爾克盧斯等人為首的他那些政敵，肯定會利用這機會來陷害他，主要辦法是摭拾一些他在行省的違法行為到法庭上去控告他，輕則流放，重則還有不測之禍。因為羅馬的法律規定現任官員不受控告，所以凱撒考慮，他只有以現任官員的身分返回羅馬，才可避免這種危險。因而最理想的事情就是他在高盧任滿之後，馬上當選為公元前四八年的執政官。按照多年來的老習慣，他在公元前四九年二月底任滿後，來接替他的一定是公元前四九年的兩個執政官之一，但他們不到任期屆滿時，不能離開羅馬前來履任。這樣一來，凱撒即使在這年三月初滿任，仍可以留在高盧任上，直到年底交接，然後年初到羅馬去接任公元前四八年的執政官。但他要當選執政官還有一重障礙，羅馬的法律規定參加執政官競選的人必須在選舉前親身到主持選舉的官員那邊去報名登記。凱撒身在高盧，自然不能到羅馬去登記，這樣就根本沒有當選的可能。這一點，凱撒本來早已有所準備。公元前五六年他和龐培、克拉蘇在盧加會議時，三方就已經約定凱撒在公元前四八年回羅馬去擔任執政官。這就等於是允許他可以免去親身赴羅馬登記這一手續，只是當時並沒正式用公民大會或元老院的一道法令明確下來，直到公元前五二年，才由十位保民官聯合提出允許凱撒免除親身競選的法律草案。儘管這時龐培已經在和元老院裡的貴族共和派接近，但他還沒有下決心反對凱撒，所以便讓這條法律通過了。但在這一年的晚些時候，龐培得到加圖一流人的擁戴，擔任了無同僚的執政官，建議通過了一系列法律，其中就有一條規定以後執政官和司法官一年任滿之後，不得馬上出去擔任行省長官，而須間隔五年。還有一條法律重申過去的選舉法，規定競選者必須親身到場登記參加競選。前一條法律意味著來接替凱撒的，不再是他原來設想的公元前四九年的兩個執政官之一，而是五年前早已卸任的某一個執政官。這是一個早已閒在羅馬的人，一接到任命就可以在公元前四九年三月初趕來接替。這就使凱撒失去一段可利用的過渡時期。後一條法律等於取消了十位保民官提出通過的法律。後來經過保民官們抗議，龐培雖然答應可以把凱撒作為例外，而不必親身競選一節插進這後一條法律，但顯然將來還可藉口它是事後插進去的而否認其合法性。這也就是說，凱撒在行省長官的任期屆滿後，勢必出現一段既非行省長官又非現任執政官的時期，他要不是作為一個流亡者逗留外國，就是作為一個私人返回羅馬，聽任敵人擺布。凱撒當然不是一個會俯首聽命於敵人的人，在平息了高盧大起義之後，他就一心一意地準備應付這場新的挑戰。

他在這段時間裡做了許多討好羅馬人民和軍隊的事情，例如他以追悼他死去的女兒尤莉婭為名，在羅馬舉行大規模的招待演出；他用在高盧掠來的大宗金錢在羅馬和義大利到處建造公共建築，最富麗堂皇的就是羅馬大市場的「尤利烏斯公所」。至於名公大老接受他饋贈和借款的更是不計其數。大概也正是在這時，他把士兵的薪餉提高了一倍。他又答應給河北高盧人羅馬公民權，對新征服的外高盧地區更是軟硬兼施，在鎮壓了大起義之後，馬上回過頭來竭力的拉攏起義者們的領袖們，居然做到使高盧在後來發生內戰的時候，成為他最可靠的後方。

凱撒一面在義大利內外大事收買人心，一面又想盡辦法在元老院裡爭取事情朝有利於自己的方向發展。他認為，自己的目標十分明確，如果能用和平合法的手段得到，就決不冒險使用武力。他自信只要一旦當上執政官，回到羅馬去和龐培面面相對，自然有辦法制服他，至於那些傲慢無能的貴族共和派，更不在他眼中。因之，首先他決心不和元老院決裂，寧願作出一些讓步以期通過談判達到目的。其次他還在元老院中安插一些得力的保民官，作為自己的代理人，使他們用否決權來阻止貴族共和派採取不利於他的措施。公元前五〇年的保民官庫里奧、公元前四九年的保民官馬爾庫斯・安東尼和卡西烏斯·隆吉努斯，就都是他的這種工具。

果然，在〈內戰記〉一開場就可以看到，凱撒的一再讓步，一再提出和解的建議，使元老院中的貴族共和派陣腳大亂。他們的頭頭們理屈詞窮，進退失據，陷入非常狼狽的境地。凱撒的代理人庫里奧、安東尼等人在元老院的阻撓活動，也使得這些人寸步難行。這些口口聲聲以保衛法律、保衛祖宗成法自居的人，被迫只能一步步走上踐踏一切法律和祖宗成法的道路，他們最後援用緊急戒嚴法和逼走保民官，無異授人以柄，使凱撒雖然失去了合法解決的機會，卻得到了帶兵渡過魯比孔河的藉口。

〈內戰記〉一開始就緊接《高盧戰記》，從凱撒和元老院之間的往來交涉講起，講到渡過魯比孔河後怎樣在義大利人民的熱烈支持下節節勝利，終於迫使龐培放棄義大利逃往東方；然後再分別敘述在西班牙、馬西利亞和阿非利加的戰事；最後才敘述東方戰場的正式決戰，凱撒在法爾薩盧斯一戰擊潰龐培，龐培在逃去埃及時死在亞歷山卓，凱撒接著也追到那邊，捲入埃及的王室糾紛。

〈內戰記〉之出於凱撒手筆，一向沒有人懷疑，因為它的寫作手法、風格和習用詞彙等等，都是和《高盧戰記》一致的。從幾次提到戰後的事情來看①，我們大致可以推測〈內戰記〉是在蒙達戰役（公元前四五年）之後，整個內戰已告結束時才寫的。但既然叫〈內戰記〉，何以又只寫內戰的最初兩年，而不一直寫到結束？這可能是和公元前四四年三月十五日凱撒被刺的悲劇有關的。

緊接〈內戰記〉的，是一向都收在《凱撒戰記》中的三篇小戰記。首先是〈亞歷山卓戰記〉，不

①如在卷三第五十七節說：「……這是我們在戰爭結束之後才知道的。」同一卷第六十節說：「正像後來戰爭結束以後才知道的那樣……」。

分卷，作者是誰無法確定。很多人根據《高盧戰記》卷八的一段前言，認為它是伊爾提烏斯所作，但早在公元二世紀初蘇埃托尼烏斯就對此表示懷疑了①。

這篇戰記從凱撒走入亞歷山卓後、捲入埃及王室的內爭寫起，敘述凱撒怎樣擊敗年輕的國王托勒密和擁護他的那批宮廷權貴，重新安排了埃及的王位；接下去又敘述同時或稍後在小亞細亞、伊庇魯斯和西班牙的軍事行動，直講到凱撒征服本都國王法爾那西斯為止。

有人認為這篇戰記本來也許不叫現在這個名字。原作者的意圖竟然不是想把它寫成一篇獨立的著作，而是想把它作為〈內戰記〉的第四卷的。因為它不僅僅敘述了發生在埃及的戰事，而且全面記述了公元前四八年初到次年九月的全部羅馬世界的大事。在全篇的七十八節中，埃及的戰事只占三十三節，一半都不到，說明作者不是專為埃及的戰事而寫的。從敘事筆法中看得出作者想把它直接作為〈內戰記〉續篇的其他痕跡，如在第四節提到前國王的子女為爭奪王位發生戰爭時，說：「正像前面提到過的那樣……」這裡所說的「前面」，指的正是〈內戰記〉的卷三第一百二十節。因此，說作者原來打算把它作為〈內戰記〉的第四卷，也許是正確的。

原作雖然不及《高盧戰記》和〈內戰記〉那樣敘述生動、文筆簡潔，但前人都認為它的記述清楚扼要，文字也很流利通順，至少是這三篇小戰記中最好的一篇，唯一的缺點是行文過於單調，而且作為凱撒派的一分子，對他自己這一篇維護之處太多，最顯著的是絕口不提凱撒因和克婁巴特拉有曖昧關係而偏袒她。凱撒在結束了亞歷山卓之戰後，儘管東方告急文書雪片似的飛來，還是在埃及這個溫

①見蘇埃托尼烏斯《十二帝王傳》〈尤利烏斯・凱撒〉第五十六節。

柔鄉裡泡了三四個月。作者對此也隻字不提，倒像他是一結束戰爭就馬上趕到小亞細亞去似的。同樣，在第六十五節，他雖然敘述了發生在羅馬的動亂，但卻又只是抽象地說了幾句，不指出為首者是誰來，這也顯然是在為凱撒派的頭頭之一的多拉貝拉進行掩飾。

與〈亞歷山卓戰記〉銜接的是〈阿非利加戰記〉，它記述凱撒在結束了東方的戰役，在義大利略事逗留後，便帶著一支力量極為單薄的軍隊在阿非利加登陸，打敗集結在那邊的龐培餘黨西皮阿、加圖、拉比努斯、阿弗拉尼烏斯以及支持他們的努米底亞國王尤巴等人，收復阿非利加行省，並把努米底亞改為行省的經過。

本篇作者不知何許人，曾經有人竭力想證明它是阿西尼烏斯・波利奧①的手筆，又有人想證明它和〈西班牙戰記〉都是蓋尤斯・奥皮烏斯②的作品。在阿非利加戰爭時這兩個人雖然都在凱撒軍中③，但還沒有證據證明這就是他們寫的，而且他們兩人都是夙負文名的人，寫出來的東西也許要比現在這兩篇高明一些。

①蓋尤斯・阿西尼烏斯・波利奥(76 B.C.～A. D. 5)——羅馬文學家，內戰中先後在凱撒和安東尼軍中工作過，還擔任過公元前四〇年執政官，後來退出政治舞台，以寫作自娛，成為帝國初期文藝界的一位有名的保護人，而且興建了羅馬的第一所公共圖書館。他早年曾和卡圖盧斯等人交遊，後來又和維吉爾，賀拉斯等人友好，自己的著作也很多，包括一部記載內戰經過的歷史，可惜都沒留到現在。

②蓋尤斯・奥皮烏斯——騎士等級出身，凱撒的親信，曾寫過許多傳記，而且還寫過一篇為凱撒辯護，否認克婁巴特拉的兒子凱撒里翁是凱撒所生的文章。

③當時波利奥在凱撒軍中，見西塞羅的《致阿底古斯書》十二，二。奥皮烏斯也在軍中，見〈阿非利加戰記〉第六十八節。

從這篇戰記的描述中可以看出作者對凱撒的忠誠和敬愛。例如，第二～三節描寫他的膽大心細，敢於帶著極單薄的兵力渡過海去；第十節寫他的英雄氣概成為彷徨中的士兵們的唯一安慰；第三十一節說他坐在帥帳中運籌決策，用不著親臨現場；第四十四～四十六節說他的老部下如何願意為他犧牲。這樣盡情流露對凱撒個人的熱愛和崇拜，都是其他戰記所少見的。還看得出的是作者對作為一個羅馬人的驕傲，西皮阿對尤巴的刻意奉承和阿奎努斯對尤巴的畏懼（見第五十七節），都受到作者的無情鞭撻。

從戰記中的許多細節描寫來看，從它的詳細記錄行動日程和士兵的心理狀態來看，都足以說明作者是一個在場的參加者，但從他對戰事經過描寫得如此具體、細緻，而對凱撒的決策過程和戰略意圖記述得如此之少來看，又說明他是一個和指揮作戰的那些核心人物並無接觸的人，至多只是一個百夫長或軍團指揮官而已。因此他對整個戰局的記述，往往有輕重失當，主次顛倒的地方，如在第五十九～六十節縷縷細述雙方的陣勢布置，不厭其詳，實際上這次卻没發生戰爭，而對最後決定全局的塔普蘇斯戰役，反没有這樣詳細的敘述。

作者在敘述時常常混有一些希臘字和俚語，文字也太嫌單調、重複，像在九十多節文章中，竟有三十節以上用「與此同時」(interim)開場，令人反感。在語法上也有很多可議的地方。但這些仍不妨礙它成為一篇記述翔實、清晰可讀的信史。

敘述內戰中最後一次戰役、也是凱撒一生的最後一次戰役的是〈西班牙戰記〉。它敘述龐培的餘黨在阿非利加失敗之後逃到西班牙，和當地的叛軍結合在一起，奉龐培的兩個兒子為領袖，再次負隅頑抗。凱撒又一次帶著軍隊進入西班牙，在幾次血戰後擊潰他們。

〈西班牙戰記〉的作者是誰也無法查考，看樣子是凱撒部下的一個沒有受過多少教育的老兵或百夫長之類人物寫的。人們歷來都認為它不但是這幾篇戰記中最糟的一篇，甚至還是所有拉丁古典作品中最糟的一篇。只因為作者是親身經歷過這場戰事的人，記載比較可信，而捨此以外又再無其他記述這一戰事的作品，這才附在別的戰記之後一起保留下來。

作者真實地記敘了處在他這樣的地位所能看到和聽到的一切，有時差不多是逐日排好的：「接著下一天」、「次日」、「在明天」、「在這天的晚些時候」……就像是在記流水賬。而且他的記述往往都是完全無關大局的事：捉到一個諜報人員、逃來一個婦女、逃走一個奴隸等等，有時他還忽然想到有什麼事情忘了記，馬上就插了進去：「我沒有在前面該提的地方提到……」。

作者寫作的技巧差，使用的詞彙非常貧乏，語法不通的地方也很多，而且還夾雜了許多希臘字和土語，但他偏偏又是所有這幾篇戰記中最最喜歡掉文的人，他津津有味地兩次引用恩尼烏斯的詩句（第二十三和三十一節）——可惜它們只是當時書塾中常用的千家詩、神童詩之類的起碼讀物——他還賣弄地引用了希臘神話中的阿基勒斯和門農決鬥的故事。這些都是前幾篇中所沒有的。

除了寫作水平差之外，〈西班牙戰記〉的幾種古代手抄本，又是脫漏最多，錯誤也最多的一篇，因之有許多地方簡直無法讀下去。歷來注釋和翻譯它的人，只能各人憑自己的理解來注釋和翻譯，而且往往隨便改動文句，以求可解，可是這些改動並沒使它變得好懂多少，只是引來了更多的爭論。洛布古典叢書本也是這樣，有時為了給原文改動或增刪了幾個字，便在書後附了幾條長達千言的說明，翻譯時只在這些說明中摘引了少數作為注釋，其餘的都未譯。

本書是根據洛布古典叢書本的拉丁原文譯出的；但原書〈內戰記〉和〈亞歷山卓戰記〉等三篇小

戰記是分成兩冊，分別由 A. G. Paskett 和 A.G. Way 兩個人編譯的，體例不一。比如〈內戰記〉不像三篇小戰記那樣有內容提要和大事年表，翻譯時為體例統一起見，索性不用三篇小戰記原來的內容提要，改用 McDevitte 本的包括有〈內戰記〉的內容提要，大事年表則由譯者補充了〈內戰記〉包括的這段時間。

敬請讀者們指正。

任炳湘　一九八〇年七月

本書大事年表

公元前四九年

一月十二或十三日　凱撒越過義大利邊界，內戰正式開始。
一月十七日　羅馬一片驚慌。龐培離開羅馬。
二月十九日　凱撒攻下科菲尼烏姆。
三月九日　凱撒到達布隆狄西烏姆。
三月十七日　龐培離開義大利到希臘。
三月底　凱撒回羅馬，召開元老院會議。
四月底　庫里奧攻占西西里島。
六月二十三日　凱撒到達西班牙的伊萊爾達戰場。
七月底　伊萊爾達之役。
八月二日　西班牙的龐培軍隊投降。
八月或九月　庫里奧在阿非利加全軍覆沒。

公元前四八年

一月四日　凱撒離開布隆狄西烏姆，航向希臘，次日在伊庇魯斯登陸。

八月九日　法爾薩盧斯之役。龐培逃向埃及。
九月　龐培在埃及被殺。
十月　凱撒到達亞歷山卓。
十月至次年三月　凱撒在亞歷山卓及其附近作戰。
十二月　法爾那西斯擊潰多彌提烏斯・卡爾維努斯於尼科波利斯。

公元前四七年

三月　尼羅河上的戰役；凱撒擊敗埃及軍隊。
三月二十七日　凱撒勝利進入亞歷山卓。
六月　凱撒離開亞歷山卓趕向敘利亞。
七月二十九日　凱撒進入本都王國。
八月二日　凱撒在澤拉戰役中擊敗法爾那西斯。
九月　乘船航向義大利和羅馬。
十二月十七日　凱撒至西西里的利呂拜烏姆。
十二月二十五日　登船航向阿非利加。
十二月二十八日　在哈德魯墨圖姆登陸。
十二月二十九日　駐營魯斯皮那。

公元前四六年

一月二十六日　凱撒離開魯斯皮那趕向烏兹塔東面的高地。
一月二十六日至四月三日　烏兹塔和阿伽爾的戰鬥。
四月四日　凱撒趕到塔普蘇斯，開始包圍它。
四月六日　塔普蘇斯之役。
四月十二日　加圖自殺。
六月十三日　凱撒登舟航向撒丁尼亞。
七月二十五日　到達羅馬。
十二月　趕到西班牙。
十二月至次年一月　在科爾杜巴的戰事。凱撒圍攻阿特瓜。

公元前四五年

二月十九日　阿特瓜向凱撒投降。
三月五日　索里卡里亞附近的戰鬥。
三月十七日　蒙達之役。
四月十二日　小格涅尤斯・龐培的首級送到希斯帕利斯。
九月　凱撒返回羅馬。

注：1.本表係根據洛布古典叢書本〈亞歷山卓、阿非利加和西班牙戰記〉的附表製成，但原表没有〈内戰記〉所包括的這段時間，這裡是由譯者補上去的。
2.表上所列的事件，不單是因為它重要，而且是因為它的月日可以查考，還有一些月日無從查考的重要事件，只好略去不列。
3.表上所列的月日，都是凱撒歷法改革以前的舊曆，大致比經過改革的新曆早兩個月左右。

内戰記

內容提要

卷一

節數	
1	內戰的種種原因和起始。
8	由於各城鎮都偏袒凱撒，他毫不費力地占據義大利。
15	他在布隆狄西烏姆圍困龐培。
28	龐培脫身逃走，該城投降。
30	凱撒的同黨把科塔逐出撒丁尼亞、把加圖逐出西西里。
32	凱撒動身趕往羅馬。
33	但當時他考慮的計劃還不成熟，他趕到山外高盧去。
36	他企圖從海陸兩面圍困馬西利亞。
37	他事先派副將法比烏斯進入西班牙。
39	他親自跟去，把蓋尤斯・特雷博尼烏斯和德基穆斯・布魯圖留下來圍攻馬西利亞。
41	在伊萊爾達附近和龐培的副將阿弗拉尼烏斯、佩特雷尤斯作戰。
48	由於狂風暴雨沖走了河上的橋梁，凱撒被困在西科里斯河和金伽河之間。

54 但他還是克服了所有的困難。

56 在這同時，馬西利亞的居民在一場海戰中被擊敗。

59 凱撒從此在西班牙的所有戰事中無往不利。

63 不論敵人前進還是掉頭，凱撒一直緊緊盯住他們，並用騎兵阻止他們採牧。

81 最後截住他們，迫使他們投降。

卷二

1 馬西利亞被四面緊緊圍住。

3 盧基烏斯・那西狄烏斯帶一支艦隊來援救馬西利亞，和該城的艦隊會合。

7 他和凱撒的艦隊作戰失敗。

8 特雷博尼烏斯造起新奇的工事對付該城。

12 居民們不勝驚駭，要求休戰。

14 他們得到了休戰的機會，但隨即破壞了它，突圍出擊，毀掉特雷博尼烏斯的工事。

15 圍困部隊迅速修復工事，該城居民提出投降要求。

17 在這同時，馬爾庫斯・瓦羅在遠西班牙準備戰爭。

20 但被他的部下拋棄，落入凱撒手中。

22 馬西利亞人投降。

23 庫里奧最初在阿非利加得勝。

卷三

內戰記

卷一

1 當凱撒的信①交給了執政官們時，經過人民保民官們的一番艱苦鬥爭，才勉強使他們答應在元老院宣讀它。但保民官建議把信上提出的事情在元老院討論時，卻沒獲得許可。執政官提出了國家的整個大局問題②。執政官盧基烏斯・倫圖盧斯③鼓動元老院，說：只要他們肯大膽勇敢地說出自己的

---

①《高盧戰記》在結束的地方說到「凱撒還是準備忍受一切，只要事情有合法解決的希望，哪怕只是一線希望，就不必訴諸武力。他敦促……」下面突然中斷，缺了幾行，後人根據其他材料推測，失掉的部分大致是說：「他竭力敦促元老院答應他可以缺席參加執政官競選，有當選的資格；又答應，如果龐培肯放下兵權，他也可以照樣做，否則，他就不得不為共和國和他自己的安全著想。」這樣，就跟本書卷一銜接上了。

②國家的整個大局問題(de republica infinite)——指國家的一般性和全面性的問題，和有一定範圍的、專門性的問題(de singulis rebus finite)相對，也許就是李維所說的"de republica, de administratione belli, de provinciis exercitibusque"（卷二十六之一）。

③盧基烏斯・科涅利烏斯・倫圖盧斯・克魯斯(Lucius Cornelius Lentulus Crus)——公元前四九年執政官，挑起內戰來的幾個主要罪魁之一，內戰爆發後，去亞細亞行省擔任行省長官，就從那邊帶兩個軍團趕來參加法爾薩盧斯之戰。失敗後，和龐培一起逃往埃及，被埃及人拘禁在牢中殺死。

意見，他對國家決不會不盡到責任，如果大家仍像前些時候那樣，對凱撒還有留戀，還想討好凱撒，他也就要為自己的前途打算，不再唯元老院之命自聽了，他自己也有退路可以再去討好凱撒，再去和凱撒交上朋友的。西皮阿①說了一些同樣的話，說龐培對國家不會置之不顧，只要元老院能跟著他走，如果元老院再遲疑不決，拖拖沓沓，今後就是逢到需要，再去求龐培幫助，他也不肯出力了。

2 因為元老院在城裡開會，龐培近在咫尺②，所以西皮阿的這番話，看起來就像是從龐培本人口中說出來的。另外有一些人說了些比較溫和的話。首先是馬爾庫斯・克勞狄烏斯・馬爾克盧斯③，他的發言一開始就說明不應當先把這件事情提到元老院來討論，而是應當等到在全義大利征好兵，組織起一支軍隊來之後再討論，只有在軍隊的保護下，元老院才敢放心大膽地、自由自在地照自己的願望作出決定。接著，馬爾庫斯・卡利狄烏斯(Marcus Caldius)建議，龐培應該回到他的行省去，免得再有戰爭的根源存在，否則凱撒就會擔心從他那邊奪來的兩個軍團④，龐培強占著它們，留在都城附近，是要用來傷

---

①西皮阿——指昆圖斯・凱基利烏斯・墨特盧斯・皮烏斯・西皮阿(Quintus Caecilius Metellus Pias Scipio)，龐培的岳父，因而在元老院代表龐培說話，也是促成內戰的罪魁禍首之一，法爾薩盧斯戰役後，逃到非洲，成為阿非利加戰役中的龐培派首領。

②根據羅馬習慣，握有軍權的人，在軍權未交卸時不得進入羅馬城，當時龐培是握有軍權的西班牙行省代行執政官，雖然他違反慣例，沒親身到西班牙去，而是由他的副將在代行其職權，但他本人仍避嫌不進羅馬城，只住在近郊。

③馬爾庫斯・克勞狄烏斯・馬爾克盧斯(Marcus Claudius Marcellus)——是公元前四九年的另一個執政官盧基烏斯・克勞狄烏斯・馬爾克盧斯的親族，偏袒龐培，想為他爭取時間。下面的兩個發言人卡利狄烏斯和盧孚斯都是凱撒派人。

④凱撒交出來的兩個軍團——見《高盧戰記》卷八第五十四節。

害他的。接著發言的有馬爾庫斯・盧孚斯，他的意見和卡利狄烏斯的一樣，只說法稍稍改變一些。他們這些人全被執政官盧基烏斯・倫圖盧斯用很厲害的話狠狠訓斥一頓。馬爾克盧斯被他訓斥得畏縮起來，收回了自己的意見。就這樣，由於執政官的言論、由於有軍隊在附近引起的恐怖，還由於龐培的黨徒的威脅，大部分人在被迫之下，滿心不願地同意了西皮阿的建議，即：凱撒應當在具體指定的某一天之前①，遣散自己的軍隊，如果不這樣做，即將被視為是對抗共和國。人民保民官馬爾庫斯・安東尼和昆圖斯・卡西烏斯・隆吉努斯(Quintus Cassius Longinus)提出了否決。問題馬上就轉到保民官的否決是否合法上來，於是就有人說了一些很激憤的話，說得越凶狠、越殘忍的，越是受到凱撒的敵人熱情讚揚。

3 元老院到晚上才散會②，這一階層的所有成員都被龐培召了出去。龐培讚揚了那些一往直前的人，並對他們今後的行動，鼓勵了一番，對那些跟得不緊的人作了批評，又給他們打了氣。許多曾在龐培過去的軍隊中服役過的人，由於希望酬賞或升遷，重新被他從各地召了來。他還從凱撒交出來的兩個軍團中召來很多人。一時，在城裡，甚至在大會場裡都擠滿了軍團指揮官、百夫長和留用老兵。所有執政官們的羽黨、龐培的親故，以及和凱撒有宿怨的人，都湧進元老院。他們的起哄和擁擠，嚇慌了動搖的人，堅定了猶豫的人，的確使許多人被剝奪了自由作出決定的機會。統察官盧基烏斯・皮索③

---

①可能是指公元前四九年二月的最後一天。

②元老院開會，照羅馬舊例，不能拖至日落以後，這項規定起源甚古，《十二銅表法》中已有明文說："Sol occasus suprema tempestas esto"。

③盧基烏斯・卡爾普尼烏斯・皮索・凱索尼努斯(Lucius Calpurnius Piso Caesoninus)——凱撒的岳父，公元前五八年執政官，當時依靠凱撒的幫助，擔任統察官，當然是凱撒一派的人。盧基烏斯・羅斯基烏斯・法巴圖斯(Lucius Roscius Fabatus)，也是凱撒派人，曾經擔任過凱撒的副將，見《高盧戰記》卷五第二十四節。

答應說，他自己可以到凱撒那邊去一次，司法官盧基烏斯・羅斯基烏斯也同樣願意去把這件事情通知凱撒。他們要求給他們六天期限來完成這項工作。還有些人也表示意見，說：應當派使者到凱撒那邊去，把元老院的意見通知他。

4 所有這些建議都遭到拒絕，全都被執政官、西皮阿和加圖的話駁斥回去。推動加圖這樣做的是他對凱撒的舊怨、以及因為落選而產生的懊惱①。倫圖盧斯則是因為負有大量債務，這時，取得行省和軍隊的欲望，以及在授給人家國王稱號時可望獲得的賄賂在推動著他。他在自伙裡吹噓說，他將成為又一個蘇拉②，最高的統治大權會落到他手裡來。驅使西皮阿的同樣是掌握行省和軍隊的欲望，由於他和龐培有親誼，他認為自己當然能和龐培同掌政權；此外推動他的還有他對審判的恐懼，以及他

---

①馬爾庫斯・波爾基烏斯・加圖(Marcus Porcius Cato)——元老院中的貴族共和派領袖之一，在羅馬的奴隸主階級中被認為是最能體現古代道德風尚的一個「完人」，威信極高。他一直激烈反對政治改革，成為一切保守分子精神上的支持者，因而和凱撒一流人物格格不入。他和凱撒在卡提林陰謀事件中的衝突，見薩盧斯提烏斯的《卡提林陰謀》（§54），高盧戰爭時他建議把凱撒交給烏西佩特人和廷克特里人，見《高盧戰記》（卷四第十八節注）。這裡所謂因落選而生的懊惱，指他曾參加公元前五一年的執政官競選，但他既不願行賄，又不肯卑躬屈節討好選民，因而失敗。

②「成為又一個蘇拉」，這句話可能有兩重意思：一、他將繼承蘇拉的事業，殺光要求改革的民主派人，重新建立元老院的統治。二、據羅馬古代流傳下來西比林聖書上預言，羅馬將有三個科涅利烏斯族的人掌握國家大權。第一個是蘇拉，已經在公元前八二～七八年擔任獨裁官；第二個是民主派的秦奈，也已經在公元前八七～八四年連續四年擔任執政官；第三個是誰，尚未出現。卡提林陰謀事件的參與者盧基烏斯・科涅利烏斯曾自稱他將成為這第三個科涅利烏斯，但政變未成被捕處死。這裡的這位倫圖盧斯也是科涅利烏斯族人，他說自己將成為另一個蘇拉，可能指的是這個預言（見西塞羅《反卡提林》卷三第四節）。

自己和那些在國家大事上、法庭上都有很大勢力的權威人士彼此間的吹捧和誇耀①。龐培本人則是受到凱撒敵人的挑撥，同時還因為他不願有人和自己處於平起平坐的地位，這時已經完全丟掉了和凱撒的友誼，而跟那些過去是他和凱撒共同敵人的人重新和好起來，這些敵人本來大多是他們聯姻交好的時候，由他給凱撒惹來的。而且，把趕向亞細亞和敘利亞去的兩個軍團扣留下來增加自己兵力和威望這種見不得人的行為，也使他惱羞成怒，竭力想挑起一場戰爭來。

5 正是因為這些原因，所以每一件事情都是在匆忙和混亂之中做出來的。既不讓凱撒的親友有通知他的時間，也不給人民保民官有迴避自身危險的機會，甚至連蘇拉剩給他們的最最起碼的否決權②，也不讓他們保留，逼得他們在第七天上就不得不考慮自身的安全問題。這在過去，那怕就是最最飛揚跋扈的人民保民官，也都從來沒遭到過，就連這樣的人，也要到八個月③的時候才回顧並且擔心自己的政治活動的。這些人甚至援用起元老院的緊急戒嚴法令④來，這是過去除了都城有被縱火的危險，或

①這一句，舊手抄本有脫落錯亂的地方，已無法還原，各種本子都由編者或譯者憑自己的意見綴補成文。

②蘇拉建立獨裁統治後，為防止人民保民官再次成為民主派政治活動家手中的工具，對他們的職權施加了種種限制，最重要的是取消了他們向公民會議獨立提出建議的權力，今後他們要提出任何政治建議，必須先徵得元老院的同意。他還禁止擔任過人民保民官的人，再擔任其他國家官職，使一些野心勃勃、企圖在政治舞台上青雲直上的人，不願再擔任保民官。但他對保民官原有的對其他官吏否決的權力，並沒觸動，只對濫用它的人規定了巨額罰金（見蒙森：《羅馬史》卷四第十章）。

③這兩句很費解，洛布叢書本編者疑有脫落的地方。有些人認為作者是在用提比略・格拉古的在任八個月遇害，和當時任保民官的安東尼等人剛只上任七天就遭到迫害作對比。

④共和末年，由貴族共和派所控制的元老院，在遇到強大的政治對手，無法再用常規手段壓制時，就往往通過這樣一道稱做「緊急戒嚴法」(senatus consultum ultimum)的法令，來代替更早時期指定獨裁官從事鎮壓的做

是有膽大妄為的人無法無天，國家安全已完全瀕於絕境的情況之外，從來也不輕易提出來的；它指示執政官們、司法官們、人民保民官們，以及在首都的代行執政官，注意不讓國家受到任何侵害。這道元老院法令頒布於一月七日，也就是在倫圖盧斯就任執政官後的第五個可以召集元老院的日子——除了兩天是選舉的日子——他們就通過了這樣一道針對凱撒的職權、針對這些最顯赫的人物人民保民官的最嚴厲、最惡毒的法令。人民保民官們立刻逃出都城①，投奔到凱撒那邊去，這時他正在拉溫那(Ravenna)等候對他那件極為溫和的要求的答覆，想知道是不是能指靠人們的公正無私，把事情和平結束掉。

6 隨後一連幾天，元老院在城外開會，龐培所做的，正是他已經通過西皮阿的口說過的那些事情。他讚揚了元老院的勇敢和堅定，敘說了自己的兵力，說他已經準備好的軍團有十個，加之，他還得到報告，知道在凱撒的軍隊中，人心渙散，凱撒根本没法説服他們起來保衛自己甚或跟隨自己。馬上又有其他一些事情在元老院裡提出來，即在義大利全境徵兵；派福斯圖斯·蘇拉②立刻前往毛里塔

法，法令指令在職的執政官等官員採取緊急措施鎮壓對方，使格拉古兄弟、薩圖尼努斯、卡提林黨人等喪失性命的，都是這種法令，字句也跟下文的一樣，只這次加了「在首都的代行執政官們」一句，係指龐培和剛從西里西亞行省代行執政官任上回來，還在等候舉行凱旋式，沒正式交卸軍權的西塞羅。緊急戒嚴法一頒布，平時法律規定給公民的向公民大會上訴權(provocatio)保民官和其他同僚官間的否決權(intercessio)都不再生效。

①指屬於凱撒派的四個先後擔任過人民保民官的人，即：蓋尤斯·斯克里博尼烏斯·庫里奥、昆圖斯·卡西烏斯、馬爾庫斯·安東尼和馬爾庫斯·凱利烏斯·魯孚斯。

②福斯圖斯·科涅利烏斯·蘇拉(Faustus Cornelius Sulla)——獨裁官蘇拉的兒子。因為他父親在尤古塔戰爭中曾經和現任毛里塔尼亞國王博庫斯的父親打過交道，所以這次派他去擔任聯絡工作。

尼亞(Mauritania)，從國庫裡撥一筆款子給龐培。提出來的還有：頒發尤巴(Iuba)國王①同盟和友人的稱號，但馬爾克盧斯反對目前就頒給他。福斯圖斯的任命，也有人民保民官菲利普斯出來否決。有關其他事情，元老院都通過記錄在案。還通過了把行省長官職務授給一些私人的決議，其中兩個行省是給執政官級的，其餘是給司法官級的。西皮阿得到了敘利亞，盧基烏斯・多彌提烏斯得到了高盧②，菲利普斯和科塔都因為私人關係，被一腳踢開，甚至連他們的籤也沒有抽。其他一些行省派去了司法官，但卻沒有像過去那些年頭那樣有時間等到把他們的任命提交給人民③，讓他們正正式式披著帥服，公開宣誓之後才出城去。至於兩個執政官全都離開首都、私人居然帶著校尉出現在首都和衛城(Capitolium)，這都是過去所未見，一反古往今來的常例的事情。全義大利都進行徵兵，徵索武器，並向各城鎮需索金錢，甚至硬到寺院裡去搜奪，所有神靈和人們的權利，都被搞得一團糟。

---

①尤巴——非洲努米底亞的國王。

②這裡的西皮阿，即第一節注的那個龐培的岳父，他曾任公元前五二年的執政官；多彌提烏斯指盧基烏斯・多彌提烏斯・阿赫諾巴布斯(Lucius Domitius Ahenobarbus)，曾任公元前五四年執政官。按照龐培自己建議通過的「龐培行省法」（公元前五二年）規定，擔任過執政官和司法官的人，必須隔五年之後，才可以出任行省負責官吏，因而他們目前的任命都是非法的，所以凱撒在上文稱他們為私人。下文的菲利普斯即盧基烏斯・馬爾基烏斯・菲利普斯(Lucius Marcius Philippus)，前文人民保民官菲利普斯之父，公元前五六年執政官，他的妻子是凱撒的甥女阿提婭，所以他是奧古斯都的繼父。科塔即盧基烏斯・奧雷利烏斯・科塔(Lucius Aulerius Cotta)，公元前六五年執政官，凱撒母系方面的親戚。

③指他們沒有經過庫里大會舉行正式的「授權儀式」(lex curiata de imperio)。按規定凡是擔任駐在行省的代行執政官和代行司法官，也和在首都的執政官、司法官一樣，先須經過這一儀式，才能在自己的行省主持軍政和祭卜，只是這種儀式這時已完全流於形式，只要有三個鳥卜祭司到場證明「庫里大會」已舉行如儀就行了。

7 這些事情向凱撒報告了，他向士兵們發表了講話。他向他們提起過去這些時間裡他敵人對他進行的惡意中傷。他還抱怨龐培受到這些人的引誘和腐蝕，出於妒忌，一心想傷害他的聲譽，雖說他自己對龐培的榮譽和尊嚴一直是愛護有加、竭力促進的。他責怪他們給共和國開創了先例，把幾年前剛用武力恢復的保民官的否決權①，又用武力加以污辱和破壞。蘇拉儘管剝奪了保民官的所有各種權力，但卻仍舊留下了自由運用否決權的權力沒有觸動，龐培雖然號稱恢復了他們過去失掉的東西，但實際上反把他們原來有的攫走了。過去，除非是在有什麼破壞性的法律提出來，或者是在有保民官肆行強暴、有人民鬧分裂、寺宇和高地要塞被占領了的時候②，否則是不會發布命令叫官吏們注意不讓共和國受到侵害的，這種號召、這種元老院的決議，就意味著號召全體羅馬人民都武裝起來。他向他們指出，過去時代的這些先例，就是以薩圖尼努斯(Saturninus)和格拉古兄弟(Gracchi)的毀滅作為代價的。此時此刻，別說沒這一類事情在發生，就連想也沒有人在想。他鼓勵士兵們，既然他們是在他的統率之下，才能在八九年間一帆風順地為國家幹了許多事業，作了多次所向無敵的戰鬥，平定全部高

①蘇拉死後，恢復被他取消的保民官權力成為民主派人士的鬥爭目標之一，最激烈的一次鬥爭發生在公元前七七年，任期已滿的前七八年執政官馬爾庫斯・埃彌利烏斯・雷必達（後三人同盟中的那個雷必達的父親），拒絕交卸，用武力要求恢復保民官的權力，但被元老院派龐培血腥鎮壓。公元前七〇年，龐培和克拉蘇擔任執政官時，才最後取消對保民官的一切限制。

②破壞性的法律和保民官肆行強暴，大約是指格拉古兄弟的提出通過和執政土地法之類法律；占領高地和要塞，是指蓋約・格拉古的占領阿溫廷山和後來薩圖尼努斯的占領卡皮托山上的衛城；人民鬧分裂，可能是指公元前五世紀平民與貴族鬥爭時，平民三次以集體撤出羅馬威脅貴族，但也許可能指引起同盟戰爭的義大利人要求脱離羅馬獨立。

盧和日耳曼(Germania)，現在該為了保衛他的聲名和尊嚴，起來對付敵人了。當時在場的第十三軍團的士兵齊聲叫喊說：他們已經準備好保衛自己的統帥和人民保民官，不讓他們受到侵害。這個軍團是他在動亂一開始的時候召來此地的，其他軍團還沒有到達。

8 了解了士兵們的心情，凱撒帶著那個軍團前往阿里彌努姆①，就在那邊，遇上逃向他這裡來的人民保民官們。他把其餘的軍團從冬令營中召出來，命令他們隨著他一起前進。年輕的盧基烏斯·尤利烏斯·凱撒(Lucius Iulius Caesar)——他的父親正在凱撒軍中擔任副將——來到凱撒這裡。他在講了一些別的話之後，又聲明自己的來意，說自己是從龐培那邊來的，奉命帶來一些有關私人方面的話說。龐培希望向凱撒解釋清楚，免得凱撒把他為了國家的利益正在做的事情，誤解為目的在於傷害凱撒。他本人是一向把國家的利益放在私人的親誼前面的。他希望凱撒也應該顧到自己的尊嚴，應該為了國家而捐棄個人的意氣和嫌怨，免得在滿腔怒火，一心只想傷害自己的敵人時，連帶也傷害了國家。除了再加上一些類似的話之外，他還為龐培辯解了一番。司法官羅斯基烏斯講的幾乎和年輕的凱撒講的完全相同，說法也差不多，也說是受龐培的囑託。

9 這些話看來並沒使凱撒受的傷害得到些撫慰，然而卻使他找到了適當的人，可以通過他們把自己要講的話轉達給龐培。他向他們兩人要求說：既然他們把龐培的囑咐帶來給他，希望他們千萬不要嫌麻煩，也把他的要求帶去給龐培，也許他們只要略費唇舌就可以把嚴重的爭論消除，把整個義大利

---

①阿里彌努姆(Ariminum)——今里米尼。當時義大利和山內高盧的法定邊界是一條小河魯比孔河，凱撒作為高盧行省的代行執政官，照理不得帶了軍隊擅自進入義大利，渡過魯比孔河就意味著內戰正式開始。阿里彌努姆是進入義大利後的第一個市鎮。凱撒的渡過魯比孔河約在公元前四九年一月十二或十三日。

都從惴惴不安之中解放出來。他說：他自己從來都把國家的尊嚴放在首要地位，看得比自己的生命還要重。使他痛心的是，羅馬人民給他的恩寵①，竟被他的敵人用侮辱的手段剝奪了，而且還奪去了他的半年職務，硬要把他逼回都城去。允許他在下次的選舉大會上可以缺席競選，本來是公民大會已經通過了的。儘管喪失了這些榮譽，他為了國家，還是能夠心平氣和地忍受的，然而，當他寫信給元老院，只要求大家一起放下兵權時，卻連這一點都沒要求到。全義大利都在徵兵；假裝要派去參加安息戰爭從他手裡奪去的兩個軍團，也被截留下來；全國都在武裝。所有這些，除了是想毀滅他，還能為了別的嗎？但雖然如此，他為了國家，還是準備屈從一切，忍受一切，只要能讓龐培回到自己的行省去，讓他們兩個人都解散自己的軍隊，讓義大利所有的人都放下武器，讓國家不再擔驚受嚇，把自由選舉和全部國家大事都交給元老院和羅馬人民去處理。為要使這些事情能夠更容易地完成，有更明確的條件，並取得誓言保證，可以請龐培跑到靠近一些的地方來，或者允許凱撒自己跑到他那邊去，經過會談，一切紛爭都可以得到解決。

10 接受了這些指示，羅斯基烏斯和盧基烏斯·凱撒趕到卡普亞(Capua)，就在那邊會見了兩位執政官和龐培，匯報了凱撒的要求。經過考慮後，他們對這些事情作出答覆，寫成書面指示，仍派這兩個人帶回來給凱撒。它的內容大致是：凱撒必須離開阿里彌努姆，返回高盧，並解散自己的軍隊；如果他做到了這些，龐培也就回到西班牙去。同時，除非凱撒提交保證，表明自己將履行這些諾言，否則

①羅馬人民給他的恩寵，指公元前五二年，公民大會通過由十個人民保民官聯合提出的建議，允許凱撒在競選公元前四八年執政官時，可以不必親身到場這件事。

執政官們和龐培就不能停止徵兵。

11 這是很不公平的要求。要凱撒撤出阿里彌努姆，返回行省，龐培自己卻保留著行省和原本是別人的軍團；凱撒的軍隊要遣散，他自己卻仍在徵兵；他雖說答應能回自己的行省，卻又不講定在什麼時候以前動身，這樣，即使一直拖到凱撒的執政官任期屆滿了還不動身，也用不著因為撒謊而對天地神明有所顧忌。他既不提出一個會談的時間，也不答應來見面，這就使得和平的希望完全斷絕了。凱撒就派馬爾庫斯・安東尼帶領五個營從阿里彌努姆出發，趕到阿雷提烏姆(Arretium)去。他自己帶了兩個營，留駐在阿里彌努姆，並著手在這裡徵集新兵，一面又各派一個營去占領皮紹魯姆(Pisaurum)、法努姆(Fanum)和安科那。

12 同時，得到報告說：司法官特爾穆斯(Thermus)帶著五個營，守衛在伊古維烏姆(Iguvium)，正在給該城修築防禦工事，然而，伊古維烏姆的全體居民卻都對凱撒懷有很大好感。凱撒就派斯克里博尼烏斯・庫里奧(Scribonius Curio)帶著在皮紹魯姆和阿里彌努姆的三個營，趕往那邊。一聽見他到來，特爾穆斯不敢信賴該城的民心，把軍隊領出城逃走。士兵們在路上紛紛拋開他，返回家鄉。得知這事後，凱撒感到這些城鎮的人心可恃，自己不會有後顧之憂，就把第十三軍團的所有各營從駐防工作中抽調出來，向奧克西穆姆(Auximum)出發。阿提烏斯帶進該城幾個營，正在那邊駐守，並且派出一些元老，在整個皮克努姆(Picenum)各地奔走，徵集兵員。

13 一知道凱撒到來，奧克西穆姆的地方議會長老們①，紛紛跑到阿提烏斯・瓦魯斯(Attius Varus)那

①羅馬的每個自治城鎮和殖民地，組織得和羅馬城一樣，除了有自己的公民大會外，也有自己的元老院，叫做

邊去，向他說：他們都知道這事情不該由他們來作主，但無論他們自己還是其他市民們，都不忍心把蓋尤斯・凱撒這樣一個有功於國家、一個作出這樣偉大事業的統帥關在城門和壁壘之外，希望他能注意到後世的公論和自身的危險。這番話觸動了瓦魯斯，把他帶進去的駐軍領出城來逃走。凱撒的前軍中有少數人趕上去追他，迫使他停下步來抵抗。剛一交鋒，瓦魯斯便被他的部下拋棄，一部分士兵返回家鄉，其餘的都跑到凱撒這裡來。被他們捉著帶來的還有那個首席百夫長盧基烏斯・普皮烏斯(Lucius Pupius)，他過去在格涅尤斯・龐培軍中，也曾擔任過同是這一列的職務。但凱撒卻在讚揚了阿提烏斯的那些士兵之後，把這個普皮烏斯釋放了。他又向奧克西穆姆人表示謝意，答應說：他要把他們的行動銘記不忘。

14 這事在羅馬一宣布，突然引起極大的恐慌。執政官倫圖盧斯正好趕去開啟財庫，準備把元老院決議撥給龐培的錢取出來，聖庫①的門還只剛打開，他就來不及趕緊向城外逃去。有謠言傳來說，凱撒正在趕來，他的騎兵已經到了。倫圖盧斯的同僚馬爾克盧斯和大部分官員都跟者他一起逃走。格涅尤斯・龐培早在前一天就已離開都城出走，趕到從凱撒手裡接受過來的兩個軍團那邊去，這時這兩個軍團

---

ordo decurionum，其中的成員稱為decuriones，這裡為了免得跟羅馬的元老院和元老混淆，特譯作地方議會和長老。各地方也有自己的執政官或司法官，正式名稱是dumviri iuri dicundo，本書也不再替它另立新名，就稱之為地方官。

①聖庫(aerarium sanctius)——羅馬國家平常開支用的經費都儲藏在設在農神廟中的國庫(aerarium saturni)內，聖庫是附設在一起但單獨分開、專備緊急開支的一個小財庫，平常不得動用，據說最初是為了防備高盧人入侵，由公元前三五年的執政官格涅尤斯・曼利烏斯建議設立的，資金的來源是對釋放奴隸徵收的百分之五身價稅(vicesima manumissionum)。這時，羅馬元老院藉口凱撒軍隊中有高盧人，動用了這個財庫中的存款。

因為息冬，正駐在阿普利亞(Apulia)。都城附近的徵兵工作也停頓下來。凡是處在卡普亞這面一邊的地方，都被認為不夠安全。在卡普亞，這些人先是壯起膽子來，聚到了一起，並開始在根據尤利烏斯法案①安置到卡普亞去的移民中間進行徵兵。凱撒在那邊有一個訓練角鬥士的學校，裡面的角鬥士被倫圖盧斯帶到市場，用獲得自由的希望激勵他們，還分發給他們馬匹，命令他們緊跟著自己。後來倫圖盧斯自伙裡的人警告他說，這件事情，所有的人評論起來都不以為然。他又再把他們分散到僑居卡普亞的羅馬公民的奴隸們中間去，交給他們看管。

15 凱撒從奧克西穆姆出發，跑遍了皮克努姆全境。這一地區的全部地方官都歡欣鼓舞地迎接他，而且用各種各樣物資支援他的軍隊，就連金古盧姆(Cingulum)這個由拉比努斯創立、並且由他用自己的錢造起來的市鎮，也派使者到他這邊來，答應他說，他們將滿懷熱情地完成他命令他們做的事情。他索取兵士，他們給送了來。就在這時候，第十二軍團也追上了凱撒，他就帶著這兩個軍團，向皮克努姆的阿斯庫盧姆(Asculum)趕去。這個市鎮，這時有科涅利烏斯・倫圖盧斯・斯平特爾(Cornelius Lentulus Spinther)帶著十個營在守衛，他一知道凱撒到來，馬上逃出城去，還試圖把這些營一起帶走，但大部分士兵拋棄了他。他帶著少數殘餘的士兵在趕路時，正好遇上龐培派到皮克努姆地區來安定人心的維布利烏斯・盧孚斯(Vibullius Rufus)。維布利烏斯從他口中得知在皮克努姆發生的事情，接過他的軍隊，打發他走了。維布利烏斯自己又在附近地區從龐培新徵召的兵員中盡量湊集起一些營

①尤利烏斯法案——指凱撒在公元前五九年第一次擔任執政官時提出通過的土地法案，主要目的在於利用國家在卡普亞的公地，安插龐培從東方回來的退伍軍人，如土地不足，即由國家用從龐培所征服的東方行省徵來的稅款，按時價徵購義大利土地補充。

來，其中他又併進從卡墨里努姆(Camerinum)逃出來的盧基利烏斯・希魯斯(Lucilius Hirrus)帶來的六個原來用以守衛該鎮的營。跟這些部隊合在一起後，維布利烏斯湊起了十三個營。他帶著這支部隊，以急行軍趕到正在科菲尼烏姆(Corfinium)的多彌提烏斯・阿赫諾巴布斯那邊，報告他說，凱撒已經帶著兩個軍團正在趕來。多彌提烏斯自己也已經在阿爾巴(Alba)湊集起了大約二十個營軍隊，都是從鄰近地區的馬爾西人(Marsi)中和佩利尼人中徵召來的。

16 在克復菲爾穆姆(Firmum)、驅逐倫圖盧斯之後，凱撒下令追尋對方手下逃散的士兵們，並命令徵兵。他自己為了安排軍糧，在那邊停留了一天，然後急急趕向科菲尼烏姆。他到達那邊時，多彌提烏斯從城裡派出五個營來，拆毀河上的一座橋梁，它離開該城約三羅里。凱撒的前哨部隊在那邊和他們展開戰鬥，多彌提烏斯的軍隊很快就被從橋邊驅走，逃回城裡。凱撒把軍團帶過橋來，直至城下，靠近城牆安下營。

17 知道了這事，多彌提烏斯挑選一些熟悉地形的人，許以重賞，叫他們送信到正在阿普利亞的龐培那邊去，懇切要求龐培來援救他，說由於這裡地勢很險阨，很容易用兩支軍隊堵截住凱撒，還可以切斷他的糧運。又說：除非龐培來援助，他這裡的三十個營以上的軍隊，大批元老和羅馬騎士，都將陷入危險。同時，在鼓勵了一番部下之後，多彌提烏斯在城上布置作戰機械，並把城牆劃分成一段一段，分別指派專人負責守衛。在軍士們的集會上，他還答應把自己的田產拿出來分給他們，每人四羅畝，百夫長和留用老兵還可以按比例增加。

18 同時，有報告給凱撒說，離開科菲尼烏姆七羅里的一個叫蘇爾摩的市鎮，居民都熱心想完成凱撒命令他們做的事情，但卻被帶著七個營守軍駐防在那邊的元老昆圖斯・盧克雷提烏斯(Quintus Lucretius)和一個叫阿提烏斯(Attius)的佩利尼人阻止不讓這樣做。他派馬爾庫斯・安東尼率領第八軍團的五個營趕向那市鎮。蘇爾摩的居民一看到我軍的旗號，馬上打開城門，所有的人，不管是居民還是士兵，都向安東尼迎上來，表示慶祝。盧克雷提烏斯和阿提烏斯從城牆上翻下去逃走。阿提烏斯被捉來交給安東尼，他要求送自己到凱撒那邊去。就在動身前去的當天，安東尼帶著那幾營軍隊和阿提烏斯回了轉來。凱撒把那幾個營和他自己的軍隊合併在一起，又把阿提烏斯一無傷害地放走。凱撒決定把最初幾天全都用在給自己的營寨構築巨大的防禦工事，以及到鄰近的市鎮去搬運糧食上面，以便等候其餘的部隊來到。三天後，第八軍團來到他這裡，還來了新從高盧徵召的二十二個營新兵，以及由諾里庫姆(Noricum)國王遣來的約三百名騎兵。在他們到達後，凱撒在這個市鎮的另外一面又再築起一座營，交由庫里奧統領。在其餘的日子裡，他著手建造壁壘和碉堡來包圍這個市鎮。大約就在這項工程的絕大部分都已經完工時，所有多彌提烏斯派到龐培那邊去的使者都回來了。

19 讀完來信，多彌提烏斯瞞住真相，在軍事會議上宣稱龐培很快就將來救援，並鼓勵他的部下不要灰心喪氣，要把守城用的東西作好準備。他自己偷偷地和少數幾個親信商議，定下逃走的計劃。由於多彌提烏斯面上露出來的神色和他説的話不相符，一切事情也都做得慌慌張張，和已往幾天大不相同，而且還一反常態地多次和自己的同伙商談，密謀策劃，躲開一切會議和公民聚會，這就使這些事情再也無法掩飾和偽裝下去。龐培的回信是這樣寫的：他不想使大局陷入無可挽救的絕境，多彌提烏斯的進入科菲尼烏姆，既不是根據他的計劃，也不是按照他的意願做的，因而如有機會，還是帶著全部軍隊到他那邊去為妙。但由於圍困、由於環城的工事，這事已無法實現。

20 多彌提烏斯的打算，在士兵中已經傳布開了。剛剛傍晚時，在科菲尼烏姆的士兵們嘩變起來，

由軍團指揮官們、百夫長們和一些他們自己中間最最有威望的人舉行了會商，說他們已經被凱撒圍困住，工事和壁壘即將完工，而他們的領袖多彌提烏斯——儘管大家是由於對他的希望和忠誠才堅持下去的——卻想拋棄大家，只顧自己逃走了，他們也應該為自己的安全作一些打算。馬爾西人最初不贊同這種想法，他們占據了城裡看起防禦工事最堅固的那一部分。他們之間的分歧愈演愈烈，以致竟試圖動手用武力一決雌雄。但不久以後，由於彼此之間派了些傳送消息的人往來傳遞信息，他們原來不知道多彌提烏斯要逃走的消息，這時也知道了。因而，雙方一致同意把多彌提烏斯帶到大庭廣眾中來，包圍著看守起來，一面在他們自己人中選派一些使者來見凱撒，說他們已經準備好打開城門，執行他的命令，並把多彌提烏斯活著交到他手裡來。

21 凱撒知道了這件事，雖然他也認識到把這個市鎮占領下來，並且把那幾個營合併到自己的營裡，是件關係極為重大的事，做得越早越好，免得因為賄賂、或者因為有人出來鼓動士氣，或者再有什麼流言蜚語，弄得人們重又變起卦來，因為在戰爭中，往往會因為雞毛蒜皮之類小事情，引起大變故來。加之，他還怕士兵們進入市鎮去之後，會利用黑夜掩護，動手搶掠。他就對來到他這裡的那些人獎勵了一番之後，打發他們仍舊回到市鎮裡去，命令他們把城門和城牆守好。他在自己已經安排築好的工事上布置好士兵，只是不像前些日子習慣的那樣，彼此之間隔著一定的距離，而是改為一長列不間斷的哨崗和駐點，彼此互相連接著，沿整個工事都布置到了。他又命令軍團指揮官和騎兵指揮官們往來巡邏，並叮囑他們不但要留心防止大股突圍，那怕就連一個人偷偷溜出去也得注意。那一夜，真正一個人都沒有因為懶散、疲乏，竟至睡著的。他們都對事情的最後結局寄著莫大的希望，每一個人都一心一意盤算著一樁樁不同的事情，他們設想那些科菲尼烏姆人自己會怎樣、多彌提烏斯會怎樣、倫圖盧斯會怎樣、其餘的那些人會怎樣、每一方面將遇到什麼樣的情況。

22 大約在第四更，倫圖盧斯・斯平特爾在城上和我軍的哨崗和守衛商量，說如果能得到允許的話，他想會見凱撒。得到同意之後，他被從城裡送出來。多彌提烏斯的士兵們一直守住他不離開，直到把他帶到凱撒面前才止。他在為自己的安全向凱撒乞恩、苦苦哀求要凱撒饒恕他時，還提起自己和凱撒的舊日交誼，歷數凱撒對他的大恩。由於凱撒的援引，他才能進入大祭司團，才能在司法官任期屆滿之後出任西班牙的行省長官，而且在他競選執政官時，也得到了凱撒的助力。凱撒打斷了他的講話，告訴他說：他自己不是想要為非作歹，才越過行省來的，他是為了要保衛自己，不讓敵人欺凌；為了給因他這件事而被逐出都城的那些人民保民官恢復地位；為了解放自己和羅馬人民，不再受那個小集團的壓迫。受到這些話鼓勵，倫圖盧斯要求允許讓他回到城裡去，這樣，他為自己本人求到的安全，就可以使其餘的人覺得自己也同樣有希望而感到寬慰。他還說：有些人非常惶恐不安，竟想用粗暴的手段來結束自己的生命了。他獲得允許後回轉城去。

23 天色剛一亮，凱撒命令把全部元老、元老們的兒子、軍團指揮官和羅馬騎士，都領到他這裡來。他們共有五十人，屬於元老級的有盧基烏斯・多彌提烏斯、利涅利烏斯・倫圖盧斯・斯平特爾、盧基烏斯・凱基利烏斯・魯孚斯(Lucius Caecilius Rufus)、財務官塞克斯提烏斯・昆提利烏斯・瓦魯斯(Sextius Quintilius Varus)、盧基烏斯・魯布里烏斯(Lucius Rubrius)。除多彌提烏斯的兒子之外，還有許多其他年輕人，大批羅馬騎士和地方議會的長老，他們都是多彌提烏斯從各自治城鎮召來的。當所有這些人被帶到凱撒跟前來時，他禁止士兵們侮辱和斥責他們。凱撒只對他們說了很簡單的幾句話，他抱怨他們中間的一些人，對他們給他們的大恩大德，竟沒給絲毫回報，然後一無損害地遣走了他們。多彌提烏斯曾帶到科菲尼烏姆一筆六百萬塞斯特斯的款子，還放在財庫裡，這時由科菲尼烏姆當地的四個地方官送來給凱撒。凱撒雖然明知這筆錢是國家公帑，是由龐培發下來作為軍餉的，但他仍舊把它交給了多彌提烏斯，免得讓人們看起來，他在處置人們生命的事情上，比在處置錢財的事情上更能自我克制一些。他命令多彌提烏斯的士兵向他作了效忠宣誓後，就在這天移營前進，趕完了正常情況下一天該走的路程，在科菲尼烏姆城下停留了七天之後，通過馬魯基尼人(Marrucini)、弗倫塔尼人(Frentani)和拉里那特斯人(Larinates)的地界，到達阿普利亞。

24 龐培一知道在科菲尼烏姆發生的事情，隨即離開盧克里亞(Luceria)，趕向卡努西烏姆(Canusium)，又從那邊向布隆狄西烏姆(Brundisium)趕去。他命令各地把所有新徵召的兵士都集中到他那邊去。他還把奴隸和放牧的人都武裝起來，並發給他們馬匹，在他們中裝備起三百名左右騎兵。司法官盧基烏斯·馬尼利烏斯(Lucius Manilius)帶著六個營逃出阿爾巴①；司法官魯提利烏斯·盧普斯(Rutilius Lupus)帶著三個營逃出塔拉基那(Tarracina)。當他們的士兵老遠看到維比烏斯·庫里烏斯(Vibius Curius)率領下的凱撒騎兵時，馬上拋棄這兩位司法官，倒過旗號來，向庫里烏斯投降。同樣，在繼續向前的路途中，有的營正好遇上凱撒的大軍，有的營正好遇上他的騎兵，都投降了。龐培的工程總監克雷莫那(Cremona)人努墨利烏斯·馬吉烏斯(Numelius Magius)在路上被俘，送來凱撒這裡。凱撒把他遣送回龐培那邊去，讓他帶去下列口信，說：只因龐培至今還沒給他會談的機會，他本人現在已經在

---

①阿爾巴——這是羅馬附近的古拉丁市鎮阿爾巴隆伽，前面第十五節說的阿爾巴，是指孚基努斯湖邊的阿爾巴福倫金那。

趕向布隆狄西烏姆的途中，必須要和龐培會談一次，這對於國家、對於他們之間的共同安全，都很有關係，如果彼此間的距離再遠一點，建議必須要由別人傳來傳去時，就沒有雙方親自當面討論一切條款那樣方便了。

25 帶去這樣的信後，他帶著六個軍團趕到布隆狄西烏姆，其中三個軍團是老兵，其餘都是由新徵來的兵組成，並在一路上補足的。至於多彌提烏斯的那些營，他在科菲尼烏姆時就直接打發他們到西西里去了。他發現執政官們已經帶著大部分軍隊去迪拉基烏姆(Dyrrachium)，龐培帶著二十個營，仍留在布隆狄西烏姆。為什麼他要留在那邊不走，究竟是為了企圖守牢布隆狄西烏姆，以便把義大利的尖端地區和希臘沿岸一起掌握在自己手裡，可以比較方便地控制整個亞得里亞海，並且可以同時從兩對面發動戰爭；還是因為缺少船隻，只能留在這裡不走，原因無從得知。凱撒唯恐龐培會認為自己不該放棄義大利，就決定堵塞布隆狄西烏姆的出路，阻止它的港口活動。這件工程是這樣著手的：他在港口狹窄的隘口，兩岸都堆起一道泥土堤壩，因為在這些地方，海水本來很淺；但當堤壩伸出去一段路，水已經很深，土堤無法再延伸的時候，他就在堤壩的末端接上兩個浮筏，每一邊都是三十羅尺闊，它們的四角都用一支錨釘牢，以免被波浪捲走。它們造成了而且被固定在位置上之後，他又再在它們靠外面的一邊，再聯結上大小相同的另外一個浮筏。在它們上面，他還給蓋上泥土，築上堤防，以免人們為了保衛它們上去奔走時，受到妨礙。在它們的正面和其他各邊，他都給築上木柵和護牆，作為防護。每隔三個浮筏便造一座兩層高的瞭望塔，使它更便於防禦船隻的攻擊或縱火。

26 為要對付這種工程，龐培把他在布隆狄西烏姆港中截獲的一些大商船裝備起來，在它們上面築起三層高的瞭望樓，而且給它們配備上許多作戰機械和各式各樣投擲武器，然把它們驅到凱撒的這邊來，企圖用它們來衝破浮筏，阻撓工程的進展。這樣，就每天都有用飛石、弓箭和其他武器進行的遠距離戰鬥發生。凱撒在部署這些戰鬥時，仍舊認為爭取和平的努力不該中止。雖然他派去帶信給龐培的馬吉烏斯，沒有被派回到他這裡來，使他感到很為驚異，而且一再試圖和解，已經使他發動攻勢和執行計劃都受到了阻礙，但他還是認為應該用盡一切手段來堅持這樣的努力。因而，他派副將卡尼尼烏斯・雷比盧斯(Caninius Rebilus)——他是斯克里博尼烏斯・利博(Scribonius Libo)的朋友和親戚——去會見利博商談。凱撒叮囑他鼓勵利博出來促成和平，特別是要促成自己跟龐培的和談①。他聲稱：如果給了他這樣的機會，他有很大的信心認為雙方可能在平等的條件下放下武器；如果通過利博的推動和奔走，能使雙方的敵對行動停止，那就有很大一部分讚揚和聲譽將歸之於他。利博和卡尼尼烏斯會談後離去，趕到龐培那邊，不久就帶著答覆回來，說由於執政官們不在，沒有他們，不可能達成任何和解條件。因而凱撒認為，現在終於應該放棄這種屢試無成的嘗試，努力從事戰爭了。

27 當工事幾乎快被凱撒完成一半，在它上面已經花了九天時間時，執政官們的那些運送第一部分軍隊到迪拉基烏姆去的船隻，被他們從那邊打發回到布隆狄西烏姆。龐培可能是對凱撒的封鎖工事感到驚慌，還可能是從一開始就決定撤離義大利的，看到船一來，就著手作離去的準備。為了便於拖延凱撒的攻擊，免得我軍在他們剛剛離去時就立刻衝入城內，他把城門堵塞起來，並在濠溝中間插立著尖頭的木樁和柱子，再用一層很輕的樹籬和泥土把它們蓋好，弄得和地面一樣平。他還用頭上削尖的

---

①利博在內戰開始時負責守衛厄特魯里亞，這時已被迫撤退到布隆狄西烏姆，由於他是龐培的兒子塞克斯提烏斯・龐培的岳父，因此在龐培面前有進言的機會。

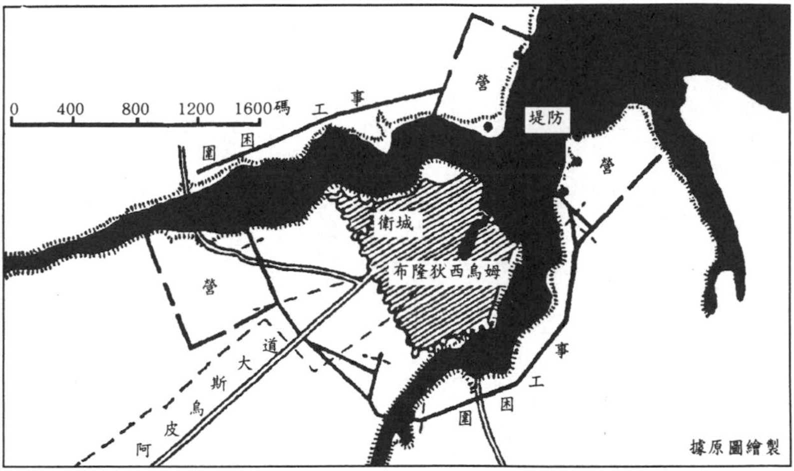

布隆狄西烏姆
（〈內戰記〉卷一第 25 － 28 節）

木柱插在地面上，堵塞住城牆外面通向海港去的出口和兩條通路。作了這些準備後，他命令士兵們悄悄下船，又命令在城牆上和瞭望塔中三三兩兩地布置下一些從留用老兵、弓弩手和射石手中選出來的輕裝士兵，這些人，他預備在所有的部隊都下船以後，再用某一個約定的記號召走，為此特在一個便利的地方，留下一些快槳船等候他們。

28 龐培士兵的侵擾和龐培本人的侮辱，激怒了布隆狄西烏姆人，使他們都偏袒凱撒這一方。因而，當他們知道龐培要撤走時，他們乘士兵們往來奔走，一心忙於離去的時候，全都爬上屋頂，向我軍示意。凱撒從他們身上得知了這一計劃，命令準備好雲梯，士兵們都武裝戒備著，以免失去行動的時機。龐培在夜裡啟航離去，他布置在城牆上充任守衛的那些士兵，一經事先約定的記號召喚，也通過熟悉的道路奔到船上。凱撒的士兵放下雲梯，登上城牆，但因為有布隆狄西烏姆人在警告他們提防那些隱蔽的木樁和掩蓋著的壕溝，他們又停下步來，由居民們率領著，轉很大一個圈子才到達港口。在那邊，他們用快艇和划子捉住兩艘撞在凱撒築的土堤上的船隻，上面還都載著士兵，把它們俘獲過來。

29 雖然凱撒也極希望能集合一支艦隊，渡過海去追逐龐培，特別是乘他還沒用海外的同盟軍部隊加強自己的兵力以前，結束這場戰爭，然而他又擔心做這件事情所需要的耽擱和長期拖延。因為龐培已經搜括走所有的船隻，使他失去了現在馬上就去追他的可能。唯一留給他的辦法是等候從高盧、皮克努姆和海峽①等比較退的地方來一些船隻。但由於季節關係，看來這又是一件遙遙無期、阻礙重重的事情。同時他也不希望就在這個時候，龐培的那支老的軍隊和那兩個西班牙行省②——其中的一個尤其因為龐培給它的巨大利益而緊緊和他聯合在一起——更加強了對龐培的忠誠，同盟軍和騎兵也都作好了準備，乘他不在的時候，使高盧和義大利遭到侵擾。

30 因而，在目前，他決定放下追趕龐培的計劃，趕到西班牙去。他下令給所有各自治市鎮的地方官吏，叫他們負責搜尋船隻，送到布隆狄西烏姆來。他派副將瓦勒里烏斯(Valerius)帶一個軍團到撒丁尼亞(Sardinia)，又派代行司法官庫里奧帶兩個軍團到西西里，並命他在收復西西里以後，從那邊帶著軍隊直接渡海到阿非利加去。這時，主管撒丁尼亞的是馬爾庫斯·奧雷利烏斯·科塔(Marcus Aulerius

---

①海峽——指西西里海峽。

②龐培在鎮壓塞托里烏斯之戰後，曾授給西班牙許多貴族羅馬公民權，這些人都成為對他負有一定義務的門客。此外，他本人從公元前五四年起，就擔任西班牙行省代行執政官，由他指派副將在兩省代他掌管軍政大權，經過多年經營，在當地擁有很大勢力，所以當時在羅馬的許多人都以為他可能撤退到西班牙去，西塞羅就是其中之一（見《致阿提庫斯書》卷七，十八），龐培終於撤退到東方，可能是因為希臘、埃及、敘利亞等地擁有大量人力和物力，勝過西班牙。

Cotta)，主管西西里的是馬爾庫斯・加圖，阿非利加則根據抽籤，是應該歸圖貝羅(Tubero)主管的。卡拉利斯(Caralis)人一聽到要派瓦勒里烏斯到他們那邊去，甚至在瓦勒里烏斯還沒離開義大利之前，就自動起來把科塔逐出城去。當科塔知道整個行省都意見一致時，害怕起來，從撒丁尼亞逃往阿非利加。加圖在西西里一面修理舊的戰艦，一面向各城鎮索取新艦。他極其熱心地進行著這些工作，並且通過自己的副將們，在盧卡尼亞(Lucania)和布魯提姆(Bruttium)的羅馬公民中間徵召新兵。當這些事情幾乎快要完成時，他得知庫里奧已經到來，他在集會上抱怨自己被龐培拋棄和出賣了，說龐培根本什麼東西都沒準備好，就貿然發動一場不必要的戰爭，而且當他加圖本人和其他一些人在元老院裡問到龐培時，他還一口咬定說一切戰爭用的東西都已經安排和準備好了。在會議上這樣抱怨一通之後，逃出行省去了。

31 乘那邊沒有了統帥，瓦勒里烏斯和庫里奧分別帶著軍隊，到達撒丁尼亞和西西里。當圖貝羅到達阿非利加時，發現阿提烏斯・瓦魯斯正掌握著這個行省的軍政大權。我們已經敘說過阿提烏斯在奧克西穆姆丟失了軍隊，他從那邊直接逃向阿非利加，乘沒有人在那邊主持，擅自占據了它，就在那邊徵兵組織起兩個軍團，因為不多幾年以前，他在司法官任期屆滿後，曾經主管過這個行省，現在就利用自己熟悉這裡的人事和地理，而且利用在這個行省的經驗，作為達到這些目的的手段。當圖貝羅乘著船隻到達烏提卡(Utica)時，他不讓他進入港口和市鎮，非但不准他把正在患病的兒子送上岸去，還迫使他們起錨離開當地。

32 凱撒在這些事情完成之後，把士兵們帶進附近的市鎮，好讓他們在緊張勞動之後，在餘下來的這段時間裡略事休息。他本人趕向首都去，在召集起元老院以後，他講到他的仇敵對他的迫害，說明

自己並沒有妄想非分的榮譽，他所等待的不過是可以合法地出任執政官的時刻，能使他感到滿足的正是每個公民都可以要求的東西。過去，十個人民保民官在敵人的反對之下——尤其是加圖拼命反對，用他的老辦法，以滔滔不絕的發言把時間拖過去——提出並通過了讓他可以不親臨競選就有當選的資格，當時的執政官就是龐培本人，他如果不同意，為什麼聽任它通過？如果他同意，為什麼現在又阻止他不讓他接受人民的恩寵？他還敘述自己是多麼耐心、克制，曾經自動提出過解散軍隊，這完全是一件以自己的地位和榮譽作犧牲的事情。他還指出敵人的狠毒，他們向別人要求的東西，當別人向他們自己要求時，卻一口拒絕了，寧肯讓一切事情都搞得亂七八糟，就是不肯放下權力和軍隊。他又控訴他們在奪去他軍團的這件事上蠻不講理，在剝奪保民官權力這件事上的驕橫。他還歷數自己提出過的種種條件，他一次次要求的會談和遭到的拒絕。為了這些原因，他鼓勵並且要求元老們把國家大事擔當起來，和他一起管理好它。他們如果為了害怕，想要迴避，他也不願使他們增加負擔，盡可由他一個人來管理國家大事。他說應該派使者到龐培那裡去談判，儘管龐培不久以前曾經在元老院講過：使者派到什麼人那邊去，就表明權威屬於這個人，誰派出使者去，就表示誰在害怕，但他凱撒不在乎這些，從這上面只能看出他們膽怯，意志動搖。至於他自己，正像他已經竭力在行動上壓倒了他們那樣，希望能在道義上、在公平合理上，也勝過他們。

33 元老院同意了派遣使者的事情，但卻找不到一個可以派去的人，大部分人都因為本人害怕，拒絕擔任使者。因為龐培在離開都城前，曾經在元老院裡說過，他要把留在城裡的人和處在凱撒軍營裡的人一樣看待。就這樣，三天時間浪費在爭論和辯解上面。加之有一個叫盧基烏斯・凱基利烏斯・墨特盧斯(Lucius Caecilius Metellus)的人民保民官，受凱撒的敵人挑唆，站出來反對這件事，而且任何事情，只要凱撒提出，他都加以阻攔。凱撒看出他的用意後，認為自己已經浪費了幾天，不該再損失更多時間，就在他預定要做的事情一無所成的情況下，離開都城，到外高盧去了。

34 當他到那邊時，他了解維布利烏斯・盧孚斯已被龐培派到西班牙去，這個人是幾天以前在科菲尼烏姆被他俘虜後釋放的。同樣，多彌提烏斯也已出發去占領馬西利亞(Massilia)，帶去七艘由伊吉利烏姆(Igilium)和科薩努姆人私人湊集起來的快槳船，上面配備著由他的奴隸、釋放人和佃戶組成的人員。事先已經有一些出身於貴族的馬西利亞青年，被派回家去作為使者。在他們離開都城時，龐培曾經鼓勵他們，要他們不要因為凱撒新給的好處，就忘掉龐培對他們的舊恩。接到這些指示，馬西利亞人關起城門來抵抗凱撒，而且把住在俯臨馬西利亞的叢山中、自古以來就和他們結成聯盟的蠻族阿爾比西(Albici)人，招到他們這裡來。同樣，他們還把鄰近地區和所有各個碉堡裡的穀物，都運進城裡，一面又在城裡設置兵器作坊，並動手修繕城牆、城門和艦隊。

35 凱撒把馬西利亞的十五個貴人①召到他這裡來，他對他們說：為要防止馬西利亞人挑起戰爭來，他們應該聽從的是整個義大利的權威，而不應該聽從某一個人的私意。他還提到了其他一些他認為能夠促使他們保持頭腦清醒的話。使者們把這些話帶回去，經過當局授權，又帶回這樣的話給凱撒：他們知道羅馬人民已經分裂成兩派，他們沒有判斷哪一方比較有理，而且也沒有這種分辨哪一方比較有理的能力。但這兩派的領袖是格涅尤斯・龐培和蓋尤斯・凱撒，都是他們國家的保護人。這兩

---

①十五貴人(quindecim primos)——是馬西利亞的一個由六百人的議會再選出來的常務委員會，掌握著全國的軍政大權，它的世襲寡頭的貴族性質，決定了他們只能站在龐培和元老院一邊。

個人，一個正式給了他們沃爾凱族的阿雷科米基人(Volcae Arecomici)的土地和赫爾維人(Helvii)的土地，另一個把自己在戰爭中征服的薩呂斯(Sallyes)劃給了他們，還給他們增加了稅收。因而，受了他們雙方同樣的恩惠，他們也要對雙方表明同樣的心意，決不幫助任何一方反對另一方，也不接納任何一方進入他們的城市和港口。

36 他們之間正在進行這些交涉時，多彌提烏斯乘船來到馬西利亞，被他們接了進去，並且被奉為該城的首領，把主持戰爭的最高權力授給了他。在他的主持下，他們把艦隊派到四面八方去，不管在哪裡遇到商船，就捉住了帶進港口去。有一些船隻，釘子、木材和船具不很充裕的，他們就用來裝備和修繕其他船隻，並把所有找到的糧食都送到公家倉庫裡去，其餘的商品和給養都保留下來，準備如果一旦遇到圍城時使用。這種欺詐行為激怒了凱撒，他率領三個軍團向馬西利亞趕去，決定築起塔樓和盾車來圍攻這個城市，並在阿雷拉特(Arelate)建造十二艘戰艦。它們在砍伐木材之後三十天內就建造起來並且裝備完畢，送來馬西利亞。他指定由德基穆斯・尤尼烏斯・布魯圖(Decimus Junius Brutus)統率它們。又留下副將蓋尤斯・特雷博尼烏斯(Gaius Trebonius)主持圍攻馬西利亞的工作。

37 這些事情正在準備和進行時，凱撒派副將蓋尤斯・法比烏斯(Gaius Fabius)帶著安置在納波(Narbo)及其鄰近地區息冬的三個軍團，進入西班牙，命令他迅速占領庇里牛斯山(Pyrenaei)的隘口，這時，那邊正由龐培的副將盧基烏斯・阿弗拉尼烏斯(Lucius Afranius)據守著。其餘在較遠的地方息冬的軍團，他也命令在後面跟上來。法比烏斯按照命令，利用進軍的神速，把隘口的駐軍驅走，然後以急行軍趕到阿弗拉尼烏斯的軍隊所在。

38 當前面說過被龐培派到西班牙去的那個盧基烏斯・維布利烏斯・盧孚斯到達那邊時，西班牙正

由龐培的副將軍阿弗拉尼烏斯、佩特雷尤斯(Petreius)和瓦羅①駐守著。他們中間，一個人帶著三個軍團駐在近西班牙；另一個帶著兩個軍團駐在卡斯圖洛隘口(Castulonensis saltus)到阿那斯河(Anas)之間的遠西班牙；第三個帶著同樣數目的軍團，駐在從阿那斯河至維托涅斯(Vettones)人的地區和盧西塔尼亞(Lusitania)之間的一帶地方。他們之間分了工，佩特雷尤斯帶著他的全部軍隊從盧西塔尼亞出發，穿過維托涅斯人地區，去會合阿弗拉尼烏斯；瓦羅以他手下現有的幾個軍團，防守整個遠西班牙。這些事情決定後，佩特雷尤斯向整個盧西塔尼亞、阿弗拉尼烏斯向克爾特伊比利亞(Celtiberia)、卡塔布里(Catabri)，以及一直伸到大洋的所有蠻族，分別索取步、騎援軍。當它們集合起來以後，佩特雷尤斯就很快穿過維托涅斯人地區，到達阿弗拉尼烏斯處。他們一致同意，決定在伊萊爾達(Ilerda)附近作戰，因為在這裡的地勢很有利。

39 正像上面所說，阿弗拉尼烏斯有三個軍團，佩特雷尤斯有兩個，此外還有近西班牙行省的盾牌兵和遠西班牙的皮盾兵約八十個營，以及從這個行省來的約五千騎兵。凱撒派到西班牙去的軍團有六個，同盟步兵五千和三千騎兵，這些都是在以前歷次戰爭中就一直在他部下的。此外還有同樣數目從他所征服的高盧來的人，所有各邦最最顯貴、最最勇敢的人物，也都被他指名召了來；再加上從阿奎塔尼亞(Aquitania)，以及從一直伸到高盧行省的山區的居民中召來的貴族家族的人員。他聽到說，龐培已經帶著軍團取道毛里塔尼亞，趕到西班牙來，很快即將到達。這時，他向軍團指揮官們和百夫長

---

①馬爾庫斯・特倫提烏斯・瓦羅(Marcus Terentius Varro, 116—27B.C.)——共和末年羅馬的著名學者和藏書家，作品很多，但傳到現在的只有一部《農事三書》和另一部《論拉丁語》的殘篇。他不是擁護龐培的積極分子，因此寧願留在後面。內戰後，他受到凱撒的寬恕，並被委任建立一所圖書館。

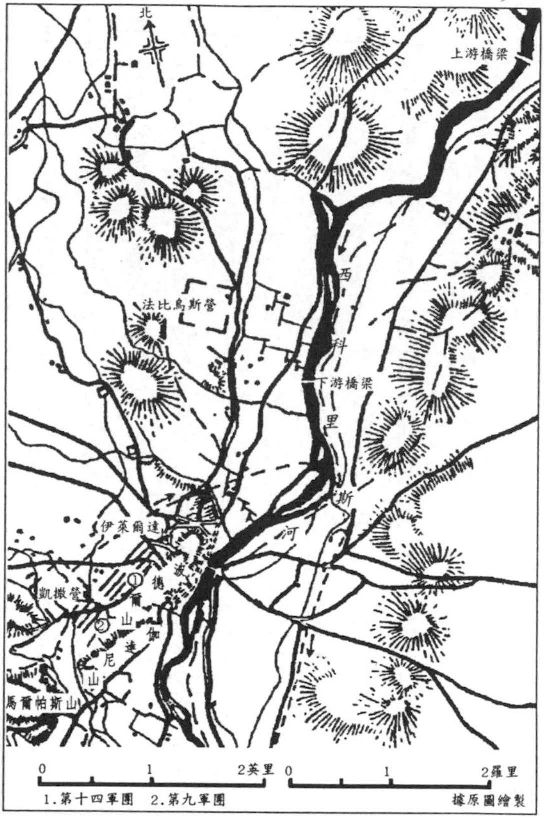

伊萊爾達
（〈內戰記〉卷一第38－64節）

們借了錢分給士兵，這是一件一舉兩得的事情：一方面，作為押金，它使百夫長們的心和他更緊密地聯繫在一起；另一方面，他的慷慨犒賞又換得了士兵們的愛戴。

40 法比烏斯通過信件和使者，試探鄰近各邦的態度。他在西科里斯河(Sicoris)上築起兩座橋梁，彼此相距四羅里。他派出採牧部隊經過這些橋梁到河對面去。因為幾天來把河這一邊地方草秣的都已經消耗光了。為了同樣原因，龐培軍隊的將領們幾乎也在做同樣的事情，騎兵彼此間經常發生戰鬥。當法比烏斯的兩個軍團按照每天的慣例，從較近的那座橋過河，去給採牧部隊擔任掩護時，馱運的牲口和全部騎兵都跟在後面。突然之間，狂風惡浪沖斷橋梁，把大部分騎兵和其餘部隊切斷。佩特雷尤斯和阿弗拉尼烏斯從河水帶下去的碎塊和木排得知了這樁事情，阿弗拉尼烏斯立刻帶著四個軍團和全部騎兵，經過自己的那座聯結營寨和市鎮的橋梁，奔向法比烏斯的兩個軍團。得到他到來的報告，指揮這兩個軍團的盧基烏斯・穆那提烏斯・普蘭庫斯(Lucius Munatius Plancus)迫於形勢，占據了一處高地，把他的部下背對背分成兩列，兩面迎戰，以免被騎兵包圍。這樣，雖說進行的是人數懸殊的戰鬥，他終於擋住了軍團和騎兵的猛烈衝擊。騎兵一開始交鋒後，雙方就都看到老遠趕來的兩個軍團的旗幟，這是法比烏斯從另外那座較遠的橋上派過去支援我軍的，原來他已預料到果然發生了的事情，猜想對方的領袖們要利用命運之神恩賜給他們的好機會來進逼我軍。他們的到來結束了戰鬥，雙方都把軍團領回營去。

41 兩天以後，凱撒帶著留在身邊做衛隊的九百名騎兵來到大營。被風暴毀壞的那座橋，已經修復得差不多，他命令在當夜完工。在了解了那一帶地形後，他留下六個營作為營寨、橋梁，以及全部輜重的守衛，於次日帶著全軍出發，排成三列，向伊萊爾達趕去，正好面對阿弗拉尼烏斯的營寨停駐下來，在那邊全副武裝地逗留了一會，給他的對方一個在平地上戰鬥的機會。阿弗拉尼烏斯有了這樣的機會，就也把他的軍隊領出來，布列在自己營寨下方的半山腰裡。當凱撒看出阿弗拉尼烏斯並沒作戰的意思，他決定在距那座山的山腳大約四百步的地方紮下營寨。為了免得他的士兵在埋頭築工事時被敵人的突然襲擊所驚，工程受到阻撓，他命令他們不要築壁壘，免得因為它高出地面，老遠可以看到，而是在正對敵人的這一面挖一道十五尺闊的壕塹，第一列和第二列部隊仍像一開始時布置的那樣，繼續武裝戒備，第三列藏在他們背後偷偷地從事工作。因而在阿弗拉尼烏斯還沒知道營寨在築工事以前就全部完成了。在晚上，凱撒把他的軍團撤進這道壕塹，第二夜就讓他們在武裝戒備下，在那邊休息。

42 次日，他把全軍都留在壕塹以內，因為防禦工事取材要跑到很遠的地方，所以目前他決定仍舊採用同樣形式的工事，指定每個軍團分擔營寨一邊的防禦工事，即挖掘同樣大小的壕塹。其餘的軍團輕裝上陣，面對敵人布列著，武裝戒備。阿弗拉尼烏斯和佩特雷尤斯為了恐嚇我軍，並阻撓施工，把他的軍隊一直帶到山腳下面來，向我軍挑戰。但就是這樣，凱撒倚恃一方面有三個軍團在警衛，一方面有壕塹在掩護，仍不停止工作。他們在那邊沒停留很久，也沒離開山腳多遠，就仍舊把部隊領回營寨去了。在第三天，凱撒用一道壁壘把營寨圍起來，命令把留在原來那個營寨裡的其餘幾個營和輜重，也都調到這裡來。

43 在伊萊爾達城和離它最近、即佩特雷尤斯和阿弗拉尼烏斯在上面紮營的這座山之間，有一片稍稍隆起的高地。凱撒深信，他如能占據這片高地，給它築上工事，就把敵人和那個市鎮、那座橋梁，以及他們搬運到鎮上去的所有給養，統統切斷了。在這種想法推動下，他把三個軍團帶出營寨，選擇有利的地形布下陣列，命令其中一個軍團的旗下精兵①迅速奔去占領這片高地。一知道這事，站在阿弗拉尼烏斯營寨前擔任守衛的那個營立刻被派出來，抄近路走，也去占領那片高地。雙方戰鬥起來。由於阿弗拉尼烏斯的部下先到高地，我軍被驅逐下來。當敵人又有援軍派上去時，他們被迫轉身回到軍團停駐的所在。

44 對方這些士兵戰鬥的方式是：首先迅速地猛衝上來，勇敢地占定一處陣地，但卻不嚴格遵守行

---

①旗下精兵(antesignani)——軍團中選出來的精兵，作戰時直接排在軍團的鷹幟後面，在凱撒軍中，每個軍團約有三百至四百這種精兵。他們被免除了背負行李、值勤等工作，單只負責保衛鷹幟和應付一些緊急的戰鬥任務。

列次序，而是三三兩兩地分散著各自為戰。如果受到的壓力較重，他們就向後退去，放棄這處地方，並不認為這是可恥的事情。早在他們和盧西塔尼亞人和別的一些蠻族作戰時，就已經習慣於使用這種野蠻的作戰方法了，在通常的情況下，兵士在某一地方耽擱久了時，往往就會受這地方的許多習俗影響。然而使我軍士卒驚惶的卻正是這種自己不熟悉的作戰方法，那怕衝上來的敵人只有一個，他們也認為自己袒露著的側翼已經受到對方的包圍。他們卻又認為自己有責任要堅持在行列中間，不離開連隊的標幟，沒有十分必要的理由，也不該放棄自己所據的位置。從而，當旗下精兵陷入混亂時，布置在這一翼的軍團，便也站不住腳，退向近旁的山上。

45 看到幾乎全軍都被這種出乎意料、而且從未經歷過的情況弄得十分狼狽，凱撒一面鼓勵部下，一面率領第九軍團上去支援，把放肆地奮力追逐我軍的敵人截住，迫使他們也轉身向伊萊爾達城退去，一直到城牆下才停住。但第九軍團的士兵熱情高漲起來，一心想洗雪受到的恥辱，十分冒失地對退走的敵人窮追猛趕，跑得太遠了些，竟一直跟到伊萊爾達市鎮坐落的那座山腳下一處地形很不利的地方。當他們在那邊想到要退回來時，那些敵人又再轉過身來，從高處奔下來衝擊他們。那地方十分崎嶇不平，兩側面又都很陡峭，寬度只能容得下三個布列開的營，既無法從兩側面派援軍上去，在應付不暇時騎兵也不可能上去幫忙。但在一出市鎮的所在，卻有一片傾斜度比較平緩、向前伸出約四百步的坡地。我軍因為一時熱情衝動，趕得太冒失了些，只能就向那邊退去。在那邊發生了戰鬥，由於這塊地方一則十分狹窄，再則又正處在那座山腳下，向他們投擲過來的武器，幾乎很少落空，因而對我軍很為不利。但他們都依靠自己的勇敢和堅毅，忍受一切創傷。敵人的兵力在增加，不斷有部隊從營寨裡派出來，穿過市鎮趕來支援，用生力軍替換疲乏了的人。凱撒被迫也只能這樣做，派部隊到那同一地方去，把疲勞了的人替換下來。

46 戰鬥就這樣連續了五個時刻，我軍受到人多勢眾的敵人壓力，直到連輕矛都全部耗光了時，他們拔出劍來，向山上仰衝上去，奔向敵人，砍倒了一些，迫使其餘的人轉身退去。當敵軍敗向城下，有一部分還出於恐怖，逃進鎮內時，我軍就有了從容撤走的可能。駐在兩側的我軍騎兵，雖然停駐在傾斜而又低下的地方，這時也極勇敢地奮力登上山頂，在兩軍陣列之間往來馳突，使我軍的撤退更為方便和安全。戰鬥就這樣忽勝忽負地進行著。在第一次交鋒中，我軍約陣亡七十人〔其中包括第十四軍團的一個首列百夫長①昆圖斯・孚爾吉尼烏斯(Quintus Fulginius)，他是因為勇敢超群，被從較低級的百夫長提升到這個位置上來的〕，約六百人受傷。阿弗拉尼烏斯的那一方被殺死的有首席百夫長提圖斯・凱基利烏斯(Titus Caecilius)，除他之外，還有其他四個百夫長和兩百以上士兵。

47 但是，對這天戰爭的結局，雙方的看法各不相同，大家都以為自己在戰鬥中占了上風。因為阿弗尼烏斯的士兵雖然在一般人心目中都認為比較軟弱，但他們卻能和我軍短兵相接，交鋒了這樣長一段時間，頂住了我軍的衝擊，還一起始就守住了引起爭奪來的那片高地，在第一個回合中迫使我軍敗退下來。但我軍則認為，儘管地勢不利，人數懸殊，他們卻能把戰鬥堅持到五個刻時以上，而且持劍

---

①首列百夫長——馬略軍事改革後的軍團中，過去舊的兵種分別已經完全失去了意義，不過仍舊都保留著它們的原來名稱，每個營的六個百夫長，分別叫輕裝兵前百夫長、輕裝兵後百夫長、主力兵前百夫長、主力兵後百夫長、重裝兵前百夫長、重裝兵後百夫長等。但除了第一營的六個百夫長即首列百夫長，升遷有嚴格規定的次序外，其餘各營的百夫長也已不再有分別。這裡的原文是 **primus hastatus** 指的第一營的一個重裝兵百夫長，即首列百夫長之一，譯文即就這個比較簡單的稱呼，不再另立新名。

向山上仰衝，迫使敵人從居高臨下的位置上退走，逃進城裡。敵人給引起戰鬥的那片高地築起強大的工事，以資防守，並留一支駐軍在上面。

48 在這些活動後還不到兩天，又發生了一樁突如其來的災難。一場暴風雨來得如此之猛，以致大家都認為在那一帶地方從没發生過比這次更大的洪水。大水沖下所有山嶺上的積雪，還湧上高峻的河岸，在一天之中把法比烏斯建造的兩頂橋全都沖斷。這些事情帶給凱撒的軍團很大的困難。正像前文所說，他的營寨是夾在西科里斯河和金伽河(Cinga flumen)這兩河流之間的，兩者間的寬度只有三十羅里。這兩條都没法再渡過去，一切活動都被無可奈何地限制在這個小圈子裡。和凱撒結上友好關係的國家，再不能支援他糧食，就連出外較遠的採牧部隊也被河流隔絕，無法返回。從義大利和高盧來的大批運輸隊，全都没法趕到營裡來。從季節上說，這也正好是一個最為困難的時刻，田裡的穀物既已不再是青蔥一片的時候，離開成熟卻又多少還有一些時間①。地方上已經消耗殆盡，因為阿弗拉尼烏斯在凱撒到來以前就已把幾乎所有的糧食都運進伊萊爾達鎮，如果說還有些剩餘的話，也已被凱撒在前些日子裡吃光了。本來在飢荒的時候，牲口可以勉強作為代用的東西，但因為戰爭，它們已經被鄰近的國家轉移到很遠的地方去。出去採牧和收集穀物的那些人，都受到盧西塔尼亞的輕裝兵和對當地

①洛布叢書本原文作 **"quo neque frumenta in hibernis erant neque multum a maturitate aberant."** 意思是冬令營中沒有糧食，離開成熟卻還有一些時間。編者加注說：手抄本原本如此，但很可疑。這裡採用牛津大學出版社出版的 Charle E. Moberly 編校的本子，原文 in hibernis（冬令營）改作 in berbis（青翠的），意思是田裡的糧食，既已不是可供餵牲口的青葉子，卻又還不成熟，不能供軍隊食用。冬令營是供軍隊息冬用的半永久性營地，凱撒的軍隊並沒在西班牙息冬過。

形勢很熟悉的近西班牙皮盾兵的追逐，這些人渡河很方便，因為他們都有一個習慣，即不帶著泅水用的皮囊不來參加軍隊。

49 阿弗拉尼烏斯的軍隊卻樣樣東西都很充裕。在過去的日子裡，他們積起並搬進了大量穀物，還從各行省運來了很多；飼料供應也十分充足。伊萊爾達的橋梁，毫無危險地為運送所有這些物資提供了方便，而且橋對面一邊的地區由於凱撒根本無法到達，所以仍然完好無恙。

50 洪水持續了好幾天，凱撒試圖把橋梁修復，但波濤翻滾的河水不容許他這樣做，布置在沿岸的敵軍部隊，也不會聽任他修理，因此對方要阻止他修橋很方便。由於河流所在的那地方地形很險要，水勢又很奔騰洶湧，加上對方還可以在沿岸所有各地把武器集中著投向一處狹窄的所在，而我軍在同一時間裡既要在湍急的河流上工作，又要躲避武器，是件很困難的事。

51 有報告給阿弗拉尼烏斯說：一支正在趕到凱撒這裡來的大運輸隊，已經停在河邊。原來是魯特尼族(Ruteni)的弓箭手和高盧的騎兵，按照高盧人的習慣，帶著許多車輛和大批輜重，來到那邊。此外還有許多各式各樣的人，帶著奴隸和孩子，約達六千人之多，但他們卻既沒有編隊，也沒有一定的組織紀律，各人自己高興怎樣走就怎樣走，大家絲毫不懷戒心，和以前幾天一樣的自由自在趕路。其中有一些貴家少年，是元老們或騎士等級的兒子，還有一些別的國家來的使者和凱撒的副將。這些人都被河流擋住了路。為要對他們發動一次突然襲擊，阿弗拉尼烏斯帶著全部騎兵和三個軍團，在晚上出發，派騎兵走在前面，想趁對方沒有防範時加以攻擊。儘管如此，高盧騎兵還是很快就作好準備，接戰起來。他們雖然人數很少，但在戰鬥可以聲勢相當地進行的時候，仍然能夠一直把數目大得多的敵人頂住在那邊。只是在軍團的旗幟開始迫近時，他們才在損失了一些人之後，向附近的山上退去。

戰鬥所拖延的這段時間，對我方人員的安全起了極重要的作用，他們就利用這個時機，退向一處高地上去。這天我方損失了約二百名弓箭手、少數騎兵，以及一些不多的營奴和輜重。

52 由於這種種原因，糧價上升了，其所以漲價，往往不光只因為目前的短缺，而且也由於人們在為未來擔心。糧價已經上漲到五十德那里烏斯一麥斗①，士兵們的體力也因糧食不足而衰退了。困難與日俱增，只在幾天之內，形勢變化就如此之大，運氣變得如此之糟，我軍不得不和一切必需品的嚴重缺乏作鬥爭，敵人卻各式各樣東西都十分充裕，占著極大的優勢。凱撒向那些和他有友好關係的國家索取牲畜——因為他們的糧食都不很富足——又把營奴們都遣送到比較遠的國家去，他自己也盡力採取對克復目前的飢荒有所幫助的一切辦法。

53 阿弗拉尼烏斯、佩特雷尤斯，以及他們的友人們，寫了比較詳盡而且誇大的信，把這些情況告知他們在羅馬的自己人。這上面還添枝加葉地加上許多謠言，看起來戰爭好像快要結束似的。這些信件和消息帶到羅馬時，大批人聚集在阿弗拉尼烏斯家中，興高采烈地祝賀。很多人離開義大利趕到格涅尤斯・龐培那邊去。有些人是想去做第一個報導這好消息的人，有的人則是想避免被人看成是坐待成敗已成定局，然後才在所有的人中最後一個趕去的人。

54 形勢已發展到如此危險的地步，而且所有的道路都被阿弗拉尼烏斯的部隊和騎兵封鎖著，橋梁也無法修繕，凱撒命令士兵動手建造船隻，就照前幾年在不列顛(Britannia)的經驗中學到的那種樣子

---

①平時正常的糧價，每麥斗(modius)約為三・五塞斯特克斯，五十德那里烏斯合二百塞斯特克斯，即漲價將近六十倍。一麥斗合八・七五五二公升。

建造。船的龍骨和前橫肋都用輕木材造，船身的其他部分用樹枝編就，然後蒙以皮革。這些船造好後，乘夜用前後聯結在一起的車輛，將它們搬運到離開營寨二十羅里的河中，讓一些士兵用這些船隻渡過河去，趁對方不備，突然占據一座和河岸相連的小山，在對方還沒發覺以前就很快給它築好工事。後來，他又運過去一個軍團，而且兩岸一起動手，建造一座橋梁，在兩天內就竣工了。這樣，那個運輸隊和那些因收集糧秣外出的人，都被安全地接了回來，糧食上的困難開始解除。

55 就在那一天，他把大部分騎兵送過河去。他們在冷不防中突然攻擊了散亂無序、絲毫不存戒心的敵方採牧人員，截獲了大量牲口和人員，當對方幾個營皮盾兵被派來支援他們時，我軍機敏地分成兩部分，一部分守護戰利品，一部分抵禦趕來的敵人，驅走他們。對方有一個營，冒失地越出自己的陣列，跑到別人前面來，我軍把他們和其餘的人切斷，包圍起來殲滅，毫無損失地帶著大量戰利品，仍從橋上返回營寨。

56 當這些事情正在伊萊爾達進行時，馬西利亞人採納多彌提烏斯的計劃，準備了十七艘戰艦，其中有十一艘是裝有甲板的。在它們之外，又再加上許多小艇，企圖單憑它們的數量就能嚇退我們的艦隊。艦上配備了大批弓箭手和前面已經提到過的阿爾比西人，用酬賞和諾言來鼓勵他們。多彌提烏斯另外又自己索取了一些船隻，船上配備著自己隨身帶去的佃農和牧奴。他們這樣把船上的一切東西都裝備好之後，懷著很大的信心開出來對抗我軍由德基穆斯·布魯圖率領的艦隊，它這時正停泊在面向馬西利亞的一個島上。

57 布魯圖的艦隻數目要少得多，但凱撒指派給這支艦隊的都是從所有各個軍團中挑選出來的最勇敢的人，都是些自己要求參加這一工作的旗下精兵和百夫長們，他們早已準備下了鐵鉤、魚叉，還帶

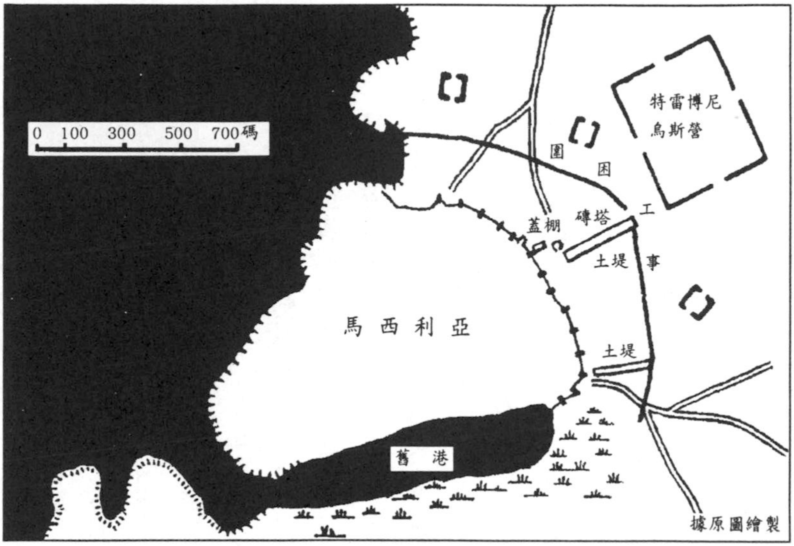

馬西利亞
（〈內戰記〉卷一第 34 － 36 節、56 － 58 節，卷二第 1 － 22 節）

有大量輕矛、梭鏢和其他矢石等武器。一得知敵人到來時，他們就把自己的船隻開出港口來和馬西利亞人交鋒。雙方都極英勇、極猛烈地戰鬥著。那些粗獷的阿爾比西人，生長在山林中，武藝很嫻熟，就勇敢而論，也並不比我們稍遜，而且他們剛剛從馬西利亞人那邊來，人家不久前許給他們的諾言還記憶猶新。多彌提烏斯的那些牧奴則有獲得自由的希望在推動著他們，急切想在他們的主人眼前讓自己的幹勁得到證實。

58 馬西利亞人一方面倚恃自己的船快，再一方面倚恃舵手的技術高明，繞開我們的船隻，躲過他們的衝擊，只要路上沒遮攔，就把自己的艦隻散開，拉成一長列包圍我們，或者以幾隻船攻擊我們的一隻，如果有可能，就在我們的船側擦過，竭力設法擠掉我們的槳。但如遇必要，非得靠近不可時，他們也會發揮山地人的勇敢來代替舵手的經驗和技術。至於我軍方面，一則人員都是匆促中從商船上抽調來的，槳手沒有這樣熟練，舵手也沒這樣富有經驗，甚至連那些索具的名字都不知道，而且我們艦隻的遲緩和笨重，也著實累人不淺，因為它們都是用還沒乾燥的木材匆忙造起來的，不能同樣地靈活操縱。因而，只要一有手接手近戰的機會，我軍就沉著地用自己的一隻船奔向對方的兩隻船，伸出鐵鉤去把兩隻都緊緊搭牢，就在船的兩側戰鬥起來。他們還登上敵船去，在殺死大量阿爾比西人和牧奴後，擊沉了一部分船，又連人帶船捕獲到幾條，把其餘的都逐回港去。這一天，馬西利亞人共損失了九條船，包括被俘的在內。

59這場戰鬥的消息最初報告給在伊萊爾達的凱撒時，恰值橋梁也同時竣工，時運馬上轉了過來。敵人懾於我軍騎兵的英勇，就再也不敢這樣自由、這樣大膽地出動了，即使有時出來，也不敢離開營寨太遠，只在一塊很狹小的地帶採牧，以便可以很迅速地退回去。有時，他們又遠兜遠轉，避開我軍的警衛和騎兵哨崗，在受到了一些損失或老遠看到我軍騎兵時，他們就馬上停步，拋掉行囊，逃之夭夭。最後，他們決定一連幾天停止採牧，或者一反常例，在晚上出來採牧。

60同時，奧斯卡(Osca)人和向奧斯卡人納貢的卡拉古里斯(Calagurris)人，都派使者來見凱撒，表明他們願意聽從他的命令。他們之後，接著來了塔拉科(Tarraco)人、亞基塔尼人(Iacetani)和奧塞塔尼人(Ausetani)。再過了幾天之後，又來了接近希貝魯斯河(Hiberus flumen)的伊盧伽沃寧塞斯人(Illurgavonenses)。凱撒要求所有這些國家都用糧食來支援他。他們答應照辦，而且到處去搜集所有的牲口，送到營裡來。伊盧伽沃寧塞斯人的一個營，在知道了自己本國的意圖時，也從駐地倒戈趕來投誠。局面迅即起了很大的變化。橋梁造成了，五個強大的國家和我們結上友誼，糧食問題得到解決，所流傳的龐培帶著軍團通過毛里塔尼亞趕來救援的謠言也破滅了。好些相距更遠的國家紛紛拋棄阿弗拉尼烏

斯，來尋求凱撒的友誼。

61 正當這些事情使敵人心慌意亂時，凱撒為了免得自己的騎兵派出去時總要繞大圈子通過橋梁，決定選擇一處合適的地方，挖掘好幾條三十尺闊的排水溝，通過它們，把西科里斯河的水引走一部分，在這條河中造成一處可以涉渡的地方。當這些工作大約快要完成時，阿弗拉尼烏斯和佩特雷尤斯大為驚駭，因為凱撒的騎兵遠較強大，他們深恐所有的糧食和採牧統統被隔斷，因此決定撤離這地方，把戰爭轉移到克爾特伊比利亞去進行。促成他們採取這個計劃的還有另一個因素，即在互相敵對的兩群部落中，在上次作戰和塞托里烏斯站在一邊①、被龐培征服了的那些國家，雖說現在龐培不在，但對他的威名和勢力，還覺得凜凜可畏；至於那些對龐培保持友好的國家，則因為他給他們的巨大恩惠而愛戴著他，凱撒的名字在蠻族中反而是沒沒無聞的，因而他們期望能從這些人那邊得到大批步騎兵援軍，並且就在他們那地方把戰爭拖延到冬天去。這計劃決定後，他們命令把希貝魯斯河上的船隻統統收集攏來，集中到奧克托格薩(Octogesa)去，這是一個坐落在希貝魯斯河上的市鎮，距他們的營寨三十羅里。就在那邊的河上，他們命令把船隻聯起，造一頂浮橋，派兩個軍團渡過西科里斯河去，造一道十二尺高的壁壘來保護自己的營寨。

---

①昆圖斯・塞托里烏斯(Quintus Sertorius)——馬略部下的將領，曾任財務官和司法官，公元前八三年出任近西班牙行省的代行司法官，馬略和秦那一派被蘇拉鎮壓後，許多殘存的民主派人士都投奔到他那邊。他採取許多開明的改革措施，把西班牙的上層奴隸主貴族都拉到自己一邊，組織起自己的政府和元老院，和羅馬分庭抗禮。羅馬派去幾支討伐他的大軍都被他擊敗，公元前七六年，龐培奉元老院之命去西班牙，也曠日持久，不見成功，最後還是因為塞托里烏斯遭到自己部下的陰謀暗殺，西班牙才全部落入龐培手中。

62偵察人員向凱撒報告了這事。他通過士兵們緊張萬分的勞動，日以繼夜進行著把河水決走的工作，現在工程已經進展到這樣的程度，雖說還是有困難和危險，騎兵已經能夠、而且敢於涉水過去了，但步兵卻只有肩膀和胸部的上半露出水面，河水很深，水流又很急，使他們無法涉渡過去。雖說如此，希貝魯斯河上的橋梁即將完工的消息到達的時候，差不多正好也就是西科里斯河上找到涉渡地點的時候。

63這就使得敵人更有必要加速趕路。因而，留下兩個同盟軍的營駐守伊萊爾達之後，他們即以全軍渡過西科里斯河去，和幾天前先渡過去的那兩個軍團聯營駐在一起。凱撒除了用騎兵去騷擾和阻撓敵人的行列以外，再沒其他辦法奈何他們，因為他從自己的那頂橋過去，要繞很大一個圈子，對方可以從近得多的路先趕到希貝魯斯河。他派騎兵渡過河去，當阿弗拉尼烏斯和佩特雷尤斯在第三更移營開拔時，他們突然在他的後軍出現，大隊人馬兜圍上去，開始阻撓和拖延對方趕路。

64天剛一亮，就可以從和凱撒營寨相連的高地上，看到對方的後軍正受到我軍騎兵的猛烈攻擊，最後面的隊伍有時停頓下來或被和大隊切斷，有時我軍又因他們的幾個營掉過頭來合力猛攻而被迫退下，但馬上又會轉過身去再事追逐。整個營寨中，士兵們三三兩兩聚在一起，抱怨不該讓敵人從自己手中溜走，使戰事不必要地長期拖延下去。他們跑到百夫長和軍團指揮官們面前去懇求，請他們去向凱撒保證，要他不必顧惜他們的辛勞和危險，他們已經完全準備好了，能夠、而且敢於在騎兵涉渡的地方渡過河去。他們的熱情和他們的籲請，激動了凱撒，雖然他對把軍隊投入這樣白浪滔滔的大河感到擔心，然而他覺得還是應該試一下，看看是否可以做到。因而，他命令從所有各個百人隊裡把比較衰弱，看來精神氣力都支持不住的人全挑出來，把他們和一個軍團一起留下守衛營寨。他把其餘的軍團帶出營寨，都留下了行李，又把大量馬匹布列在河流的上游和下游，然後把軍隊帶過河去。兵士中有少數被水流的力量沖走的，馬上就有騎兵接了過去，救上岸來，一個人都没有死亡。軍隊安全渡過後，他開始把部隊布列開來，排成三列戰陣。軍士們的熱情如此高漲，儘管繞了一個圈子，多走了六羅里路，涉渡又耽擱了許多時間，但在白天的第九刻時以前就趕上第三更出發的敵人。

65 正和佩特雷尤斯在一起的阿弗拉尼烏斯老遠看到這番景象，對這一意料不及的事情大為吃驚，就把他們的部隊拉上一處高地，布下陣列。凱撒在平地上讓部下略事休息，免得他們在疲勞中投入戰鬥。當敵人企圖重新上路時，他又再趕上去，擾撓他們。對方無可奈何，比預定計劃提早停下來紮營，因為他們已走近山嶺，前面五羅里之外，就有一條崎嶇狹窄的道路在等待他們。他們急於想要進入這片地區，以便避開凱撒的騎兵，同時又可以在狹隘的地方布置下守軍，阻止我軍前進，這樣，他們自己就可以毫無危險和恐怖，把部隊渡過希貝魯斯河去。這就是他們企圖要做、而且要不惜用盡一切手段做到的事情。但由於全天的戰鬥和一路來的辛苦，他們把這件事推遲到次日去。凱撒同樣也在近旁的山上紮下營。

66 差不多在半夜，因為取水，跑出營寨較遠的一些敵人，被我軍騎兵俘獲，凱撒從他們口中得悉對方的領袖們正在把部隊悄悄地拉出營寨。知道了這事，凱撒命令發出號令，並按照軍中的習慣叫喊「整裝待發」。敵軍聽到叫喊，驚慌起來，唯恐深更半夜受到我軍阻截，被迫在行李累贅中發生戰鬥，或者被凱撒的騎兵堵死在狹谷中，隨即停止出發，把部隊仍留在營中。次日，佩特雷尤斯帶著少數騎兵偷偷走出來偵察地形，凱撒營裡也同樣出來做這件工作，盧基烏斯·德基狄烏斯·薩克薩(Lucius Decidius Saxa)奉命帶著少數人出來觀察地勢。雙方帶回去的報告都是說，近在前面有五羅里平坦的道路，接著再過去便是一片崎嶇的山嶺地區。誰先占領那些狹隘的道路，不用多費力就可以阻止敵人前進。

67 佩特雷尤斯和阿弗拉尼烏斯在一個軍事會議上討論了什麼時候出發的問題。大多數人贊成夜裡出發，可以乘對方還沒知道以前先趕到那些窄路。另外一些人因為昨夜凱撒營裡已經發出過一片叫喊聲，便以此作為辯論的證據，說明不可能偷偷地出營。他們說，凱撒的騎兵夜裡到處在巡邏，所有的地方和道路都被他們封鎖著。而且，夜裡的戰鬥應該避免，因為士兵們在內戰之中，逢到驚惶失措時，首先想到的就是自己的恐怖，對神靈作過的效忠宣誓往往被放在腦後。但在光天化日之下，眾目昭昭，他的羞惡之心就會起作用，更何況還有百夫長和軍團指揮官們親身在場。士兵們習慣上就是在這些情況約束之下，才牢守自己的職責的。總而言之，所有這些都說明他們應該在白天硬衝出去，即使要受到些損失，他們想要奪取的那處地方，卻可以在毫不損傷大部隊的情況下奪到手了。這種意見在會議上贏得上風，他們決定次日黎明時出發。

68 在偵察了地形以後，凱撒乘天色剛亮，就把全軍領出營寨，他自己率領著部隊，不走現成的大路，而是兜很大一個圈子前進。因為通向希貝魯斯河和奧克托格薩的道路，正被敵人的營寨迎面擋住。凱撒的士兵被迫只能翻越巨大艱險的山谷前進，許多地方都有懸崖峭壁擋住去路，士兵們不得不把武器一個人一個人地傳遞過去，自己大部分路程都空著手走，或一個把另一個托起來攀登上去。但沒一個人拒絕這種艱難困苦，因為他們認為只要能把敵人和希貝魯斯河隔絕，切斷他們的糧運，所有這些辛苦就都可以結束了。

69 最初，阿弗拉尼烏斯的士兵們為要眺望我軍，都得意洋洋地奔出營來，還追著用諷刺的話挖苦我們，說我軍是因為生活必需品沒有了，不得不逃跑，回轉伊萊爾達去。由於我們走的路和預期的方向不同，看起來似乎正在向反方向退走。他們的領袖們也因為沒讓部下跑出營寨而稱許自己的足智多謀。更有助於他們形成這種想法的是，他們看到我軍在進行時既沒牲口，也沒輜重，格外相信這是由於不能再忍受飢荒，才這樣做的。但當他們看到我軍的隊伍逐漸轉向右方，前鋒已經包抄過他們紮營的地區時，他們才恍然覺悟過來。這時，再沒一個人由於生性遲鈍或想迴避勞動，認為不必立刻奔出營寨去對付了。於是一片喊聲：「武裝起來」，除了留下少數幾個營守衛營寨外，全部軍隊一起出發，從大路直奔希貝魯斯河。

70 雙方的競爭全在於速度，要看誰先占領這片狹谷和山嶺，但道路的崎嶇阻礙了凱撒的軍隊，而阿弗拉尼烏斯的軍隊則有凱撒的騎兵跟在後面擾騷。就阿弗拉尼烏斯的部隊來說，事情已經落到這樣一種無可奈何的境地：如果他們搶先到達他們正在奔向的那座山，他們自身就可以避免危險，但全軍的輜重，以及留在營寨裡的那幾個營，便沒法再保全，因為他們已被凱撒的軍隊切斷，絕無辦法支援他們。凱撒首先完成了進軍，在巨大的巉岩後面找到一片平原，他把部隊面對敵人，按戰鬥的隊形布列下來。正當後隊受到我軍的騷擾時，阿弗拉尼烏斯又看到前面也有敵人，他發現近旁有座小山，就把部隊帶上去停駐下來。他從那邊派出四個營皮盾兵，向一望所及的那些山中最高的一座奔去，他命令他們盡速趕到那邊，那它占領下來。他打算把全部軍隊都帶著趕到那邊去，然後改變路程，沿著山脊走到奧克托格薩去。當那些皮盾兵從斜方向朝那邊前進時，凱撒的騎兵發現了他們，就向這幾個營發動進攻，他們用他們的皮盾擋不住騎兵的衝擊，就連片刻都沒堅持住，所有的人都被包圍，在敵我兩軍的面前，全數被殲滅。

71 現在有了可以一舉成功的好機會。凱撒當然不會不知道，一支軍隊在親眼看到這麼一場慘禍，驚惶不安的時候，絕對不會再堅持下去，特別因為戰鬥將在平坦開曠的地方進行，他們又四面都處在我騎兵的包圍之中。四周圍的人也都這樣催促凱撒。副將們、百夫長們、軍團指揮官們，都跑到他這裡來，要求他投入戰鬥，不要再疑遲。他們說，所有士兵都完全準備好了；另一方面，阿弗拉尼烏斯已經在許多事情上露出畏縮的跡象，例如：他既不派人去救援自己的部下，也不離開那座小山，雖然能夠很勉強地擋住我軍騎兵的攻擊，卻又擠在一起，把軍旗都集中在一個地方，行列和部伍全都不顧了。他們又說：如果凱撒擔心的是地形不利，那還是有機會讓他到其他別的地方去作戰的，因為阿弗拉尼烏斯決不會一直耽在山上，上面沒有水，他必然會跑下來的。

72 凱撒所希望的是，最好能不經過戰鬥，不用部下傷亡，單用切斷對方糧運的辦法，就能完成這件大功。他認為，就算戰鬥終於勝利，為什麼一定要他損失一些部下呢？為什麼一定要讓這些跟著他不辭千辛萬苦的士兵去冒受鋒鏑呢？加之，為什麼也要去試一下倏忽難料的命運呢？特別對一個統帥來說，用計謀取勝的責任並不比用劍取勝的少一些。再則，看到他那些勢必會喪生沙場的公民同胞，也使他產生了憐憫之心，他寧可在他們安全無恙，沒有傷亡的情況下達到目的。但凱撒的這種想法，得不到多數人的同意，士兵們甚至在自伙裡公然說，要是把這麼好的取勝機會放了過去，下次即使凱撒希望作戰，他也不願意出手了。凱撒仍舊堅持自己的意見，從那地方稍稍後退了一些路，好讓敵人的恐怖心略許放鬆一些。佩特雷尤斯和阿弗拉尼烏斯趁此機會回到營裡去了。凱撒在山上分別布置下守衛部隊，把通向希貝魯斯河的所有道路都封鎖住，然後在離敵營盡可能近的地方，給自己的營寨築好工事。

73 次日，對方的首領們因為所有的糧食接濟、所有通向希貝魯斯河的希望，都已經斷絕，驚慌萬狀，就商討其他出路。這時，還有兩條路可走：如果他們想退回去，可以從一條路奔向伊萊爾達；如果想向前走，可以從另一條路到塔拉科。正在討論這些事時，有人來報告說：他們的運水部隊受到我軍騎兵的攻擊。知道了這事，他們在沿路秘密布置下一些騎兵和同盟軍的步兵組成的哨崗，中間還插進幾營軍團士兵。他們又動手從營寨起，築一道壁壘，一直伸到取水處，這樣，取水時就可以在工事裡面走，不用再擔驚受嚇，也不用再放哨。佩特雷尤斯和阿弗拉尼烏斯把這項工作分了工，親身跑到距離很遠的地方去完成這項工程。

74 他們一離開，士兵們立刻抓住可以自由自在談話的機會，大家擁出來，互相探詢究竟誰有熟人或鄉親在我軍營裡，並把這些人找了去。首先，他們因為前天當他們自己正在驚慌失措時我軍放手饒過了他們，向這些人表達了大家的謝意，說他們能活下來，正是出於我們的恩惠。次之，又問起我們的統帥為人是否正直可靠，他們要把自己的生命信託給他，是否找對了人？他們抱怨自己沒有一開始就這樣做，卻跟自己的親戚同胞自相屠殺。在這些交談中得到鼓勵之後，他們又要我們的統帥發誓保證不傷害佩特雷尤斯和阿弗拉尼烏斯的性命，免得人家會認為是他們存心不良，出賣了這些人。如果這些事情得到保證，他們決心立刻倒戈起義，派首列百夫長們作為代表，到凱撒這裡來講和。同時，他們中有些人還邀請自己的熟人到他們的營寨裡去，也有些人被他們的熟人帶到我軍的營寨裡來。一時看起來，似乎兩座營寨已合而為一了。很多軍團指揮官和百夫長都趕到凱撒面前來向他表明自己的心意。一些被他們招來和他們一起處在營裡、類乎人質的西班牙首領，也都這樣做，他們在自己的熟人和舊交中探詢誰有門路可以把自己介紹給凱撒。甚至阿弗拉尼烏斯的年輕兒子，也通過副將蘇爾皮基烏斯·盧孚斯(Sulpicius Rufus)來為他本人和他父親的安全求情。這時，到處都充滿歡樂和祝賀，一方面認為自己已經避免了這樣大的一場災難，另一方面認為已經不傷一人就完成了這場大功。大家一致認為凱撒前些時候的寬大，取得了巨大的效果，他的做法受到大家的一致讚揚。

75 這消息報告了阿弗拉尼烏斯時，他離開了已經動工的工事，轉回營寨。看來似乎他已經準備好不管發生什麼意外情況，他都逆來順受，聽之任之了。佩特雷尤斯卻不甘心就此罷休，他武裝起自己的奴隸，帶著他們和西班牙皮盾兵組成的警衛隊、少數蠻族衛兵，以及他為了保衛自己經常帶在身邊的少數親隨，出其不意地奔向壁壘，打斷士兵們的交談，把我軍士兵從營寨中趕出來，凡被捉住的，統統都殺死。其餘的人被這突如其來的危險嚇慌了，馬上聚集到一起，把左臂包裹在自己的斗篷裡，拔出劍來，就這樣抵抗著皮盾兵和騎兵，好在離我軍營寨很近，他們就一路向營寨退來，受到站在門口值崗的那幾個營的掩護。

76 佩特雷尤斯幹完這件事後，含著眼淚走遍每一個連隊，叫著每一個士兵的名字，要求他們不要把他自己和他們的統帥龐培出賣給敵人去折磨。有很多人迅速擁到帥帳來。他要他們大家起誓不拋棄、也不出賣自己的軍隊和領袖，並且不背了別人單獨打自己的主意。他本人首先照這番話起了誓，叫阿弗拉尼烏斯也發了同樣的誓言，接著便是軍團指揮官和百夫長，然後把士兵們按百人隊領出來，也同樣宣了誓。他們命令，如果有誰留著凱撒的士兵，必須交出來。被交出來的人，都在帥帳裡當著眾人處死。但大部分人都把自己接待的凱撒士兵隱藏下來，晚上送他們越過壁壘回來。這樣，領袖們造成的恐怖、殘酷的刑罰和新作的效忠宣誓，一時打消了所有馬上投降的想法，改變了士兵們的心意，恢復了原來的戰爭氣象。

77 凱撒命令把會談期間來到他營裡的對方士兵都很仔細地找尋出來，遣送回去。但在軍團指揮官和百夫長之中，卻有一些人自願留在他這裡不走。後來，他對這些人極表尊重，百夫長都恢復到原來的級別，羅馬騎士也都復職擔任軍團指揮官。

78 阿弗拉尼烏斯的部隊採牧受到阻撓，取水也發生困難。軍團士兵的糧食還算有些積儲，因為他們曾經奉命從伊萊爾達帶出來可供二十二天用的糧食，那些西班牙皮盾兵和同盟軍既不曾有很多讓他們準備的機會，身體又不習慣於負重，因此就斷了糧。從而，他們中每天都有大批人逃到凱撒這邊來。他們的處境十分困難。他們所設想的兩條出路，看來比較方便的還是回伊萊爾達去，因為他們曾在那邊留下過一些糧食，他們相信到了那邊，還可以為今後怎麼辦作出安排；塔拉科比較遠一些，他們知道在這麼長的一段路途中，難保不遇到種種變故。這計劃得到贊同後，他們離開營寨。凱撒派騎兵走在前面，去騷擾和阻撓他們的後軍，他自己帶著軍團緊緊跟上。他們的後軍簡直沒有一刻不需要和我軍的騎兵交鋒。

79 他們的戰鬥方式是這樣的，輕裝的步兵營掩護著他們的後隊，還有許多營一直停駐在平地上。如果逢到要爬山時，這種地方的天然地形就很容易保障他們不受危險，因為那些先登的人處在較高的位置，可以保護其餘那些攀登的人。當他們走到一處峽谷或一段下坡路時，先行的人既沒辦法再給耽擱在後面的人幫助，我軍騎兵卻可以從背後較高的地方把武器向對方投去，這時，他們的危險就大了。因而，每當走近這種地形的所在時，他們只有一種辦法可以使用，即命令軍團停駐下來，迎頭猛衝，趕跑我軍騎兵，趕跑後，他們馬上再一口氣竭力狂奔，大伙一起趕下山谷，越過它後，重新再在一處高地上停駐下來。他們完全得不到自己騎兵的任何幫助，這些騎兵的數目雖然很多，卻在前次戰鬥中嚇喪了膽，反要軍團把他們夾在隊伍中間，給以保護。在行軍中，他們中任何一個人要想溜走也不可能，凱撒的騎兵會把他們統統捉住。

80 戰鬥就這樣進行著。他們慢慢地一步步前進，而且時時停下來，給正好在發生戰鬥的自己人支援。當前進了四羅里時，在我軍騎兵的猛烈騷擾下，他們選擇了一處高地停駐下來。在那邊築營時，他們只在面向敵人的一邊構築防禦工事，也不給牲口卸下負載。當他們看到凱撒正在安下營寨、搭蓋帳篷、而且派出騎兵去採牧、注意力分散的時候，他們就在當天的大約第六刻時突然衝出來，希望趁我軍因為騎兵外出，受到耽擱的時候，開始趕路。凱撒已經給他的軍團休息過，看到這情況，馬上跟蹤追上去，只留下幾個營作為輜重的守衛。他命令採牧部隊到第十刻時跟上來，把騎兵也召回來。不久騎兵就重新恢復行途中的日常工作，對他們的後軍猛烈衝擊，幾乎迫使他們倉皇潰逃，許多士兵、甚至還包括一些百夫長都被殺死。凱撒的大軍緊逼在身後，使他們全軍受到威脅。

81 的確，他們既沒機會可以尋找一個適當的地點紮營，也沒有可能再繼續前進，被迫只能停駐下來，在一個遠離水源、地勢極為不利的所在紮營。但為了和前面說到過的同樣理由，凱撒並不進攻他們，這天，也不讓部下架設帳篷，以便對方在不問黑夜還是白天突然溜走時，全軍可以隨時追上去。對方注意到自己的地勢不利，通宵動手擴伸工事，把他們的營寨逐步逐步地向後轉移。次日，天明時起，又繼續這一工作，把一整天時間都花在這上面。但他們的工程越進行下去，營寨也就越向前移，離開水源也就越遠。結果，彌補目前這項災難的是另一項災難。第一夜，一個出來取水的人都沒有，次日，他們除留下一支守衛部隊在營裡之外，全軍都拉出來取水，卻没派人去採牧。凱撒寧願用這些困難挫折他們，使他們不得不屈服求降。而不必經過戰鬥決定勝負。然而，他仍然用一道壁壘和壕塹把他們包圍起來，這樣，如果他們突然衝出來，就可以盡可能地阻擋他們，他估計他們勢必不得不走這一步。同時，對方由於缺乏草料，而且為了行動時可以方便些，命令把所有馱運行李的牲口都殺死。

82 凱撒在這些工程和計劃上花了兩天時間，到第三天，大部分工程都已接近完成。對方為了阻撓其餘的圍困工事進展，在第九刻時，一聲號令便把軍團帶了出來，在營寨前布列成戰陣。凱撒也從工事上召回軍團士兵，命令全部騎兵都集合待命，並布置好陣勢。凱撒怕被人家看成不敢迎戰，違反了士兵們的願望和群眾的輿論，會帶來很大的損害，但為了上面已經說過的同一理由，很不願意作戰。加之他還因為兩軍之間的這片空隙地帶很狹小，即使全擊敗對方，對於取得最後勝利，仍然不會有很大幫助。雙方的營寨相距不過兩羅里，兩軍布列戰陣的地方卻已經占去了三分之二，留下來的三分之一，才是給士兵們往來衝殺的空地，如果交戰起來，由於營寨相距太近，失敗奔逃的一方，可以很快就退回進去。因為這原因，凱撒決定如果對方前來進攻，就上去應戰，決不首先去進攻對方。

83 阿弗拉尼烏斯把五個軍團排成兩列，排在第三列作接應部隊的是同盟軍的各營。凱撒的軍隊排成三列，但由五個軍團中各抽出四個營構成第一列，再由各該軍團中的另三個營列在他們後面作為接應，接著又是各該軍團的三個營。弓弩手和射石手夾在行列中間，騎兵封閉著兩側翼。雙方軍隊這樣布列，說明彼此都仍舊保持著自己原來的打算：凱撒方面除非被迫，決不出去戰鬥；對方是一心只想阻撓凱撒修築工事。雙方就這樣拖延著，一直把陣列保持到夕陽西下，然後再轉回各自的營寨。次日，凱撒準備把已經開始的工事完成，敵軍則在西科里斯河上的一處渡口試探能不能渡過去。凱撒注意到了這一點，派出一支輕裝的日耳曼部隊和部分騎兵渡過河去，沿岸秘密布置下哨崗。

84 最後，他們由於一切供應都被封鎖住了，牲口已經一連四天沒有草秣，也沒有飲水、木柴和糧食。他們請求舉行談判，而且要求，如有可能，最好能在遠離士兵的地方舉行。凱撒拒絕了這個請求，但答應他們，如果他們願意在大庭廣眾中談判，可以同意他們。阿弗拉尼烏斯的兒子被作為人質，交給了凱撒。他們來到凱撒指定的地方。在雙方軍隊傾聽下，阿弗拉尼烏斯申訴說：凱撒不應該因為他和他部下的士兵希望對自己的統帥龐培保持忠誠，就感到憤怒。但現在他們對龐培已經盡到了自己的責任，因為樣樣東西都缺乏，也已經使他們吃了足夠的苦頭。現在就像野獸那樣被圍困著，沒辦法取水，沒辦法走動，身體上的痛苦和精神上的恥辱，都已經忍受不下去，因而，他承認已經失敗。他懇切要求，如果還有哀憫餘地的話，請不要認為非給他們最嚴厲的懲罰不可。他這些話是用極謙恭、極低聲下氣的口吻說的。

85 對這番話，凱撒回答說：在所有的人中，再沒有誰比他阿弗拉尼烏斯更不配來扮演訴苦和乞憐的角色。其餘的每一個人，都已經盡到了自己的責任。他凱撒自己，那怕是在很有利的條件下，地形有利、時間有利，但還是不願意出擊，為的是使一切有助於和平的事情，不受到絲毫損害。他的士兵，儘管自己受到侵害，自己的戰友也被殺害，但他們仍舊保全和掩護那些處在他們掌握中的人。那怕就是阿弗拉尼烏斯自己軍隊中的士兵，也自動出來設法謀求和平，因為他們認為這是一件關係到自己所有戰友的性命的事情。這樣，全軍上下一致都傾向於寬容，就只他們的統帥提到和平就變色，他們完全不顧談判和休戰的公認準則，慘無人道地殺害了沒有經驗、上了談判當的人。因而，他們也遭到了常常落到最頑固、最傲慢的人頭上的命運，被迫重新回過頭來苦苦哀求不久前自己還在鄙夷不屑的東西。現在，他既不想利用他們的屈辱，也不想利用自己的一時走運，來要求可以用於增加自己實力的東西，但他要求他們把為要對付他而蓄養了多少年的這些軍隊解散掉。他們派到西班牙來六個軍團，又在當地徵召了第七個；他們準備了這麼多、這麼強大的一支艦隊；他們派來了極有軍事經驗的將領；凡此種種，也不外是為了這個目的。它們既不是為了要鎮撫西班牙，也不是為了要在行省有什麼用處，西班牙已經和平了這麼長的時期，並不需要增派援軍來。所有這些都是自始就針對著他來的。為了對付他凱撒，還創設了一種新的政治特權，一個人可以一面站在首都城門口坐鎮全局，又可以一面自身不到卻遙控兩個最驍勇善戰的行省這麼多年①；為了對付他凱撒，還篡改了官吏任職升遷次序，一反過去的常例②，派到行省去的不再是已經任滿的司法官和執政官，而是他們少數人所贊同和推選的人；為了對付他凱撒，一些在已往戰爭中有成就的人被召出來統帶軍隊，就連年邁也不足成為推辭的理由③；也只有在他一個人身上，才連一向都給帶兵統帥的權利都取消了，否則對於一個建立了功勳的人，總是讓他們帶著某些榮譽回來，或者至少也不讓他們受到恥辱地回來，然後解散軍隊的。他過去一直耐心地忍受著這一切，今後還將忍受下去。他也不想把他們的軍隊奪過來，自己保留著，雖說這樣做並不困難。他只希望別人不再能保留著它，用來對付他本人。因而，正像他已經說過

①指龐培的既擔任西班牙行省代行執政官，又以監督糧食供應的名義賴在羅馬不去行省，違反了傳統的做法。

②過去的慣例，執政官和司法官在一年的任期屆滿以後，即可出任行省長官，但龐培在公元前五二年建議通過了「龐培行省法」，規定今後須在任期滿後五年，才可出任行省長官。他的這項法律是專用來對付政敵的，自己人即可以不受限制，見前面第六節注。

③一般都認為這是暗指西塞羅而言，內戰發生前夕，西塞羅剛剛交卸了西里西亞代行執政官的職務，返回羅馬，留在城外等候舉行凱旋式。內戰一發生，被任命負責坎帕尼亞地區的防衛工作，這時他已五十七歲。凱撒在這裡提到他，也許是暗示自己對他的諒解。因為這位大文豪雖然一貫偏袒龐培，凱撒卻竭力想拉攏他，曾經寫信給他勸告他中立，還曾經在行軍途中趕到他在福彌亞的別莊去拜訪過他。

的那樣，只要他們離開行省，解散他們的軍隊，只要做到這一點，他一個人也不願傷害，這就是他接受和議的唯一的、而且是最後的條件。

86 對阿弗拉尼烏斯的士兵來說，本來他們都在期待著罪有應得的災難，現在卻用不著請求就開恩答應他們解散，真是使他們極感滿意和高興的事情，單從他們的表情上就可以看出來。當討論到解散的地點和時間，有所爭論時，站在壁壘上的這些人，全都開始用喊聲和手勢來表示要求立刻解散，因為如果往後拖到其他別的時候，即令給予隨便什麼保證，也都是不一定可靠的。雙方經過短短一番爭論之後，決定凡在西班牙有家室或有產業的人，立刻遣散，其餘的則在瓦魯斯河(Varus)邊時再說。凱撒答應保證不讓任何人受侵害，不強迫任何不願意的人宣誓入伍。

87 凱撒允許從當時起供應他們糧食，一直到他們至瓦魯斯河為止。他還答應他們，任何人在戰鬥中失落的東西，只要現在在他自己的士兵手中，一律歸還原主，由他公平折價以後，給那士兵金錢，作為對這些東西的補償。後來，遇到阿弗拉尼烏斯的士兵自伙裡發生爭執時，都自動來提交給凱撒要求裁決。佩特雷尤斯和阿弗拉尼烏斯的軍團士兵在向他們兩人索取餉給時，還幾乎激起暴動來，這兩人說該發餉的日子還沒有到，要求凱撒調查處理這件事情。凱撒作出的決定，雙方都感到滿意。他們軍中大約有三分之一的人在兩天裡解散。凱撒命令他自己的兩個軍團走在他們前面，其餘的部隊跟在他們後面，紮營時也彼此不要相距太遠。這事交給他的一個副將昆圖斯·孚菲烏斯·卡勒努斯(Quintus Fufius Calenus)負責執行。按照他的命令，這支軍隊的其餘部分，從西班牙開到瓦魯斯河時，就在那邊解散。

卷二

1 當這些事情在西班牙進行時，留下主持攻打馬西利亞的副將蓋尤斯・特雷博尼烏斯①從兩處地方著手建造土堤、盾車和塔樓，朝著該城推進。一處很靠近港口和碼頭；另一處靠近從高盧和西班牙來的道路所進入的、面向著連接羅達努斯河(Rhodanus)的那片大海的城門。馬西利亞城幾乎有四分之三瀕臨大海，只有餘下的四分之一，才有通路和陸地相連。就在餘下的這一段裡，即通向衛城的這一邊，也被天然的地勢和一條極深的山谷很好的屏障著，非經過長期而又艱難的圍攻不可。為要完成這項工程，蓋尤斯・特雷博尼烏斯從全行省召來大量牲口和大批人手，並命令運來樹枝和木材。這些東西準備好之後，他築起了一堵八十尺高的圍壁。

2 但在城裡，從很早起就積聚下大批各式各樣戰爭需要的物資，而且作戰機械的數目如此之多，它們的力量又如此之大，任何樹枝編織起來的盾車都擋不住它們。還加有用極大的弩機發射的頭上包鐵的十二尺長的木杠，它們在穿透四重樹籬後還能再插進地裡。因而，用盾車接成的過道，必須用一尺粗的木材聯結在一起，覆蓋在頂上，築工事用的材料，就在它下面一個人一個人的向前傳過去。走在它前面的是一個用來掩護著平整地面的六十尺長的大圓盾，也是用各種堅韌的木材製成的，上面覆

①蓋尤斯・特雷博尼烏斯——凱撒的親信之一，公元前五五年擔任人民保民官時，曾秉承三人同盟的意旨，提出把凱撒在高盧的任期延長五年的建議。到高盧作為凱撒的副將後，先後在遠征不列顛和鎮壓高盧大起義中出過力。公元前四八年，在凱撒的幫助下擔任了司法官。公元前四四年凱撒被刺，他是主要的策劃者之一。

蓋的是各種可以抵禦敵人投來的火種和石塊的東西。但這項工程浩大、城牆和塔樓的高峻，以及作戰機械的數目之多，拖延著所有工程的進展。此外，阿爾比西人還經常從城裡突圍出來攻擊，把火種投到我軍的圍壁和塔樓上來。這些都被我軍很容易地擋了回去，而且使突圍出擊的人受到很大的損失，把他們驅回到鎮裡去。

3 在同時，盧基烏斯・那西狄烏斯(Lucius Nasidius)受到龐培的差遣，帶著一支十六條船的艦隊——其中少數有銅嘴——趕來支援多彌提烏斯和馬西利亞人。他趁庫里奧預料不及、忽於防禦的時候，穿過西西里海峽，把他的船隻駛進墨薩那(Messana)港。當該地的領袖們和元老們被這突如其來的驚嚇弄得四散奔逃時，他從他們的碼頭上掠去一艘船，把它加進其餘的船隻中去之後，轉身直向馬西利亞航去。他先遣一艘小船偷偷去通知多彌提烏斯和馬西利亞人說他到了，並竭力鼓勵他們在得到他增援的情況下，再跟布魯圖的艦隊作戰。

4 遭到上次的失利後，馬西利亞人從船塢裡弄來差不多同樣數目的舊船，加以修理，並且費盡心機裝備好它們。至於槳手和舵工，他們本來就有很多。他們又在這些船之外再加上一些漁船，船上都加裝了蓋板，以便保護槳手不受投擲武器傷害。這些船都給裝上弓弩手和作戰機械。把艦隊這樣裝備齊全後，在所有老人、主婦和姑娘們一片哀求他們挽救自己垂危的國家的呼號痛哭聲激勵下，他們懷著不亞於前次戰鬥時的精力和信心，登上船隻。因為根據人類天性所共有的弱點來說，陌生而又新奇的事情，往往會激起人們極大的信心或強烈的恐怖，這次就是這樣。盧基烏斯・那西狄烏斯的到來，使全城充滿極大的希望和期待。一遇上順風，他們就駛出港口，航向那西狄烏斯所在陶羅亞斯(Tauroïs)，這是屬於馬西利亞人的一個要塞，就在那邊整頓他們的艦隻，再次鼓舞士氣，準備戰鬥，並互相交換了行動計劃。右翼被交給了馬西利亞人，左翼交給了那西狄烏斯。

5 布魯圖帶著一支數目已經增加了的艦隊，也趕到那裡。因為除了凱撒在阿雷拉特建造的那些船以外，從馬西利亞人那邊奪得來的六條船，他在前些日子中已經加以修整，並且裝備了各種必需品，加進這支艦隊。他鼓勵了他的部下一番，叫他們蔑視這些敵人，說他們就在完整無恙的時候也被自己擊敗了，現在是敗兵，更不在話下。然後，他們滿懷信心，精力充沛地上去對付敵人。從特雷博尼烏斯的營寨裡以及從所有比較高的地方，都很容易望見城裡，可以看到留在城裡的全部青年，以及所有年齡較大的人，都和他們的妻子兒女們一起，在公共場所、在瞭望塔或城牆上，伸出手向著上蒼，或者趕到不朽之神之廟宇裡去，匍匐在他們的神像前，向他們祈求勝利。他們中間沒有一個人不認為自己的全部命運都取決於這一天的戰鬥結果。因為凡是他們名門出身的青年、指名徵召或懇請來的所有老老少少重要人物，統統都在船上，如果有什麼厄運降落到這班人頭上，他們看到，就連再作一次嘗試的本錢都不剩了。反之，如果他們得勝，不管靠自己本城的力量還是外來的力量，他們相信，這座城市就可以保全下去。

6 戰鬥一交上手，馬西利亞人不但在勇敢方面表現得無懈可擊，而且還牢記不久以前剛剛從自己的同胞那邊聽到過的告誡，戰鬥起來，心裡念念不忘的就是：除了這次以外再沒其他機會可以一試自己的命運了。他們還認為，在戰鬥中冒生命危險的人的命運，比起其他公民的命運來，只不過是先走了不大的一步，一旦城市陷落，其餘的人也都會跟著遭到同樣的戰爭劫難的。當我們的艦隻漸漸地彼此距離拉開時，舵工的高超技術和船隻的靈活操縱，便有了一顯身手的機會，每逢我艦抓緊時機，伸出鐵鉤去搭住他們的船隻時，他們就會從四面八方趕來援救那些陷入困境的人。而且有阿爾比西人和他們聯合在一起，這些人並不怕和我軍短兵接戰，論勇敢也不比我們相差很多。同時，從小船上發出的大量矢石，乘我軍没法兼顧而且手忙脚亂的時候，傷害了不少人。對方有兩艘三列槳艦，忽然一眼看到德基穆斯・布魯圖乘坐的艦隻——這從它的旗號上很容易識別出來——就從兩對面朝著它直衝過去。但布魯圖一發現它們的意圖，立刻以極快的速度閃避開去，真正只搶先了一步。這兩艘敵人的艦隻由於雙方都是極盡全力猛衝過來的，彼此互相碰撞得非常厲害，以致都受到了極其嚴重的損害，其中一艘由於喙狀船頭折斷，全身破裂。看到這事，布魯圖的艦隊中離開那邊最近的幾艘艦隻，趕上前去，趁它們動彈不得時，把兩艘船都擊沉。

7 但那西狄烏斯的艦隻毫不中用，很快就從戰鬥中撤走，無論是祖國的處境，還是親友的告誡，都不能促使他們去冒絕大的危險。因而在他的那支艦隊中，一隻船都没有損失。在馬西利亞人的艦隊中，沉掉了五條船，被俘了四條，還有一條和那西狄烏斯的艦隊一起逃走。它們都趕向近西班牙去了。其餘的艦隻中有一條船被遣回馬西利亞去報告這個消息。當它靠近那城市時，所有人都大批湧出來打聽消息，一知道情況，他們都如此悲痛，好像城市就在這片刻之間被敵人占領了似的。雖然如此，馬西利亞人仍舊毫不鬆懈地作保衛城市的其他必要準備。

8 主持右面那部分工事的軍團士兵，從敵人的不斷出擊上看到，如果能在城牆下面用磚頭造起一座塔樓來，作為防守的碉堡和掩護所，是大有助益的。他們最初把它造得又低又小，用以防禦突然而來的攻擊。他們要後退時就向那邊退去，如果有優勢兵力來進攻，就在裡面守禦，並且也從它這裡出發擊退和追逐敵人。它的每一邊都是三十羅尺長，牆厚為五羅尺。但在後來，正像經驗是人們一切行為的導師那樣，在動了一番腦筋之後，他們發現如果把它們加高到一般的塔樓那樣高，就會有極大的用處。它就按照下列的方式造起來。

9 當這種塔樓造到可以鋪設樓板的高度時，他們把樓板砌到牆壁上去，把架設樓板的擱柵的頂端，都隱嵌在外牆內部，不讓它們伸出在外面，以免敵人縱火燒它。他們又盡盾車和行障所能掩護的高度，在樓板上砌上小磚，再在它上面，距外牆不遠的地方架上兩根交叉的木梁，作為屋頂覆蓋這座塔樓的木蓋頂，就架在它們上面。木梁上直交地放上擱柵，用棧子把它們釘牢。他們把這種擱柵做得略許長一些，稍稍伸出外牆，以便可以在它們上面掛上一幅遮帘，供他們在建築這一層木蓋頂下面的牆壁時，抵擋和掩蔽外來的攻擊之用。在這層木蓋頂上面，他們又鋪上磚頭和泥灰，以免敵人縱火損壞它們，再在它上面放上一層遮墊，防止敵人投射過來的武器穿透樓板，或者從弩機投擲過來的石頭，會打壞磚頭。他們還做了三條用船纜繩編起的遮帘，長度齊著塔牆，闊四羅尺，正好掛在塔樓面向敵人的三面，就繫在擱柵伸出來的那一部分。這正是他們從在別的地方得到的經驗中學來的唯一可以防禦矛槍或機械射穿的辦法。但當這一部分已經完成的塔樓已有了掩蓋和防護的工事，不再擔心敵人投擲武器的攻擊時，他們又把行障移到別的工程上去。他們開始用在第一層樓面上的杠桿，把塔樓的整個屋頂慢慢抬高起來，一直把它升到遮帘所許可的高度。他們又躲藏在這層掩蔽物下面，再用磚頭砌造牆壁，並且再利用杠桿騰出一塊地方，進行新的工程。當他們認為已經可以鋪一層樓板時，再把擱柵的尾端仍像第一層那樣隱蔽在外牆裡，從這一層上，他們再又升起更高一層的樓板和遮帘。就用同樣方式，安全地、毫無傷害和危險地，把它一直造到六層高，而且在磚牆上他們認為適於利用弩機的地方，留下射箭的洞眼。

10 當他們自信已經能在塔樓裡保衛它周圍的所有工事時，他們決定用兩羅尺粗的木材建築一座蓋棚，長六十羅尺，從塔樓一直伸到敵人的碉樓和城牆。蓋棚的形式如下：首先用兩根一樣長的大梁放在地上，彼此相距四羅尺，在它們上面豎起五羅尺高的一些支柱。這些支柱，他們再用略略傾斜的椽木把它們聯結在一起。架設蓋棚屋頂的那一層木板就是擱在這些椽木上面的。椽木上鋪設的是兩羅尺粗細的木材，用鐵搭和釘子釘牢。在蓋棚的屋頂外層和大梁的外沿，他們給釘上四指見方的木屋頂板，用以固定鋪到屋頂上去的磚頭。當它這樣傾斜著並且行次整齊地搭好，梁木上也加上了椽木以後，蓋棚頂上再鋪上瓦和泥灰，這樣就不怕城牆上可能投下來的火種。磚頭上也加蓋了獸皮，免得利用水管沖向它們的水流，會潮解這些磚頭。獸皮上又再蓋上一層編席，免得它們被火或石塊毀壞。整個工程在盾車的掩護之下，一直幹到塔樓完全完成才止，然後在趁乘敵人還没注意到它的時候，在它下面墊下滾木——一種船上用的設備——把它一直推到敵人的碉樓，和這建築物相接。

11 市鎮中的人被這突如其來的禍事嚇了一跳，他們用杠桿把盡可能弄到的大石塊搬上去，再把它們從城牆上筆直地滾落下來，打向我們的蓋棚，但由於木梁的材料結實，經受住了這種衝擊，蓋棚的傾斜屋頂，使落在它上面的所有東西都滾下去。看到這個，他們又改變辦法，把裝著松木和樹脂的木桶點上火，從城牆上把它滾向蓋棚。但是，它們一落上去時，馬上就滾向一邊，從瓦上滾下去，被工事中伸出來的長竿和叉子從那邊拉走。同時，一些士兵在蓋棚掩蔽之下，正在用撬棒把敵人碉樓最下面的鋪墊牆基的石塊一一挖出來。蓋棚有我軍士兵從磚塔中用矢石和弩機掩護，敵人被從城牆上和碉樓中逐走，不讓他們有自由防守城牆的機會。終於，鄰近蓋棚的那座碉樓，因為牆基下的許多石塊被撬去，它們的一部分突然倒塌下來，其餘部分也跟著傾斜過去。敵人深恐城市遭到劫掠，紛紛不帶武器，空著手湧出城來，頭上還束著球帶①，向副將們和軍隊伸出雙手懇求。

12 這件新奇的事情一發生，所有的作戰行動都停止下來。士兵們紛紛離開戰鬥，很關心地趕來打聽和了解情況。當敵人來到副將和士兵們面前時，一齊都跪到他們腳下，要求他們等凱撒來了再說。這些人說：他們看到自己的城市已經被攻下，圍困的工事已經完成，他們的碉樓也已經被挖塌，因而放棄了抵抗，如果凱撒一到，他們還不唯命是從，只管馬上就劫掠他們好了，再沒什麼會出來阻攔的。他們指出，如果那碉樓完全倒塌，就沒什麼東西可以阻擋我軍的士兵，只能聽任他們湧進城市去搶劫，把城市毀滅了。他們都是些很有學問的人，現在極為沉痛、極為傷心地說著這樣一些，以及與此類似的話。

13 副將們被這些事情感動了，把士兵們撤出工事，停止了圍攻，只在工事上留下一些哨崗。一項出於憐憫心的停戰協定訂立了之後，大家都盼望凱撒到來。城上也好，我軍士兵也好，都不再發射一矢一矛，大家都放鬆了警惕和專注，好像大功已經告成了。因為凱撒曾經在信件上切切叮囑過特雷博尼烏斯，要他千萬避免讓這個城市被武力硬攻下來，免得部隊因為痛恨他們的叛變、又因為自己受到過他們的蔑視、再加上長期來的辛勞，真像過去一直威脅著的那樣，動手把城裡的青年人統統殺光。特雷博尼烏斯費了很大的勁才阻止他們衝進城內，他們對此都怏怏不樂，認為正是由於他的阻擋，他們才沒攻占這座城市。

---

①球帶——是一束染成紅色和白色的鬆散羊毛，每隔一段距離即用細帶子捆紮一箍做成的一條長帶，並且可以在捆紮的過程中隨意加長。希臘人常用來裝飾寺廟、神壇和向神獻祭的犧牲，祭司和維斯塔貞女也用來做裝飾，戴在頭上，向君主和官吏懇切陳情的人也佩帶它。原文 infula 這個字的起源不明，因為希臘人在圖畫上常常把它畫成一串球的樣子，故譯作「球帶」。

14 但敵人絲毫不講信用，單只在窺伺施展欺詐和詭計的時間和機會。在拖過幾天之後，我軍已經鬆懈下來，不再心神專注，他們趁我軍中午有些人散開，有些人經過長期勞動後在工事上一心休息，所有的武器都擱置在一邊，而且蓋了起來的時候，突然從城門裡衝出來，乘著強大的順風，縱火把我軍的工事燒起來。大風把烈火帶到各處，一時之間幾乎戰壁、行障、盾車、塔樓和作戰機械都捲了進去，在我們還沒看清楚怎樣會著火以前就燒了起來。我軍被突如其來的禍事嚇了一跳，趕緊拿起隨手能找到的武器，別的人也都從營裡奔出來。他們向敵人展開攻擊。但城牆上射下來的箭和弩機，阻止他們追擊退走的敵人。敵人都退到城牆下面，在那邊，他們放心大膽地把蓋棚和磚塔縱火燒起來。這樣，由於敵人的背信和風勢的迅猛，好幾個月的勞動都毀於頃刻之間。次日，馬西利亞人又再作了一次同樣的嘗試，他們乘一場同樣的大風，以更大的信心再次衝出來奔向另一處塔樓和戰牆，縱火的規模也更大。但我軍士兵上次雖然一時完全放鬆了鬥志，現在卻已經有前一天發生的事故給他們敲了警鐘，作好了一切防禦的準備，因而在殺掉了他們許多人之後，迫使其餘的人一無所成地退回城裡去。

15 在士兵們熱情更加高漲的情況下，特雷博尼烏斯著手收拾和修繕損失了的那些東西。因為士兵們看到自己辛辛苦苦做的工作和準備，竟落到這樣一個不幸的後果，停戰協議被背信棄義地破壞了，他們的英勇變成人家取笑的話柄，感到非常痛心。但這裡已經再沒剩下一個地方能讓他們取得建築壁壘用的木材，因為遠近四方，凡是在馬西利亞領土裡的所有樹木，都已被砍倒運走了。他們著手造一種過去從沒聽到過的新式的壁壘，它用兩堵六羅尺厚的磚牆構成，這些牆上面鋪了木製的蓋板，寬度大致和以前木材、泥土之類材料堆起來的壁壘相仿。在兩堵牆之間的空隙地方，或木材不夠堅實、看來有需要的地方，都在中間加上木樁，並支上交叉的撐木，以加強這工事。所有加蓋板的地方都鋪上一層樹籬，樹籬上再又抹上一層泥灰。士兵們頭頂上有蓋板，左右兩面有磚牆掩護，正面還有行障擋著，這項建築需要用的無論什麼材料，都可以毫無危險地運進去。這工程很快就完成了，他們長期辛苦勞動遇到的破壞，很快就由這些士兵的機靈和勇毅作好了補償。在牆上他們認為適當的地方，還為出擊留下了門。

16 當敵人看到他們希望非經過很長一段時間不能重建起來的工事，只經過短短幾天的工作和辛勞，就這樣徹底修復了時，他們知道再沒玩弄狡計和突圍出擊的機會，也再沒辦法可以用矢矛來傷害士兵或縱火破壞工事。而且他們從已經完成的工事上可以看出，他們的整個城市，只要陸路能接近的地方，都有可能照式照樣被壁壘和塔樓圍住，這樣一來，他們就無法再站立在自己的工事上從事防禦，因為我軍把圍困工事差不多就築在他們的城牆頂上，矢石幾乎可以用手發射出去，而他們自己寄以很大希望的作戰機械則因為距離太近，完全失去作用，就算他們有機會能在城牆上和塔樓裡跟我軍機會均等地作戰，他們也知道，在勇敢上，他們是萬不能和我軍相抗衡的。他們就和前次那樣，提出同樣的投降條件。

17 動亂剛一開始，馬爾庫斯·瓦羅(Marcus Varro)在遠西班牙聽到義大利發生的情況，對龐培的能否獲勝頗為懷疑，在談到凱撒時，常常用極為友好的口氣。據他說，雖然他和格涅尤斯·龐培有約在先，受命擔任了他的副將，使他不得不效忠於龐培，但他和凱撒之間仍然同樣存在著親密的關係，他不是不知道一個身受信託的副將的職責是什麼，也不是不了解自己有多大的實力，以及整個行省對凱撒是如何的愛戴。他在一次次談話中，經常吐露這些意見，不偏向任何一方。但後來，當他知道凱撒已被拖住在馬西利亞城下，脫身不得；佩特雷尤斯的部隊和阿弗拉尼烏斯的軍隊已經會師，而且已經來了大批同盟軍增援他們，還希望能有更多的要來，正在盼望著；又聽到整個近西班牙行省都團結得很好；後來還聽到凱撒的軍隊在伊萊爾達城下發生了糧荒。阿弗拉尼烏斯寫信給他，誇張地、添枝加葉地把這些事情告訴了他，他也就隨著時運的轉移，見機行事。

18 他在全行省著手徵兵，在徵滿了兩個軍團後，又在它們上面加上三十個營的同盟軍。他收集起大批糧食，一部分送去給馬西利亞人，同樣送一部分去給阿弗拉尼烏斯和佩特雷尤斯。他命令伽德斯(Cadez)的居民建造十艘戰艦，此外還安排在希斯帕利斯(Hispalis)另外再建造一些。他又把赫丘利(Herculus)廟中的金銀財寶統統搬出來，遷到伽德斯城裡去，還從行省中派六個營去守衛它們，並把保衛伽德斯的責任交給了羅馬騎士蓋尤斯．伽洛尼烏斯(Gaius Gallonius)，這個人是多彌提烏斯的一個朋友，由多彌提烏斯派到那邊去代表自己收受一處遺產的。他把所有的公私武器都貯放在伽洛尼烏斯家裡。瓦羅本人猛烈抨擊凱撒，常常在講話中宣稱凱撒已經打了幾次敗仗，已經有許多士兵從他手上投奔到阿弗拉尼烏斯那邊去。他說，他這些消息是由可靠的使者從可靠方面得到的。他用這種手段迫使心驚膽戰的羅馬公民答應付給他現款十九萬塞斯特克、銀子兩萬磅和小棗十二萬麥斗，充作公用。他又對一些被認為和凱撒有友誼的國家課上很重的賦稅，而且在它們那邊駐上部隊。他還把一些私人判了罪，把那些無論吐露過片言隻語還是發表過長篇大論，表示對國家不滿的人的財產，都沒收充公。他迫使整個行省對他和龐培作了效忠宣誓。當他得知在近西班牙發生的情況時，便著手準備戰爭。他的作戰計劃是這樣的：他準備帶著他的兩個軍團到伽德斯去，把所有的船隻和糧食也都貯藏到那邊去，因為他已經了解到整個行省都偏袒著凱撒的這一方，他認為，在一個島上，如果糧食和船隻都有了準備，就很容易把戰事拖延下去。雖說有許許多多緊迫的事情在召喚凱撒回義大利去，但他還是決定不在兩西班牙留下任何戰火的餘燼，因為他知道龐培曾經在近西班牙廣施恩德，並且有許多門客故舊在那邊。

19 因而，在派兩個軍團由人民保民官昆圖斯・卡西烏斯統率著進入遠西班牙之後，他自己也帶著六百名騎兵，以急行軍趕去，還事先發布一項通告，要所有各邦的官員和首領都在指定的一天趕到科爾杜巴(Corduba)來會見他。這項通告傳遍整個行省，沒有一個邦不在指定的那天把他們的長老派一部分到科爾杜巴來，也沒有一個稍有聲望的羅馬公民不在那天趕來的。就在同一天，科爾杜巴的羅馬僑民組織①自動把他們的城門關上抵制瓦羅，還在城牆上和碉樓裡布置了哨崗，並把適逢其時到達那邊的叫做「殖民地軍」②的兩個營截留在他們那邊，守衛這個市鎮。大約就在同時，全行省各邦中最最強大的卡爾摩(Carmo)人，也自動起來驅走瓦羅派去駐紮在他們城裡的砦堡裡的三個營駐軍，關起城門來抵抗他們。

20 為此，瓦羅更加急促地趕路，以便帶著他的兩個軍團盡早趕到伽德斯，免得萬一行軍或渡海到島上去的途程被截斷。但他發現行省對凱撒的愛戴極為熱忱，以致在出發行軍還沒多少路時就接到從伽德斯來的信，說：伽德斯的長老們一聽到凱撒的公告，就和駐防在那邊的那幾個營的指揮官們一致

---

①原文是 conventus，這個字可作幾種解釋：(1)羅馬行省下面劃分的小行政區，與東方各行省下面的 dioecesis 相同，每個區都有自己的行政中心，執行一些地方上的行政、司法、宗教等職務。(2)專指每個這種小行政區所擔負的司法職能，因而行省長官每年在一定的時間內巡歷各區，解決該區平常的司法機關所不能解決的問題，稱做 conventus agere（巡迴審判）。(3)就像這裡所譯的那樣，指行省中一些羅馬公民聚居較多的市鎮中，公民們自己成立的半官方組織，但在已建立殖民地或自治城鎮的地方，就不再成立這種組織。

②殖民地軍(colonicae)——大約因為他們是從羅馬殖民地的公民中徵集來的。

同意把伽洛尼烏斯驅逐出城，把這座市鎮和那個島嶼保留下來給凱撒。這計畫一經確定後，他們通知伽洛尼烏斯，叫他趁自己還能安然脫身的時候自動離開伽德斯，如果他不走，他們即將採取對策。伽洛尼烏斯因為害怕，已經離開伽德斯鎮。得知了此事，瓦羅的兩個軍團之一，即叫做「本地軍團」①的那個，從瓦羅營中拔幟倒戈而去，瓦羅只能站在一旁茫然地望著。他們撤退到希斯帕利斯，就駐紮在它的市場和柱廊一帶，也不為非作歹。住在那地區的羅馬公民對這件事很為讚賞，每個人都竭誠地拉他們到自己家裡去招待。正當瓦羅因為這些事情感到吃驚，傳下話去說他要改變行程，轉到義大利卡(Italica)去時，他得到自己人的報告說，那邊的城門也對他關上了。這時，的確所有的路都已經被堵死，他就派人去告訴凱撒，說他願意交出在他統率下的軍團。凱撒派塞克斯圖斯・凱撒②到他那邊去，命令瓦羅把軍隊移交給他。交出了軍隊之後，瓦羅跑到科爾杜巴來見凱撒，在非常誠實地把公共帳目當面交代給凱撒以後，又把在自己手頭的所有錢財都交給他，還交代了自己有多少糧食和船隻，在什麼地方。

21 凱撒在科爾杜巴召集了一次會議，他向各方面一一表示了謝意。感謝羅馬公民們，為的是他們盡心竭力使這個城市保留在他手裡；感謝西班牙人，為的是他們驅走了駐軍；感謝伽德斯人，為的是他們挫敗了他敵人的計劃，維持了自己的自由；感謝到那邊去擔任守衛的軍團指揮官和百夫長，為的是由於他們的英勇，使伽德斯人更堅決地實行自己的計劃。他免除了羅馬公民答應給瓦羅充作公用的

①本地軍團(vernacula)——因為他們是從西班牙當地的土著居民中徵集起來的，故得到這個名字。

②塞克斯圖斯・凱撒(Sextus Caesar)——凱撒的一個堂姪，是他的叔叔塞克斯圖斯・尤利烏斯・凱撒的孫子。

攤派，他把財物還給了那些據他知道因為講話太自由了些，招來充公之禍的人。在把酬賞發給了一些城鎮的公私雙方之後，他又使其餘的人對未來都充滿美好的期望。他在科爾杜巴停了兩天之後，出發到伽德斯去。他命令把從赫丘利神廟中拿來、現貯放在私人家中的錢財和紀念品，都仍送回到廟裡去。他還任命昆圖斯·卡西烏斯主管這個行省，並交給他四個軍團。他自己帶著馬爾庫斯·瓦羅所建造的那些船隻，再加上伽德斯人奉瓦羅的命令建造的那些，在幾天之後到達塔拉科。差不多近西班牙行省各地方來的所有使者都已集中在那邊等候凱撒來臨。在以同樣的方式公開或私下頒給了一些國家獎賞之後，他離開那邊，從陸路趕向納波，再從該地趕向馬西利亞。在那邊，他得知已經通過了一條有關設置獨裁官的法案①，他被司法官馬爾庫斯·勒皮杜斯(Marcus Lepidus)提名為獨裁官。

22 馬西利亞人被各式各樣的災難弄得筋疲力竭。糧食已經變得極端缺乏，又加在海上兩次被擊敗，屢次的突圍出擊也都被挫敗，加之還得和一場極其嚴重的瘟疫作鬥爭，這是由於長期的圍困和改變了一向所習慣的食物引起來的，因為他們現在全靠過去積存下來、儲藏在國家倉庫中以備像目前這種意外之需的陳小米和爛大麥過日子。他們的碉樓被摧毀了，他們的一大部分城牆也已倒塌，無論從毗鄰的行省還是軍隊，都不可能再有援助來，因為他們已經聽到這些都已落入凱撒手中，他們決定真的投

①凱撒這次的被推為獨裁官，嚴格地講，是不很合法的。根據羅馬的傳統，獨裁官必須由現任執政官提名，再經元老院通過才行（這一點可參看李維的《羅馬史》卷二十之八）。這時，勒皮杜斯只是司法官，沒有資格提名獨裁官。凱撒的黨徒之所以急於要捧他出來擔任獨裁官，為的是本年的兩個執政官都已隨龐培出走，無人主持選舉明年執政官的公民大會，如凱撒擔任了獨裁官，就可以像執政官一樣主持選舉了，產生新的執政官，能使他的統治取得合法的外衣。凱撒這次擔任獨裁官只十一天，一選出執政官就交卸了。

降，不再弄虛作假。但在幾天以前，當盧基烏斯·多彌提烏斯一發現馬西利亞人的意圖時，就已經設法準備下三條船，其中兩條給自己的僚屬朋友，自己登上第三條，在狂風惡浪之中航出海去。奉了布魯圖之命每天經常在港口擔任警戒的一些艦隻，看到了他們，立刻起錨追去，其中多彌提烏斯自己乘坐的那一條船一直竭力向前逃走，在風力的幫助下逃出視線之外。其他兩條船看到我軍的船隻集中著趕來，十分害怕，重又駛回港裡。馬西利亞人按照接到的命令，把他們的武器和機械搬出城，把他們的船隻送出港口和碼頭，還把他們財庫裡的錢也交了出來。當這些事情處理完畢時，凱撒饒恕了這個城市，主要還是看在它的聲名和古老面上，而不是因為它還有其他什麼對得起人的地方，可以到他面前來乞恩。他留下兩個軍團在那邊作為駐軍，把其餘的部隊都遣回義大利，自己出發趕到羅馬去。

23 大約在同一時候，當蓋尤斯·庫里奧從西西里航行到阿非利加去的時候，一開始就輕視普布利烏斯·阿提烏斯·瓦魯斯(Publius Attius Varus)的兵力，只從凱撒交給他的四個軍團中帶去兩個軍團和五百名騎兵，在航行途中度過兩天三夜之後，抵達一個叫做安奎拉里亞(Anquillaria)的地方。這地方離開克盧佩亞(Clupea)約二十二羅里，有一個在夏天還算不錯的停泊處，被兩條地岬環抱在中間。小盧基烏斯·凱撒正帶著十條船在靠近克盧佩亞的地方等待著他，這些船是海盜戰爭①之後一直擱置在烏提卡附近的，普布利烏斯·阿提烏斯為了這次戰爭，特地修理了它們。當小盧基烏斯·凱撒一看到我軍的船艦數目很多時，十分吃驚，就從大海面上逃回去，把他的一艘裝甲板的三列槳艦擱置在附近的海灘上，丟下不管，自己從陸路逃到哈德魯墨圖姆(Hadrumetum)去。這個城市有蓋尤斯·孔西狄烏斯·

①海盜戰爭——指公元前六七年龐培剿滅地中海上海盜的那次戰爭，因而這些船隻那時擱在岸上已十八年了。

隆古斯(Gaius Considius Longus)帶著一個軍團駐軍在防守著。小盧基烏斯・凱撒的其他船隻在他逃走後，也退回到哈德魯墨圖姆。財務官馬爾基烏斯・魯孚斯(Marcius Rufus)統率著從西西里帶出來為商船護航的十二條船追趕他，看到剩在岸上的那隻船，用一根纜繩把它拖下來，帶著他的艦隊一起回到庫里奧處。

24 庫里奧派馬爾基烏斯帶著艦隊先到烏提卡，自己也帶著軍隊向那邊趕去，走了兩天，抵達巴格拉達(Bagrada)河。他把副將蓋尤斯・卡尼尼烏斯・雷比盧斯和那兩個軍團留在該地後，自己帶著騎兵一馬當先，去考察科涅利烏斯的舊營(Castra Cornelia)①，因為它被認為是一處極適合紮營的地方。這是一條筆直伸到海裡的山脊，兩面都又陡急、又崎嶇，但面對烏提卡那一面的斜坡卻比較平緩。若一直線走，它離開烏提卡不過三羅里多一點路，但在這條路上有一條溪澗，海水循著它的河道湧進來很長一段路，使這地方成為一片汪洋的澤地，如果一個人要繞開它，就得兜一個六羅里路的大圈子，才能到達市鎮。

25 考察了這些地方後，庫里奧還觀看了一下瓦魯斯的營寨，它聯結著城牆和市鎮，正靠近叫做貝利加門的城門口②，由當地的天然地勢很好地捍衛著，一面是那烏提卡市鎮自身，另一面是坐落在市鎮前面的一座劇場，這建築物的基層很大，把通向那座營寨去的道路壓縮得很難走，很狹窄。同時，他還看到路上到處擁擠不堪，充滿了用車輛載運和牲口馱東西的人，這些都是因為這場突如其來的變

---

①指第二次布匿戰爭時盧基烏斯・科涅利烏斯・西皮阿紮營的舊址，正在巴格拉達河口。

②貝利加門(Belica Porta)——意思是拜爾（Baal，又作Bēl）的門。拜爾是太陽神，是腓尼基民族奉祀的主要的神之一，他的名字嵌在許多迦太基人的名字中間，如漢尼拔爾、漢斯特魯拜爾、馬哈拜爾等。

庫里奧的阿非利加之役
（〈內戰記〉卷二第23－44節）

故，從四鄉搬到城裡來的。他派騎兵趕去擄掠這些東西作為戰利品。在這同時，瓦魯斯為了保護這些財物，也從城裡派出來六百名努米底亞(Numidia)騎兵和四百名步兵。這些部隊是尤巴國王在幾天以前作為援軍派到烏提卡來的。尤巴和龐培之間有上一輩的交誼①，他和庫里奧卻有仇怨，因為在庫里奧擔任人民保民官時，曾建議過一條要沒收他王國的法律。騎兵一交上手時，那些努米底亞人連我們的第一次衝擊都沒經受得住，在殺死了大約一百二十人之後，其餘的都退回到靠近城市的營寨裡去。同時，庫里奧在他的軍艦一到之後，就命令向停泊在烏提卡港口的大約

①尤巴的父親希厄姆普薩爾是由龐培幫助他登上努米底亞王位的。尤巴本人因為凱撒曾經庇護他的一個叛臣而痛恨凱撒（見蘇埃托尼烏斯的《十二帝王傳》第七十一節）。庫里奧在擔任人民保民官時曾經建議把努米底亞改為羅馬的行省，因此尤巴把他當做死敵。

二百條商船發出通告，說他要把不馬上啟航到科涅利烏斯舊營去的船隻，統統當作敵人處理。這項通告一發出，他們都立即起錨離開烏提卡，航向命令指定他們去的地方。這一下給軍隊提供了極充裕的各式各樣供應。

26 在這次行動以後，庫里奧返回他在巴格拉達河上的營寨，全軍熱烈歡呼，奉獻給他「英佩拉托」的稱號①。次日，他率領軍隊趕向烏提卡，靠近該城紮下營。在營寨的工事還沒完成以前，正在擔任哨崗的騎兵送信來給他說：一大批由尤巴國王派來的步騎援軍，正在向烏提卡前進。同時，一大股煙塵已經能辨認出來。一會兒，這支部隊的前鋒就可以望到。庫里奧因為這事情來得很意外，感到吃驚，就派騎兵前去擋住他們的當頭衝擊，並拖住他們。他自己立刻把軍團士兵從工事上召回來，列下戰陣。騎兵戰鬥剛一開始，軍團還沒來得及完全布列開來站定腳跟時，國王的全部援軍已經手忙腳

---

①英佩拉托(imperator)——這個字找不出適當的譯法，它的含義也有許多變化：(1)照字面解釋，這個字是一個持有軍政大權(imperium)的人的當然稱號；(2)共和時代，每逢一次戰役取得大捷時，軍團士兵就在歡呼聲中把這個稱號奉獻給自己的統帥，這種士兵奉獻稱號的做法，一直到帝國時代還偶然在皇帝的同意下發生（如塔西佗的《編年史》卷三，七十四），但在帝國初期時已經認為每一個統帥取得的勝利，都是在皇帝的最高主持下取得的，這個稱呼應該奉獻給皇帝，因此每一次得勝，皇帝的名字後面就加記「英佩拉托」一次。三世紀後半葉，索性在皇帝登位之後每年加一次，不問是否取得過勝利，從而它成為表明皇帝在位年代的數字。(3)公元前四五年，元老院曾決議把這一稱號給凱撒終生使用，他的繼承人也接著使用下去，從此變成他們這個家族的姓氏的一部分，尤利烏斯王朝幾個皇帝沿用的結果，這個字就轉義成為皇帝了。因而，舉例來說，奧古斯都統治的最後一年，他的正式全稱是：Imp. Caesar Divi F(ilius) Augustus, Pontif. Max., Cos. XIII., Imp. XX., Tribunic. Potestat. XXXVII., P(ater) P(atriae)。第一個 Imp. 是他繼承下來姓字的一部分，轉義成皇帝；第二個 Imp. XX 表示他被奉獻這個稱號已二十次。

亂，驚惶不已，加上他們一路行軍趕來時本來沒有部伍，也沒存戒懼之心，隨即被擊潰逃散，雖說全部騎兵很快就沿著海岸逃進城裡，幾乎沒有什麼損失，步兵中卻有大批人被殺死。

27 次日晚上，兩個馬爾西人百夫長，帶著屬於那個連的二十二個人，逃出庫里奧的營寨，投奔到阿提烏斯・瓦魯斯那邊去，他們告訴他的，不知是自己心裡的真話還是一心想迎合瓦魯斯而編造的——因為我們往往自己在盼望什麼，就很樂意相信什麼，自己覺得怎樣，就常常希望別人也感到這樣——總之，他們向他保證說，全軍都和庫里奧不一條心，如果能夠把軍隊帶到彼此面對面望得見的地方，讓他們有交談的機會，一定會起極大的作用。受了他們這番話的引誘，瓦魯斯就在第二天一早把他的軍團領出營寨，庫里奧也這樣做，雙方都把部隊布下陣勢，中間只隔一條不大的山谷。

28 在瓦魯斯軍中，有一個塞克斯提烏斯・昆提利烏斯・瓦魯斯，前面已經提到他曾經在科菲尼烏姆經過。被凱撒打發離去後，他就來到阿非利加。庫里奧帶過海去的軍團，正是凱撒前個時期從科菲尼烏姆接收過來的，除了只換去少數幾個百夫長之外，甚至原來的連隊編制都沒有更動。昆提利烏斯就借這點可以接近交談的因頭，開始在庫里奧的軍隊四周奔走，請求士兵們不要把他們當初對多彌提烏斯和當時他自己擔任財務官時作的效忠宣誓，拋在腦後，不要拿武器來對付在前次圍攻中同過命運、共過患難的人，也不要為那些曾經辱罵過自己是叛徒的人賣命。此外，他還加了幾句激起他們貪圖犒賞的話，告訴他們，如果他們能跟隨阿提烏斯和他走，可以期望從他的慷慨大度中得到什麼樣的酬獎。當他講了這些話時，庫里奧的軍隊還是全都不動聲色。這樣，雙方就都把自己的軍隊領了回去。

29 但在庫里奧的軍營中，大家心裡都充滿極大的恐怖。這種恐怖，又因為人們七嘴八舌各種各樣的講法而迅速增漲。每個人都憑空臆想了一番情景，再把自己所懷的恐懼不安加到聽見別人說的話上面去。當故事從第一個說得鑿鑿有據的人傳布到許多人中間去時，每個人又再傳給別的一些人，這件事最後似乎有許多人都可以說得鑿鑿有據了①。他們說，這是一場內戰，他們又都是屬於有權可以想做什麼就做什麼，想跟誰走就跟誰走的人。這幾個軍團本來不久以前還是屬於敵人的軍團，經常頒給酬賞的習慣，甚至連凱撒的慷慨都被看得不足為奇了。那些地方城鎮也都各自投靠一方，人們同樣既有從馬爾西來的，也有從佩利尼來的，前夜那些叛逃的人，就是這樣一些人。在營帳中，士兵中有些人建議採取激烈的措施，有些兵士說一些曖昧不明的話，人家也斷章取義地理解著，有的報告甚至就是一些想被人家看起來比同伙更為激烈的人捏造的。

30 為此理由，召開了一次會議。庫里奧就整個局勢問題展開了討論。有些意見認為應當用盡一切辦法試行進攻瓦魯斯的營寨，因為從目前軍隊的士氣來說，無所事事是極不相宜的，最後他們說，靠勇氣在戰鬥中試試運氣，無論如何總比因自己的部下背棄和欺騙，挨受沉重的懲罰好。還有一些人建議在三更時撤退到科涅利烏斯舊營去，這樣，中間隔了一段比較長的時間，士兵們的心情就會恢復正常，同時，如果發生什麼意外，要退回到西西里去，也會因有大批船隻而更加安全和方便。

31 庫里奧對這兩種計劃都不贊成，認為一種想法太缺乏膽量，另一種辦法又太過分，以至於一方面想的是極為可恥的逃走，另一方面想的是那怕地形不利，也得決戰一場。他說根據什麼我們能相信

---

①這一節從下面起，直到結束，因為古代傳抄的本子已經漫漶太甚，無法卒讀，翻譯時只能根據洛布本原文的上下文勉強猜測。而且由於前後佚去的部分太多了，本節一開始說的全軍都在一片驚慌中，驚慌的原因是什麼，竟未見說明，也無從猜度。

被工事和地形這樣完善地捍衛著的敵人營寨，可以一舉突擊下來呢？而且，如果我們在進攻中遭到慘重損失之後再停下手來，會得到什麼樣的結果呢？難道使一個統帥得到軍隊好感的不正是戰鬥的成功，使他受到軍隊痛恨的不正是失敗嗎？移動營寨，除了表示可恥的逃跑、普遍的絕望和軍心離散之外，還能有什麼呢？我們絕不可以使有廉恥心的人懷疑人家不很信任他們，也不可以使大膽妄為的人知道人家怕他們。因為我們的害怕會使後者更加放肆，也會使前者的熱忱減少下去。他又說：至於我們聽到的關於軍心離散的報告，我本人相信它純然是謠言，至少也沒有大家所設想的那樣厲害。即令我們能證明它完全是真的，把它隱瞞下來，只當沒有這回事，總比我們用自己的倉猝行動更加證實它們好得多吧？軍隊的弱點不也正像身上的創傷那樣，必須隱忍不露，才能不使敵人更增加希望嗎？但是，居然還有人加上說，我們應該在半夜裡出發，我相信，這對那些想要為非作歹的人就大開方便之門了。羞恥心和畏懼心是束縛這種大膽妄為的一種力量，而黑夜乃是最能削弱這種束縛力的。我既不是一個膽大心粗、毫無把握就決定進攻進營寨的人，也不是一個滿心害怕、灰心喪氣的人。因此我認為各式各樣辦法卻不妨先試一下，我相信，我會就當前的局勢，作出一個大體上和你們一致的決定的。

32 解散會議後，他召集軍士們開會。他提醒他們，凱撒在科菲尼烏姆怎樣仰仗過他們的熱情，怎樣由於他們的愛戴和他們的力量，使大部分義大利都成為凱撒所有。他說：所有的自治城鎮，一個接一個地仿效你們，學習你們的榜樣，這才使凱撒把你們當做他最友好的人，而敵人則把你們當做最可恨的人，這不是全無理由的。龐培雖沒在戰場上失敗過，但你們樹立下的先例，使他預感到不妙，逃出義大利去；凱撒卻因為你們的忠誠，把我這個他最親密的朋友，以及西西里和阿非利加這兩個沒有它們就無法保衛首都和義大利的行省，託付給你們。然而，竟有人嗾使你們離開我們，如果一下子既能把我們弄得走投無路，又能使你們蒙上背信棄義的惡名，還有什麼能使他們更加求之不得呢？或者，如果你們背棄了這些認為自己一切全虧你們的人，反去投奔那些認為全是你們毀了他們的人，那些正在滿腔怒火的人，對你們的想法還能更糟糕些嗎？難道你們真的沒聽到凱撒在西班牙的成就嗎？兩支軍隊被他擊潰、兩個領袖被他戰敗、兩個行省被他收復了，這些勝利都是凱撒出現在敵人面前四十天之內獲得的。難道那些實力完整時都無法抵抗的人，現在殘破之餘，反而能抵擋得住嗎？再說，難道你們這些在成敗未定之時就已經決定追隨凱撒的人，現在勝負已成定局，正當應收取過去辛勞從公的報酬時，反而會轉過身去追隨失敗了的人嗎？他們說，他們是被你們拋棄了的，被你們背叛了的，他們還提到你們的效忠宣誓，我要問：究竟是你們拋棄了盧基烏斯・多彌提烏斯，還是多彌提烏斯拋棄了你們的呢？難道他不是正當你們在準備為他赴湯蹈火時拋棄了你們的嗎？難道他不是偷偷瞞了你們逃跑求生的嗎？當你們被他出賣了的時候，不正是凱撒的寬容仁厚保全了你們嗎？說到宣誓，當他拋棄自己的職責，放下自己的統帥大權，作為一個私人和俘虜落到別人手裡去的時候，怎麼還能硬要你們遵守它呢？他們向你們提出的是一項聞所未聞的新義務：要你們置現在正約束你們的誓言於不顧，反而回到已經因為統帥的投降和喪失公權而失效了的誓言上去。也許，我相信，你們是贊成凱撒的，只是對我有些不滿吧？我不想敘述我已經為你們做了多少事情，直到現在，它還比我所要想做的要少，也比你們所期望的要少，但是，士兵們向來都是到戰爭的結局中去尋求自己辛勞的報酬的，現在它將如何結局，就你們自己也不再懷疑了。至於我的辛勤工作，或者說迄今為止在形勢發展上顯示出來的好運氣，何妨也提一提呢？難道你們對我把軍隊安全無恙、一條船不丟地運送過來，感到不滿意嗎？難道你們對我剛到這裡就一舉擊潰敵人的艦隊，感到不滿意嗎？難道你們對我兩天之中，兩度在騎兵交鋒中獲勝，感到不滿意嗎？難道你們對我一下子從敵人的港口和隱藏的地方截獲二百餘條滿載的船隻，迫使敵人陷入無論陸路還是海路都不能再有給養來支援的困境，感到不滿嗎？你們難道寧肯背棄這樣好的幸運、這樣好的統帥，而去迷戀科菲尼烏姆的恥辱、義大利的逃竄、西班牙的投降，以及已見徵兆的阿非利加戰事嗎？對我來說，我本來是希望人家把我叫做凱撒部下的士兵的，你們卻用「英佩拉托」這個稱號來稱呼我，如果你們對這個後悔了，我可以把你們給我的一番好意奉還給你們，恢復我原來的名稱，免得看起來似乎你們給了我榮譽，反而成為一種侮辱。

33 這番話感動了士兵們，當他還在講的時候，他們就一再打斷他，似乎他們對於自己的被懷疑為不忠實，感到極為痛心。在他離開會議時，他們異口同聲地鼓勵他拿出勇氣來，毫不猶豫地投入戰鬥，試試他們的忠誠和勇敢。當大家的心情和思想由於這一行動徹底轉變過來時，庫里奧在他們的一致同意下，決定一遇到機會就一決勝負。次日，他把部隊帶出營來，仍在前幾天布陣的地方，按作戰的隊列布置下來。瓦魯斯也毫不遲疑地把他的軍隊領了出來，免得逢到有可以誘引我軍的士兵或在有利的地形戰鬥機會，錯了過去。

34 兩軍之間，正像前面所說的那樣，隔著一條山谷，雖不很大，山坡卻很崎嶇陡急。雙方都等著看敵軍是否試圖越過來，以便自己能在比較平坦的地方作戰。同時在左翼，可以看到普布利烏斯·阿提烏斯的全部騎兵和許多夾在他們中間的輕裝兵，正在奔下山谷。庫里奧派的騎兵和兩個營的馬魯基尼人前去對付這些人。他們的第一次衝擊，敵人的騎兵就抵擋不住，只能驅馬逃回自己的同伙那邊。跟他們一起前來的輕裝兵卻被丟了下來，被我軍包圍起來斬盡殺絕。瓦魯斯的全軍都轉過行列來，望著他們的部隊在逃奔中被殲滅。凱撒的副將雷比盧斯是因為庫里奧知道他有很豐富的作戰經驗，特地從西西里帶來的。這時，他說：「庫里奧，你看敵人已經驚慌不安了，為什麼還要猶豫，不利用這大好的時機呢？」庫里奧只向士兵們呼籲一下，叫他們把前一天給他的保證記在心上，跟隨著他。一面說，一面自己首先搶在所有人面前衝上前去。山谷十分崎嶇難行，前面的人如果沒有自己的同伙幫助托一下，簡直無法爬上去，但阿提烏斯的部隊事先就已經被自己的恐懼、同伙的逃竄和殲滅弄得驚慌萬狀，絲毫想不到要抵抗，都認為自己已經被騎兵包圍住了。因而，在還沒一件武器投擲出去，我軍也沒有能接近到他們的時候，瓦魯斯的整個戰陣就潰散逃走，退回營去。

35 在這場奔逃中，庫里奧軍中有一個最低級的百夫長、佩利尼人法比烏斯，第一個追上了飛奔的敵人行列，他一直叫喊著瓦魯斯的名字尋找他，看起來好像自己是他部下的一個士兵，有什麼要勸告他或報告他似的。當瓦魯斯聽到有人不斷喊叫他，停下步來望他，問他是誰，要幹什麼時，他用劍一下向瓦魯斯袒露著的肩膀上劈去，幾乎殺死了他。瓦魯斯全靠舉起盾牌，擋住這一擊，才避免危險。法比烏斯被在附近的士兵們包圍起來殺死。大批喧嚷著的逃兵擁擠在營寨的大門口，道路被堵塞住，毫未受傷地死在這裡的，比在戰鬥中或逃奔中死去的人還要多，差一點就被從營寨裡趕了出去。有不少人一路飛奔不停，直接逃進市鎮。但妨礙我軍占領那營寨的，不光是地方的地形和它的防禦工事，而且還因為庫里奧的部下本來是出來作戰的，身邊沒有攻打營寨用的那些工具。因而，庫里奧把軍隊帶回營寨，除了那個法比烏斯之外，部下一個人都沒損失，而在敵人中間則約有六百人被殺，上千人受傷。在庫里奧離去後，所有這些人、連帶還有許多假作受傷的人，都因為害怕，離營退入市鎮。看到這點，瓦魯斯也知道士兵們的恐慌，就在營寨裡留下一個號手和幾個帳篷，裝裝樣子，在三更天後，領了軍隊悄悄退入市鎮。

36 次日，庫里奧決定著手圍攻烏提卡，用一道壁壘封鎖它。在市鎮裡，有因為長期處於和平環境，不習慣於戰事的廣大居民，有因為凱撒給過他們某些好處，因而對他極為友好的烏提卡人，還有一群包括各式各樣人的羅馬公民，前幾次的戰鬥引起他們極大恐怖。因而，現在大家開始公開談論起投降的事情來，並勸說普布利烏斯・阿提烏斯，要他不要因為自己的頑固不化，把大家的命運都弄糟了。正在發生這些事情時，尤巴國王派來的使者到了，報告說，他已經帶著大批人馬來到，並且鼓勵他們防守好市鎮。這使得他們的慌亂心情堅定起來。

37 這同一消息也帶給了庫里奧，但一時之間不能使他相信它，因為他對自己的好命運非常自信。就在這時，凱撒在西班牙的成功消息，也通過使者和信件帶到阿非利加來。受到所有這些事情鼓舞，他便認為國王不至於會對他怎麼樣。但當他從可靠方面來的報導中發現國王的部隊離烏提卡已只有二十五羅里時，就離開自己的防禦工事，退進科涅利烏斯舊營。在那邊，他開始收集穀物，給營寨構築防禦工事，搜集木材，而且立刻送信到西西里去，命令把那邊的兩個軍團和其餘的騎兵統統都遣送到他這裡來。無論從當地的地勢來說還是從防禦工事來說，這營寨都極適合於把一場戰爭拖延下去，再加它離海近，有很充裕的水源和鹽，而且已經從附近的一個鹽場積聚起大量鹽來。由於樹木多，木材不會缺乏，四野裡滿是穀物，糧食也不會少。因而，在部下一致同意下，庫里奧就準備等其餘的部隊到來，進行一場曠日持久的戰爭。

38 當這些工作正在安排，他的措施也得到贊同時，他從鎮上逃來的一些人那裡得知，尤巴國王已經因為一場邊境上的戰事和跟勒普提斯(Leptis)人的衝突，被叫回自己本國去，他派遣自己的總管薩布拉(Saburra)帶著一支不大的部隊前來烏提卡下。庫里奧冒失地相信了這番話，改變計劃，決定以一戰來決定勝負。他的年輕、他的豪放不羈、他的前一時期的成功，以及對勝利的信心，都在作出這一決定中起了很大的作用。在這些因素的推動下，他派他的全部騎兵在薄暮時趕到在巴格拉達河上的敵營去，這個營寨正由他事先已經聽到過的薩布拉在主持。但國王卻統率著他的全部軍隊就在後面跟著，駐營的地方離開薩布拉只有六羅里。庫里奧派去的騎兵在夜間趕完全程，在敵人不知不覺、猝不及防的時候，發動了進攻。因為努米底亞人仍按照蠻族的老習慣，東一起、西一起地隨地紮營，沒有一定的部伍，騎兵趁他們在熟睡中散亂的時候攻擊他們，殺死他們一大批人，許多人在驚慌中四散逃走。這項工作完成後，騎兵回轉庫里奧處，把俘虜帶給了他。

39 庫里奧在第四更帶著全軍出發，只留下五個營守衛營寨。他趕了六羅里路時，遇上騎兵，了解經過的情況。他詢問俘虜誰在負責巴格拉達河上的營寨，回答說是薩布拉。他正急於要趕完這段路程，因此竟沒再探詢其他問題，只回過身來向就在他身邊的幾個連說：「士兵們，你們難道沒有看到，這些俘虜的回答正跟逃亡來的人說法一樣嗎？國王不在這裡，他只派來很小一支部隊，就連少數騎兵部隊都抵擋不住。因而，趕快奔向戰利品，奔向光榮去吧，我們現在終於可以考慮給你們的酬勞和你們應得的報償了。」騎兵們的成就本身的確很了不起，特別因為和努米底亞人的大隊人馬相比，他們的人數非常之少。雖說如此，正像人們在津津樂道自己的成就時常常信口開河那樣，在他們的敘述中，這次勝利也被誇大了。外加還把許多戰利品陳列了出來，俘虜來的人和馬也都帶到人們面前來展覽。因此，時間越是耽擱，就越像是在把勝利往後推。這一來，士兵們的急切心情恰好在投合了庫里奧的期望。他囑咐騎兵跟著自己急急向前趕路，好盡快趁敵人在奔逃之後狼狽不堪的時候攻擊他們。但他的部下經過通宵行軍，已經跟不上去，這裡那裡到處都有人停下來。就連這樣，也還不能減少庫里奧一往直前的勁頭。

40 尤巴接到薩布拉的關於夜間戰鬥的報告，就把一向在他身邊擔任貼身衛隊的二千西班牙人和高盧人騎兵，以及步兵中最得他信任的那一部分派到薩布拉這裡來。他自己帶著其餘的部隊和六十頭象，慢慢在後面跟上來。薩布拉懷疑庫里奧派騎兵衝在前面，自己會在後面跟著，就把他的騎兵布列開來，命令他們假作害怕，逐漸退讓，向後撤去，並告誡他們說：他會在適當的時機發出戰鬥的號令，並且根據情況需要告訴他們怎樣做的。對庫里奧來說，目前所得到的印象更增強了他自己的信念，認為敵人正在逃跑，就領著他的軍隊從高地跑下到平原上來。

41 當他從那地方向前推進了許多路時，他的軍團因為一路奔來，已經很疲勞，就在趕完十二羅里之後停駐下來。薩布拉向他的部下發出號令，把軍隊布列開來，自己開始在隊伍中間往來奔走，鼓勵他們，但他卻把他的步兵遠遠擺開，光只用它助助聲勢，而是派騎兵前來衝鋒。庫里奧也不是應付無方的人，他鼓勵他的部下，叫他們把一切希望都放在勇敢上面。同時，儘管我軍的步兵已經十分勞累，儘管騎兵數目很少，而且已經疲於奔命，他們仍然不乏戰鬥的熱情和勇氣。但我軍的騎兵一共只有兩百人，其餘的還都停留在半路上，這時，他們衝向那裡就迫使那邊的敵人站不住腳，只是他們既不能很遠去追逐逃走的人，又不能使勁地驅策自己的馬，敵人的騎兵卻開始從兩翼來包圍我軍，又從後面上來踐踏我軍。每當有個別的營離開大隊衝出去時，精力正旺的努米底亞人就迅速退走，躲開我軍的攻擊，然後趁我軍在返回自己的隊伍時趕上去包圍他們，切斷他們向大軍去的退路。因而，不管他們立在原地保持陣列，還是衝上去冒險孤注一擲，看來同樣安全難保。敵人因為有國王在派增援部隊來，人數不斷增加，我軍卻因為疲乏，逐漸支撐不住，那些受傷的人既不能離開戰陣，也不能送到安全的地方去，因為整個戰陣都處在敵人騎兵的包圍之中。從而，對自己的安全感到絕望的那些人，正像人們在自己生命的最後關頭常有的那樣，或則為自己的死亡悲慟，或則把自己的雙親託咐給也許命運之神能把他救出災難倖留下來的人。到處都是一片驚慌和悲痛。

42 庫里奧看到大家在一片驚慌中，無論是自己的鼓勵還是呼籲都聽不進去，他認為在這種悲慘的處境中，還只留下一線安全的希望。他命令他們全部趕去占領最近的那些山頭，把部隊移轉到那邊去。但就是這些山頭也已經被薩布拉派去的一部分騎兵搶先占了去。我軍這一來確實陷入了極端絕望的境地，一部分在奔逃中被騎兵殺死，一部分人雖未受傷，卻也倒了下去。騎兵指揮官格涅尤斯・多彌提烏斯(Gneius Domitius)帶著少數騎兵環繞著庫里奧，要求他逃走求生，趕緊退到營裡去，答應自己決不離開他。但庫里奧聲明說：在他丟失了凱撒出於信任交給他的軍隊之後，決不再回到凱撒面前去。就這樣，他在戰鬥中死去。少數騎兵從戰鬥中逃出來，但上面提到過的那些留在後面讓馬喘息一會的人，老遠看到我軍的全軍潰散，就都安全退入營寨，步兵則全軍覆沒。

43 在得知這些情形後，庫里奧留在營裡的財務官馬爾基烏斯・魯孚斯鼓勵部下不要灰心喪氣。他們懇切要求他把他們從海路運回西西里去。他答應了，命令主管船隻的官員在傍晚時把他們的小艇都靠攏到岸邊來。但大家驚懼萬分，有的說尤巴的軍隊已經迫近了；又有人說：瓦魯斯已經帶著他的軍團在趕來，自己已經看到行軍引起的煙塵了；雖說事實上根本沒發生這些事。還有人懷疑敵人的艦隊會馬上來攻擊他們。因而，在大家一片驚惶中，各人都在為自己打算。那些在軍艦上的人，急忙把船開航出去。他們的逃走，又刺激了那些商船的主人們。只有少數小船應命前來，聽候差遣，但在這樣人群密集的岸上，每個人都竭力想從大伙中擠出來，第一個爬上船去，以致有些船由於人裝得太多，負載過重而沉沒了。其餘的怕蹈覆轍，猶豫著不敢靠近。

44 這樣一來，就只有少數士兵和羅馬公民①，或則憑交情和人家的憐憫心，或則仗著能游泳，才被救上船去，全都安全到達西西里。其餘的部隊在夜間派百夫長們作為使者，到瓦魯斯那邊去向他投降。次日，尤巴在市鎮外面看到這幾營兵，聲稱這些人都是他的戰利品，命令把他們的一大部分都殺死，只少數被挑出來的，送到他國裡去。瓦魯斯雖然也抱怨尤巴損害了他的信譽，卻又不敢抗拒。尤巴本人騎馬進入那市鎮，伴隨著他的是一些元老，其中有塞爾維烏斯・蘇爾皮基烏斯(Servius Sulpicius)和利基尼烏斯・達馬西普斯(Licinius Damasippus)。他只簡單地布置了一下他要在烏提卡完成的事情，幾天以後，就帶著全部軍隊返回本國去了。

---

①這裡的原文是"pauci milites patresque familiae"，pater familias的原義是一家之長，洛布叢書本英譯作fathers of families，正是這個意思，但逃上船的何必盡是家長，於理說不通。McDevitte的英譯本作「老年人」，C. F. Moberly的注釋本作「平民」，我手頭的另一法譯本（譯者M. de Wailly）作「羅馬公民」，都不曾拘泥於原文，似乎比較近理，因而這裡也譯作「羅馬公民」。

卷三

1 凱撒以獨裁官的身分主持了選舉，尤利烏斯・凱撒和普布里烏斯・塞維利烏斯(Publius Servilius)當選為執政官，這一年正是凱撒可以合法被選為執政官的一年。①在這些工作完成時，由於整個義大利的信貸比較緊張，不再有人清償債務，他決定設置一些仲裁人，由他們按照戰前的價格來估計債務人的固定資產和動產的價值，即以此償付給債權人。他認為這是最合適的方法，一方面它消除或減輕了人們對於往往隨戰爭或內亂而來的全面取消債務的恐懼，另一方面，又替債務人保持了良好的信譽。經過司法官和人民保民官向公民大會提出，他又給一些在那非常時期、即龐培在都城擁有一支軍團士兵作為衛隊的時候，被根據「龐培法」②判處賄賂罪的人進行了平反昭雪，恢復了原來的權利，他們那時是只經過一天審判，由一批法官聽取了證詞，另一批法官表決了一下就結了案的。只因這些人在內戰剛一開始時，就曾經向凱撒表明過如果他需要，他們願意為他效力，因而他認為既然這些人投效過自己，就應當把他們看成是出過力的人。他決定，他們的平反也應當出之於公民大會的決

---

①當時羅馬的法律規定，須經過十年，才能重新當選同一官職，凱撒上次和比布盧斯共同擔任執政官是在公元前五九年，現在已是公元前四八年，已滿整整十年。

②指龐培在公元前五二年任無同僚執政官時頒布的「龐培反賄賂法」(lex Pompeia de ambitu)。由於當時事實上所有競選的人都有或多或少的賄賂行為，因此他可以隨便選擇打擊對象，許多他的政敵、主要是凱撒派分子，都被判決有罪流放，整個審判程序只用了一天。

議，而不應該被看作是出於自己的恩典。他想做到一方面自己不會被人們看成在應該酬恩的地方忘恩負義，另一方面又不會被人們看作傲慢不遜，僭奪了公民大會頒給恩赦的權力。

2 他在完成這些工作上面，以及在主持拉丁節①和所有的選舉會上面，共花去十一天時間。然後，他交卸了獨裁官的職務，離開都城，去布隆狄西烏姆。他已經命令十二個軍團和所有的騎兵都趕往那邊。但他發現在那邊的船隻，即使竭力擠緊，也只能裝運一萬五千名軍團士兵和六百騎兵。這是使凱撒不能迅速結束戰爭的唯一障礙。甚至就連這些可以登船的部隊，人數也並不足額，很多人已經損失在高盧的所有那些戰爭之中，從西班牙來的長途行軍，又減少了一大批人，阿普利亞和布隆狄西烏姆附近疾疫橫生的秋季，更使剛從高盧和西班牙這些極有益於健康的地區出來的全部軍隊，體質上受到很大的損害。

3 龐培利用一整年沒有戰爭和不受敵人干擾的空隙時間，積聚兵力，從亞細亞和基克拉澤斯群島(Cyclades insulae)，從科庫拉、雅典、本都(Pontus)、比提尼亞(Bithynia)、敘利亞、西里西亞(Cilicia)、腓尼基(Phoenice)和埃及等地，徵集起一支龐大的艦隊。他還讓所有的地方都建造大批艦隻。他已經從亞細亞和敘利亞的所有國王、君長和地方首領，以及從阿卡亞(Achaia)的自由城市那裡勒索了大批金錢，並且強迫在他控制下的幾個行省的包稅團體付給他大宗款項。

4 他湊集起九個羅馬公民的軍團，計：五個來自義大利，是他從海那邊帶過來的；一個是從西里

---

①拉丁節(Latinae feriae)——這是在羅馬東南十九公里的阿爾巴隆伽山上舉行的祀典，起源甚古，相傳還是遠古拉丁同盟時代流傳下來的，除每年一度由執政官親臨主持連續四天的祀典外，羅馬官吏帶兵出征以前，也到那邊去祭祀，祈求神佑。

西亞調來的老兵的軍團——這是由原來的兩個軍團合併而成的，因此他稱之謂「孿生軍團」；一個是從克里特(Creta)和馬其頓(Macedonia)的退伍老兵中徵集的，他們都是被過去的統帥遣散之後，定居在那些行省的；兩個來自亞細亞，是由執政官倫圖盧斯經手徵集的。此外，他還把大批從塞薩利亞(Thessalia)、玻奧提亞(Boeotia)、阿卡亞和伊庇魯斯(Epirus)來的人，以補充人員的名義分配到各個軍團裡去。他在這些人中，插進一些曾經在安東尼手下服務過的人①。除了這些之外，他還在盼望兩個軍團跟著西皮阿②從敘利亞一起到來。他有從克里特和拉克第夢(Lacedaemon)、從本都和敘利亞以及其他國家來的弓箭手，數達三千人。同時又有兩個營即六百人的射石手和七千名騎兵，這中間有德約塔魯斯(Dejotarus)帶來的六百高盧人；阿里奧巴扎涅斯(Ariobazanes)從卡帕多基亞(Cappadocia)帶來的五百人；科蒂斯(Cotys)從色雷斯送來了同樣多數目，還派他的兒子薩達拉(Sadala)一起來了；又有從馬其頓來的二百人，由拉斯基波利斯(Rhascypolis)統帶，這是一個極為勇敢的人。小龐培③和他的艦隊一起從亞歷山卓帶來五百名伽比尼烏斯的軍隊，他們都是高盧人和日耳曼人，是奧盧斯·伽比尼烏斯④留在那邊作為國王托勒密的衛隊的。他還從自己的奴隸和牧奴中間調集了八百人。塔孔達里烏斯

---

①指原屬凱撒部下、被俘後投降龐培的蓋尤斯·安東尼(Gaius Antonius)的軍隊，據說是被普利烏斯出賣的，這件事情書上一再提及，但事實經過未見正面敘述，想已佚去，參看下面第十及第六十七節注。

②西皮阿——龐培的岳父，見卷一第一節注，此時他正在敘利亞任行省執政官。元老院任命他擔任該職的經過見卷一第六節。

③小龐培——指龐培的小兒子塞克斯提烏斯·龐培(Sextius Pompeius)。

④奧盧斯·伽比尼烏斯(Aulus Gabinius)——公元前六七年的人民保民官，著名的民主派政治活動家，任命龐培清剿海盜的伽比尼烏斯法，就是他提出來的，後隨龐培到東方擔任副將，公元前五八年任執政官，任滿後出

・卡斯托(Tarcondarius Casto)和多姆尼勞斯(Domnilaus)提供了三百名高盧希臘人①，這兩個人，一個自己帶著部下來，一個派了他的兒子來。又有二百名由孔馬格涅(Commagene)的安提庫斯(Antiochus)從敘利亞派來，龐培給了他巨大的報酬，他們中間有很多人是馬上的弓箭手。在這些人中間，龐培給加進了一部分雇傭的、一部分利用自己的權力和交情弄來的達爾達尼人(Dardani)和貝西人(Bessi)，同樣還有馬其頓人、塞薩利亞人，以及來自別的族和別的國家的人，就這樣湊起了上述的數目。

5 他已經從塞薩利亞、亞細亞、埃及、克里特、昔蘭尼(Cyrenae)，以及其他地區收集來極大一批糧食，他還下定決心在迪拉基烏姆、阿波洛尼亞(Apollonia)，以及所有的沿海城鎮過冬，以便阻止凱撒渡海過來。為此他把他的艦隊全部分布在整個沿海地區。小龐培負責埃及方面的艦隊，德基穆斯・萊利烏斯(Decimus Laelius)和蓋尤斯・特里亞里烏斯(Gaius Triarius)負責亞細亞方面的艦隊，蓋尤斯・卡西烏斯(Gaius Cassius)負責敘利亞方面的艦隊，蓋尤斯・馬爾克盧斯和蓋尤斯・科波尼烏斯(Gaius Coponius)負責羅得島(Rhodes)方面的艦隊，斯克里博尼烏斯・利博和馬爾庫斯・屋大維(Marcus Octavius)負責利布尼亞(Liburnia)和阿卡亞方面的艦隊。然而，整個沿海的防務卻都交給了馬爾庫斯・比布

任敘利亞行省代行執政官，當時，被亞歷山卓人驅逐出國流亡在羅馬的埃及國王托勒密・奧勒特斯，給了他和龐培、凱撒等人大宗賄賂，伽比尼烏斯就在龐培等人支持下，派軍隊護送他回埃及，幫助他重新登上王位，並留下一支軍隊在亞歷山卓保護他。這支軍隊原來是龐培在東方作戰時的部下，下文屢次提到。

①高盧希臘人(Gallograecia)——是公元前二七八年侵入小亞細亞中部的弗里吉亞和卡帕多基亞的一支高盧人的後裔，他們最初到處剽掠，出沒無常，後來被佩伽蒙王國征服，定居下來。在羅馬人征服東方後，他們常被羅馬人利用來作為制服佩伽蒙人的工具。他們一直保留著高盧的語言和風俗。

盧斯①，由他掌握全局，最高的司令大權全集中在他手裡。

6 凱撒一到布隆狄西烏姆，就向士兵們發表談話，告訴他們說：既然他們的辛苦和危險差不多已經到了盡頭，現在就應當安心地把自己的奴隸和行李留在義大利，輕裝上船，以便讓更多的士兵登上船去，去爭取可以從勝利中、從他的慷慨大度中獲得的一切東西。他們齊聲高喊，請他想要下什麼命令就下什麼命令，無論他下什麼命令，他們都會全心全意地執行。就在一月四日②，拔錨啟航。正像上面所說的那樣，船上載了七個軍團。次日，抵達陸地。他擔心別的港口都在敵人的占領之下，就在克勞尼亞(Ceraunia)礁石和其他危險地區之間的一個叫做帕萊斯特(Palaeste)的安靜的停泊處，把船上所有的部隊卸下來，一條船也沒損傷。

7 盧克雷提烏斯・維斯皮洛(Lucretius Vespillo)和彌努基烏斯・魯孚斯(Minucius Rufus)正帶著十八

---

①馬爾庫斯・卡爾普尼烏斯・比布盧斯(Marcus Calpurnius Bibulus)——加圖的女婿，共和派領袖人物之一，具有他們那一派人的一切特徵：頑固、傲慢卻又無能。但命運好像和他開玩笑似的，當凱撒在公元前六五年任工務官時，他也正好擔任工務官，凱撒在公元前六二年擔任司法官時，他又正好也是司法官，凱撒在公元前五九年擔任執政官時，他又和他一起擔任執政官。在執政官任上，當凱撒提出他的土地法時，他在全體貴族共和派的喝彩聲中和凱撒對抗，但凱撒不理睬他的否決，直接把提案交給公民大會通過。他只好從此閉門不出，宣布停止一切國家的政治活動。凱撒不理會他這一套，照樣進行工作，因此人們開玩笑地把這一年稱做是「尤利烏斯和凱撒執政的一年」。內戰開始後，他隨龐培渡海東來。

②一月四日——羅馬的曆法，在凱撒加以改革以前，顛倒錯亂的情況，在這裡可以約略窺見一斑。這裡說凱撒出發的日期是一月四日，下面第九節卻說：「這時，冬天已經臨近……」，第二十五節又說，安東尼被耽擱在義大利，好幾個月不能起航，「冬天也幾乎快要過去了」，使人簡直無法估計究竟是什麼時候。據M. Leverrier推算，這裡所說的一月四日，在經過凱撒校正後的曆法，應該是十二月二十八日（公元前四九年）。

艘亞細亞的艦隻停泊在奧里庫姆(Oricum)，他們是奉德基穆斯・萊利烏斯的命令統率這些艦隻的。馬爾庫斯・比布盧斯帶著一百一十艘艦隻留在科庫拉。但魯孚斯和維斯皮洛對自己的兵力沒有信心，不敢駛出港來，雖然凱撒帶去在那邊守衛海岸的艦隻一共只有十二艘，而且其中只有四艘是裝了甲板的。比布盧斯的艦隻雜亂無章，水手也三三兩兩分散著，來不及按時趕來。因為直到在大陸上可以望到凱撒的艦隊以前，沒有任何有關他到來的消息傳到那些地區去過。

8 士兵都卸了下來，船隻在當夜就被凱撒遣回布隆狄西烏姆，以便能把其餘的軍團和騎兵再運送過來。凱撒派副將孚菲烏斯・卡勒努斯負責這項工作，命令他盡快把軍團運送過來。但這些船隻離開陸地太晚了，錯過了晚風，在返回途中遭到了災難。比布盧斯在科庫拉得到凱撒到來的報告後，希望能夠遇上一部分滿載的船，但他逢到他們時偏偏是它們空著的時候。在碰到它們大約一批三十條船時，他正在因為自己的疏忽誤事感到氣惱，就把怒火都發泄在它們身上，把它們全部燒掉，連船員和船長都殺死在這同一把烈火之中。他希望慘酷的懲罰會嚇退其他的人。這項工作完成後，他用他的艦隊布滿從薩宋(Sason)到庫里庫姆(Curicum)港之間的所有停泊處和所有的海岸，很細心地布置下守軍。儘管時值隆冬，他還是在船上戒備著，絕不因為害怕吃苦，放鬆自己的職責，也不坐待援軍，一心只想能和凱撒一朝相遇……①

9 在利布尼亞的艦隊離開伊里呂庫姆(Illyricum)時，馬爾庫斯・屋大維帶著他統率下的艦隻，來到薩洛那(Salona)。在那邊，他煽動起達爾馬提亞人(Dalmatae)和其他一些蠻族，又使伊薩(Issa)拋棄了

---

①下文原缺。

它和凱撒的友好關係。只是，他無論用諾言還是用威脅，都不能動搖在薩洛那的羅馬公民組織，他就動手圍攻這座城市。然而，這城市有它所處的地形和一座小山很好地捍衛著。羅馬公民們仍舊很迅速地造起了木塔，利用它們保衛自己。但他們人數很少，受傷的人在不斷增多，無力再抵抗下去，他們就採取最後的救急措施，把他們的所有成年奴隸都解放了武裝起來，把所有婦女頭上的頭髮都割下來作為弩機上的弓弦。屋大維在知道了他們的決心之後，建造起五座營寨來包圍這個城市，開始同時用封鎖和攻打來困擾他們。城市中的人已經準備好忍受一切，特別在糧食問題上尤其使他們苦惱不堪。為此，他們派使者到凱撒那邊去，向他乞求援助，說其餘的困難他們盡可能靠自己的力量硬著頭皮支撐下去。隔了很長一段時間，當曠日持久的圍攻已經使屋大維的部隊放鬆了警惕時，他們利用中午敵人離開的機會，把孩子們和婦女分配到城牆上去，免得被敵人看出每天的日常工作都忽然停了下來，他們自己和新近解放的那些奴隸合在一起，衝向屋大維的最近的一座營寨。攻下它之後，又以同樣的一次衝擊攻下另一座，再從那邊進攻第三座、第四座，直到攻下最後留下的那一座，把人員都趕出所有的營寨，並且殺掉了一大批人，迫使其餘的人連同屋大維本人都逃上船去，這就結束了這次攻城。這時，冬天已經臨近，屋大維在遭到這樣重大的損失之後，對於攻克這座城市已經感到無望，就退向迪拉基烏姆，到龐培那邊去了。

10 我們已經提到過，龐培的工務總監盧基烏斯・維布利烏斯・盧孚斯，已經落到凱撒手裡過兩次，一次在科菲尼烏姆，再一次在西班牙，都被他釋放了。考慮到自己給他的這種恩惠，凱撒認為維布利烏斯是帶信到龐培那邊去的最合適的一個人，他還了解，維布利烏斯是個能夠影響龐培的人。他帶去的口信要點如下：他們兩個人都不應該再固執下去，應該放下武器，不再行險徼幸。雙方都已經飽受慘重的損失，足以用來作為教訓和鑒戒，提醒他們對未來的災禍有所戒懼。龐培已經被逐出義大利，失掉了西西里、撒丁尼亞和兩個西班牙行省，在義大利和西班牙共丟掉一百三十個營的羅馬公民部隊；凱撒自己方面，死掉了庫里奧，在阿非利加的軍隊遭到了災難，還有這麼多軍隊在庫里克塔(Curicta)島上投降了①。因此，讓他們顧惜自己、顧惜國家吧！他們的損失，已經可以作為一個教訓，讓他們知道命運在戰爭中是如何威力無窮了。現在，正好是彼此都充滿自信，看來雙方似乎是勢均力敵的時候，也正好是唯一的講和時機，只要命運在兩個人中的一個身上稍稍偏袒一些，看起來略占上風的人，就不會接受和平條件，自信會贏得全局的人，也不會再滿足於和別人平分秋色。既然以前他們沒有能達成和平協議，現在應該到羅馬去向元老院和人民求取。同時，如果雙方都在一次公民大會上立刻宣誓在三天之內解散自己的軍隊，一定也會使國家和他們自己都感到滿足。再則，如果雙方都放下了現在恃為後盾的軍隊和同盟軍，各人也就都必然會以人民和元老院的裁決為滿足了。為使這些建議更容易得到龐培的贊同，他說他可以解散他所有的陸軍。

11 維布利烏斯在科庫拉登陸後，認為把凱撒突然到來的消息報告龐培，讓他可以採取適當的對策，並不比討論凱撒這些建議重要性少些。因而他日夜趕路，在每個市鎮都調換坐騎，以爭取速度，好趕上龐培，去向他報告凱撒的到來。龐培這時在坎達維亞(Candavia)，正在從馬其頓趕到阿波洛尼

①庫里克塔的投降——大約在庫里奧失敗的同時，馬爾庫斯·安東尼的兄弟蓋尤斯·安東尼帶著一支載有軍團的艦隊，渡海去追龐培，先是在伊里呂庫姆沿海被擊退，後來又被圍困在庫里克塔島，最後只能接受利博的條件投降，前面第四節提到的也是這件事。本書敘述這件事的文字已遺失，現在我們只能從其他作家如李維（《綱目》一一〇）、盧坎(IV. 401—581)等人的著作中約略窺知一二。

亞和迪拉基烏姆的冬令營去的路上。但新的情況打亂了他的步子，使他開始急忙繞遠道趕向阿波洛尼亞去，免得凱撒會占據那些沿海的城鎮。但凱撒在讓部隊登陸之後，就在同一天出發，趕向奧里庫姆。他們到達那邊時，盧基烏斯・托夸圖斯正奉龐培的命令在主持該城的守衛，並且有一支帕提尼人的部隊駐在那裡。他閉上城門，試圖守住這座市鎮。但當他吩咐希臘人登上城牆，拿起武器來時，希臘人拒絕和正式代表羅馬人民權威的一方作戰，居民們甚至準備自動迎接凱撒進城。在對一切援助都感到絕望時，他打開了城門，把自己本人和這座市鎮都奉獻給凱撒。凱撒保全了他。

12 收復奧里庫姆後，凱撒毫不耽擱，馬上向阿波洛尼亞趕去。聽到他來，在那邊負責的盧基烏斯・斯塔布里烏斯(Lucius Stabrius)開始一面把飲水運送到衛城裡去，一面在它那邊修築防禦工事，並向阿波洛尼亞人勒索人質。他們拒絕給他。他們既不願把城門關起來對抗執政官，也不願意違反整個義大利和羅馬人民已經作出的抉擇，擅自作出自己的抉擇。當斯塔布里烏斯了解了他們的願望時，他偷偷逃出阿波洛尼亞去。居民們派使者去見凱撒，接他進入該城。彼利斯(Byllis)、阿曼提亞(Amantia)和鄰近的其他市鎮，以及整個伊庇魯斯都學習他們的榜樣，派使者來見凱撒，答應聽從他的命令。

13 但當龐培聽到奧里庫姆和阿波洛尼亞發生的事情時，他為迪拉基烏姆擔心起來，日夜趕路到達那邊。同時，傳說凱撒也正在趕來，龐培的軍隊感到極大的驚慌。由於他日以繼夜地匆忙趕路，毫不停息，從伊庇魯斯和鄰近地區來的所有士兵，全都開了小差，許多人還拋棄了自己的武器，使得這次行軍看起來像是在潰逃。但當龐培在靠近迪拉基烏姆的地方停駐下來，命令量地紮營的時候，他的部下仍舊驚魂未定，拉比努斯第一個站出來，宣誓說他決不拋棄龐培，決心和他同生共死，不管命運會給他什麼樣的下場。其餘的副將也同樣宣了誓，接著便是軍團指揮官和百夫長們，以及全部軍隊都照樣宣了誓。凱撒發現自己到迪拉基烏姆去的路已經被龐培先占領了，就停止急行軍，在阿波洛尼亞人境內的阿普蘇斯(Apsus)河邊紮下了營，以便使那些有功於他的城市，有一支守衛的駐軍，安全得到保障。他決定就待在那邊，等候其餘的軍團從義大利趕來，並且在營寨裡息冬。龐培也這樣做，在阿普蘇斯河的對面安下營，把他所有的軍隊和同盟軍都帶到那邊。

14 卡勒努斯在布隆狄西烏姆照凱撒命令他的那樣，盡他的船隻所能容納的，把自己的軍團和騎兵統統都裝上去，起錨開航。當他從那港口剛航出去不多一點路時，他接到凱撒的來信，通知他所有的港口和海岸都在敵人的艦隊控制之下。知道了這事，他返回港內，並召回他所有的船隻。其中有一艘，因為是私人經營的船隻，上面沒有士兵，因而沒聽從卡勒努斯的命令，仍自管走它自己的路。它漂流到奧里庫姆時，受到了比布盧斯的攻擊，他不管是自由人還是奴隸，甚至連沒有成年的人也不肯放過，統統在用刑之後殺死。這樣，就在這一瞬之間，一個至關重要的偶然機會，決定了全軍的安危。

15 如上面所說，比布盧斯帶著艦隊在奧里庫姆，正像他封閉著海洋和港口，不令凱撒接近那樣，他自己也就被封閉在所有該地區的陸地之外，因為凱撒占據著整個海岸，到處都布置著守軍。他既沒辦法取得木柴和飲水，也沒辦法讓他的船隻靠岸停泊。一切必需品都極端缺乏，境況十分困難，以致他們不得不連木柴、飲水，也和其他給養那樣，要靠運輸船從科庫拉去運來供應他們。甚至在一次遇到風暴的時候，逼得他們到覆蓋船隻的皮革上面去收集夜間的露水。然而，他們還是耐心、安靜地忍受著這種種困難，認為自己有責任不暴露海岸，不放棄港塢。就在我所講的這種困難之中，當利博和比布盧斯聯合起來之後，他們兩人站在船上和副將馬爾庫斯·阿基利烏斯(Marcus Acilius)和斯塔提烏斯・穆爾庫斯(Statius Murcus)——一個主持守城、一個統率陸上的守軍——作了一次交談，說如果給他們機會，他們有極重要的事情想和凱撒商談。在這些話上，他們又加上幾句更加強調的話，讓人家明白他們是想設法促成一次和談。同時，他們還要求給他們一次休戰的機會。這要求得到了同意。因為他們提出來的要求好像很重要，副將們知道凱撒特別盼望著它，看來似乎交代給維布利烏斯的任務已經有了一些眉目。

16 在這時候，凱撒正帶著一個軍團出發去收復更遠一些的城鎮，還因為他的糧食供應不足，要去設法籌措，這時他已在科庫拉對面的一個市鎮布特羅圖姆(Buthrotum)。在那邊，他從阿基利烏斯和穆爾庫斯的信件中得知利博和比布盧斯的要求，他留下軍團，自己返回奧里庫姆。他到那邊時，他們被邀請來商談。利博出來了，還為比布盧斯作了解釋，說因為他的性情十分急躁，而且在擔任工務官和司法官時和凱撒結下過私人嫌怨，因此他迴避這次會談，免得他的急性子會妨礙這一件有極大希望和極大利益的事情。他說他自己無論在現在還是過去，一向都是迫切地希望事情得到解決，迫切地希望能夠放下武器的，但他在這件事情上無能為力，因為會議上作出的決定是把指揮戰爭的大權和其他一切都交給龐培的。但在現在，他們已經明確了凱撒的要求，他們將派使者到龐培那邊去，龐培會在他們的鼓勵之下，自己把會談的其餘部分接著進行下去。同時他要求，停戰協定必須延長下去，一直到使者從龐培那邊回來為止，任何一方都不得傷害對方。在這些話上，他還加上幾句為他們的事業，以及為他們的軍隊和同盟軍辯護的話。

17 當時凱撒認為根本用不著給這些話作什麼答覆，現在我們也不認為有足夠的理由把它記錄下來，留到後世去。凱撒的要求是：應當允許他派使者到龐培那裡去，並且保證其安全，要就是他們自

己把這件事情承擔下來，要就是由他們接下使者，轉送到龐培那裡去。至於說到停戰，現在戰爭是分別用兩種方法來進行的：他們用艦隊攔截他的船隻和援軍，他也就不讓他們接近飲水和陸地。如果他們希望他放鬆些，他們自己也必須在監視海岸上放鬆些。如果他們堅持不讓，他也就同樣堅持下去。雖然如此，儘管雙方在這些地方寸步不讓，和平談判還是照樣可以進行，這些事情決不會妨礙它。利博既不接受凱撒的使者，也不保證他們的安全，而是把全部事情都向龐培身上推。他竭盡力量爭取的事情只有一件，就是停戰。當凱撒知道他的所有談話只是想避免目前的危險和困乏，從他身上根本不可能得到什麼希望，也不可能得到什麼和平條款時，就重新回過頭來考慮進一步作戰的問題。

18 比布盧斯一連許多天被阻止不得登陸，又受到因風寒和積勞引起的一場嚴重疾病侵襲，他既得不到治療，又不願放棄所負的職責，終於抵抗不住病魔的威力。在他死後，總指揮的職務沒有由誰出來一個人接替，而是各人憑自己的決斷分別指揮自己的艦隊。在因凱撒的突然到來而引起的一陣激動平息下來之後，維布利烏斯一等到他認為適當的時機，就把利博、盧基烏斯·盧克尤斯(Lucius Lucceius)和龐培慣常和他商量極端重大的事情的特奧法涅斯(Theophanes)，都拉到自己一邊，開始提出凱撒的建議。在他剛一開口時，龐培就打斷他，不讓他再多講下去，說：「如果人家認為我之所以能夠保有自己的性命和自己的公民權，是出於凱撒的恩賜，我還要它們做什麼用呢？我是從義大利出來的，如果戰爭結束時，人家把我看做是被帶回到義大利去的，就再沒辦法改變人家這種看法了。」這些情形，凱撒是從參與這些談話的人口裡得知的，儘管如此，他還是努力想用別的方法來爭取通過談判達到和平。

19 在龐培的營寨和凱撒的營寨之間，只隔了一條阿普蘇斯河，軍士們彼此之間經常進行交談，談話的人約定在這時候不發射矢石。凱撒派他的副將普布利烏斯・瓦提尼烏斯(Publius Vatinius)到那條河的岸邊去，不斷地大聲喊話，宣傳一些看來最能促進和談的論點。他說為了和平，連庇里牛斯山森林中的亡命者①、連海盜都可以得到允許派出代表來，難道公民與公民之間反而不可以嗎？特別因為他們現在要做的不是別的，不過是要設法防止公民們之間自相殘殺而已。他用祈求的口氣說了許多話，這正是一個人在為自己、為大家的安全懇切呼籲時該用的那種口氣，雙方的戰士都靜靜地聽著他。從對方來了答覆，這是奧盧斯・特倫提烏斯・瓦羅(Aulus Terentius Varro)，他答應說自己願意在次日來參加會談，和他們一起討論使者如何安全到來，他們的要求如何提出來等問題。於是，為此安排了一個具體的時間。當次日他們到來時，雙方聚集了一大批人，他們對這件事情都抱著很大的希望，似乎所有的人已經一心一意只想和平了。拉比努斯・提圖斯(Labinus Titus)從一大堆人裡走出來，開始和瓦提尼烏斯講話，並且爭論起來，但絕口不談和平。突然從四面八方飛來一陣矢石，打斷了談話。瓦提尼烏斯在士兵們的武器掩護下躲了開去，卻有許多人受了傷，其中有科涅利烏斯・巴爾布斯(Cornelius Balbus)、馬爾庫斯・普洛提烏斯(Marcus Plotius)、盧基烏斯・提布爾提烏斯(Lucius Tiburtius)、一些百夫長和士兵。這時，拉比努斯叫著說：「別再提起和解了，我們不帶著凱撒的頭回去，是不會有和平的。」

①庇里牛斯山森林中的亡命者，可能是指龐培在西班牙鎮壓塞托里烏斯時，逃進山裡的塞托里烏斯殘部。下面所說的海盜則是指龐培在地中海所剿滅那些，他們大部分都是通過談判投降的。

20 就在這時候，司法官馬爾庫斯・凱利烏斯①出來為負債的人鳴不平。剛一上任，他就把自己的公座放到挨近都城司法官②蓋尤斯・特雷博尼烏斯的椅子的地方，宣稱如果有人來對凱撒在羅馬時設置的仲裁者作出的產業估價和還債辦法提出申訴，他將會給予幫助。但是，由於這一道法令的公平合理和特雷博尼烏斯的寬厚——他認為在這種艱難時代，執行法律應該既仁慈又溫和——竟找不到一個提出申訴的人來。因為以窮困為藉口，對自己本人或整個時代的災難發一通牢騷，或者推託說自己出賣產業有困難等等，普通一般人都在所難免，但一個人一面既承認自己負債，欲又一面死抱住自己的產業不肯放手，那就非極端沒有良心、極端厚顏無恥的人，不會這樣做，因而找不到人出來提這樣的要求。這就表明凱利烏斯本人比那些和這類事情有切身利害關係的人更加蠻不講理。而且，為了免得人家看起來他在這件已經開始著手的醜事上一無所成，他提出一條法律，規定所欠的債務應該不計利

---

①馬爾庫斯・凱利烏斯・魯孚斯(Marcus Caelius Rufus)——內戰開始時從羅馬逃到凱撒那邊去的四個人民保民官之一，出身於騎士等級，是個有才氣、有野心，但卻生活放蕩的人，這時他擔任外僑司法官。他也是西塞羅的一位好友，現存有他寫給西塞羅的十七封信（見《致友人書》卷八）。他原是卡提林的一伙，這次事件，說明凱撒一派中，有許多人仍舊牢守原來舊民主派的傳統，把取消債務、擴充免費供應口糧的份額等等，當做他們一派的重要政治綱領。但凱撒本人對此並不熱心，他所規定的償還債務辦法，使這些人深感不滿。凱利烏斯這次活動失敗了，次年（公元前四七年）又有多拉貝拉（西塞羅的女婿）出來作同樣的號召，也受到了鎮壓。

②都城司法官(praetor urbanus)——司法官在蘇拉時代為八人，凱撒把它增至十二人，都城司法官是其中最重要的一個，他除了主持審判、安排陪審員名單等日常工作以外，還可以用告示(edicta)的形式頒布一些大都有關司法程序的法令，日積月累，成為羅馬民法的一個重要組成部分。凱利烏斯這時擔任的是外僑司法官(praetor peregrinus)，專門主持審判外國人與外國人或外國人與羅馬公民間的訟事。

息，分期在六年裡攤還。

21 由於執政官塞維利烏斯和其他官員反對它，凱利烏斯沒有達到自己預期的目的，為要在群眾中煽風點火起見，他取消了自己前面的那條法律，提出另外兩條，一條給房客免除一年房租，另一條取消一切債務。當群眾圍攻蓋尤斯・特雷博尼烏斯時，有些人受了傷，凱利烏斯把他從公座上逐走。執政官塞維利烏斯在元老院提出這件事，元老院決議停止凱利烏斯的公職。根據這項法令，執政官禁止他出席元老院，在他企圖向公眾發表演說時，又把他驅下講壇。在恥辱和悲痛雙重刺激下，他表面上假裝說自己要到凱撒那邊去，暗地裡卻派人到殺死克勞狄烏斯(Clodius)並因此判罪的彌洛(Milo)那邊去，召他回到義大利來。因為彌洛曾經提供過大規模角鬥演出，身邊仍保留著餘下來的一批角鬥士。凱利烏斯和他聯合起來，派他先去圖里伊(Thurii)地區，去煽動那裡的牧奴。當他自己到達卡西利努姆(Casilinum)時，發現幾乎在同一時期，他的軍旗和武器都在卡普亞被截留，準備把城市出賣給他的角鬥士已在那不勒斯被破獲，而且由於卡普亞人已經識破他的計劃，恐怕有危險，也把他關在城門之外。當地的公民組織已經拿起武器來，把他當敵人看待。他就放棄了自己的計劃，改變行程。

22 同時，彌洛向周圍一些自治城鎮送出信件，說明他所做的事情都是按照龐培的囑咐和命令做的，龐培的這些指示都是由維布利烏斯帶給他的。他煽動那些他認為已被債務逼得走投無路的人。當他在他們中間不能爭取到人時，他又從地牢裡釋放了一些奴隸，著手圍攻圖里伊地區的科薩(Cosa)。在那裡，他遇上正帶著一個軍團的司法官昆圖斯・佩狄烏斯(Quintus Pedius)……被一塊從城牆上投下來的石塊打死。凱利烏斯雖然自稱是到凱撒那邊去的，卻也到了圖里伊。在那邊，當他正試圖引誘某些城鎮居民，並答應出錢收買凱撒派到那邊去駐防的高盧和日耳曼騎兵時，被他們殺死。使官員們疲於應付、使義大利動盪不安的一場巨大事故的苗頭，就這樣既迅速又輕易地結束。

23 利博從奧里庫姆帶著他統率下的一支由五十條船組成的艦隊出發，到達布隆狄西烏姆，占領了正面對布隆狄西烏姆港口的那個小島。因為他認為緊緊封鎖住一處我軍外出的必經之路，比緊緊封鎖所有海岸和港口好。他到得很突然，碰上的一些商船，都被他付之一炬，有一條滿載糧食的船，也被他擄走，使我軍陷入極大的驚恐。晚上，他還派騎兵和弓箭手登陸逐走我軍的騎兵哨崗。他所處的地形，使他占有極大的優勢，以致他竟寫信給龐培說：如果他本人高興，盡可以命令把他的其餘船隻拖上岸來，加以修理，還說，用他的艦隊可以阻止凱撒得到增援。

24 那時，安東尼正在布隆狄西烏姆，他對自己部下士卒的英勇很有信心，因而把屬於大船的約六十隻小划艇，用木排和擋板掩護好，把精選出來的士兵放在艇上，分別停泊在沿海岸的許多地方，一面命令他在布隆狄西烏姆叫人建造的兩艘三列槳艦航出去，趕到海港的隘口，假作訓練槳手。當利博看到它們這樣大膽前來時，派五艘四列槳艦向它們趕去，希望能捕獲它們。在敵人迫近我艦時，我軍的老戰士們開始退向港口，敵人毫無戒心，鼓起熱情追過來。於是，突然一聲號令，安東尼的划艇從四面八方逼向敵人，在第一次衝擊中，就捕獲了這些四列槳艦中的一艘，連帶它上面的槳手和保衛人員，迫使其餘的都可恥地逃走。除了這一損失之外，再加還有安東尼沿海岸布置下的騎兵，不讓他們取得飲水。在這種缺水和恥辱交迫的情況下，利博離開布隆狄西烏姆，放棄對我軍封鎖。

25 這時，已經好幾個月度過去，冬天也幾乎快要過去了，但船隻和軍團還沒從布隆狄西烏姆到凱撒這裡來。在凱撒看來，事實上有幾次可以這樣做的機會都被白白錯了過去，因為經常有颳順風的時候，他認為完全應該乘著它啟航。這一段時間拖得愈長，統率龐培的海軍的那些人也就愈加小心翼翼地警戒著海岸，對阻截我軍的增援部隊也就愈加有信心。他們還在不斷受到龐培的來信責備，龐培告誡他們，既然在凱撒當初到來時沒有能攔阻住他，現在無論如何要把他的其餘部隊攔阻住了。現在，風力在一天天減弱下去，他們正在盼望航行更困難的季節到來。鑒於這種情況，凱撒用比較嚴厲的口氣寫信給他在布隆狄西烏姆的部下，叫他們一遇到合適的風向，不要錯過機會，馬上就起航，無論能一直航到阿波洛尼亞的海岸或者航到拉貝提亞海岸都可以，就在那邊靠岸。這些地方都是敵艦的警戒所不能及的，因為他們不敢讓離開自己的港口太遠。

26 在馬爾庫斯·安東尼和孚菲烏斯·卡勒努斯的指揮之下，士兵們都表現得很大膽和英勇，他們彼此互相鼓勵說：為了凱撒的安全，赴湯蹈火也不該迴避。他們乘著一陣南風解纜起程，次日越過阿波洛尼亞。當在陸地上能看到它們時，正統率著羅得島的艦隊停泊在迪拉基烏姆的科波尼烏斯，領著他的艦隊航出港口來。正當它們乘風力減弱下來的機會，快就要追上我軍的時候，同是那南風又颳起來，再次給我們幫了忙，但他還是不肯就此罷手，而是希望水手的辛勤和毅力會連風暴的威力也能克服。雖說我軍被強大的風力所驅，越過了迪拉基烏姆，但他們仍緊緊盯著我們不放。我軍儘管受到幸運之神的恩寵，還是怕一旦風停下來時，遭到敵艦攻擊，當來到離開利蘇斯三羅里的一個叫做寧費烏姆(Nymphaeum)的海港時，就把自己的艦隻躲了進去。這個港口可以擋西南風，但對南風來說是不安全的，可是，他們估計，風暴的危險總要比敵人的艦隊危險小些。但是，運氣好得簡直令人無法置信，當他們剛剛進入這個港口時，接連颳了兩天的南風忽然之間停了，竟改颳起西南風來。

27 這裡，一個人就可以看出命運的突然轉變了，剛剛還在為自己擔憂的那些人，現在已受到一個最最安全的港口庇護，而那些本想傷害我們艦隻的人，卻被迫為自己的安全心驚膽戰了。隨著情況的轉變，風暴保護了我們，毀壞了羅得島的艦隊，裝有甲板的艦隻共十六艘，全都撞碎沉沒，一隻不剩。至於大量的划手和士兵，有的碰在岩石上死去，有的被我軍拖上岸來。所有這些人都被凱撒保全下來，遣返回家。

28 我們有兩艘船，由於路上航得太慢，被黑沉沉的夜幕罩沒，不知道其他船隻這時泊在何處，就在利蘇斯對面停了下來。在主管利蘇斯的奧塔基利烏斯・克拉蘇(Otacilius Crassus)派出幾艘划船和許多小艇，準備去捕捉它們。同時，他一面又和他們談判投降的事情，答應他們如果投降了，可以不受傷害。這兩艘船之一，載有二百二十名軍團補充新兵，另一艘載有不到二百名軍團老兵。從這裡可以看出意志堅強能使人得到多大保障，因為那些補充新兵，對敵人的船隻之多感到吃驚，又因風浪和暈船，累得筋疲力盡，在得到敵人不會傷害他們的保證之後，就向奧塔基利烏斯投降。當他們被帶到他那邊時，神聖的誓言被置之不顧，統統都在他面前被殘酷殺害。那些軍團老兵雖說同樣吃了風浪和艙底污泥濁水的苦頭，但他們卻認為絕不應當放棄自己一向保有的勇氣，另作它謀，他們把前半夜時間消磨在假作投降和談判條件上，一面強迫他們的舵手把船擱淺在海灘上，他們自己在尋到一個合適的地點時，就在那邊度過這一夜的其餘部分。天剛一亮，奧塔基利烏斯已經派守衛那部分海岸的約四百名騎兵來對付他們，還有一些從駐軍那邊武裝著一起跟來的人。我軍的這些人進行自衛，在殺死了一些敵人之後，安全無恙地趕到自己的部隊那邊。

29 在這一戰役之後，住在利蘇斯的羅馬僑民組織——這個市鎮是凱撒以前交給他們的，而且還關心給他們築好了防禦工事——把安東尼接進了他們的市鎮，用各種各樣東西支援他。奧塔基利烏斯為自己的安全擔心，逃出這個市鎮，到龐培那邊去了。安東尼的全部軍隊共計有老兵組成的軍團三個，補充新兵組成的軍團一個，還有八百名騎兵，統統登陸之後，他派他的絕大部分船隻返回義大利，再去載運其餘的士兵和騎兵。他把一種高盧的船隻叫做「駁子」的，留在利蘇斯，為的是如果龐培認為義大利没人留守，把他的軍隊忽然運回到那邊去——這種説法在群眾中流傳甚廣——凱撒就可以有辦法追趕他。他還派使者急速趕到凱撒那邊去，通知他自己的軍隊已經在什麼地方登陸，一共帶來多少部隊。

30 凱撒和龐培幾乎是同時知道這件事的，因為他們自己看到了這些船隻航過阿波洛尼亞和迪拉基烏姆，已經在陸地上朝著這個方向來趕它們。但在最初幾天內，他們不知道它們已經一路航向何處。當他們了解情況之後，雙方各自採取不同的計劃，凱撒考慮的是自己應當盡可能的和安東尼聯合起來，龐培考慮的是最好能和行軍途中的敵人恰巧遭遇，以便他有可能乘對方意料不及時，用伏兵攻襲他們。兩人在同一天領著軍隊出發，龐培是偷偷地在夜間、凱撒是公開地在白天，離開他們在阿普蘇斯河上的永久性營地。但是，凱撒要走的路比較長，須要逆流而上繞一個大圈子才能在一處渡口過河。龐培因為不要過河，路途方便，就以急行軍向安東尼處迅速趕去。在知道對方也正在朝自己趕來時，他尋到一處合適的地點，把部隊停駐下來，並且命令所有部下都不得離開營帳，也不准舉火，以便自己的到來能夠更加保密。這些行動馬上被一些希臘人報告給安東尼，他一面派使者趕到凱撒那邊去，一面自己一整天都閉守在營寨裡不出來。凱撒在第二天就趕到他那邊。龐培聽到凱撒來到，為了避免被兩支軍隊夾在中間，就離開那地方，帶著全軍趕到迪拉基烏姆人的一個市鎮阿斯帕拉吉烏姆，在那邊的合適的地方紮下營。

31 就在這個時候，西皮阿在阿馬努斯山(Mons Amanus)附近受到了一些損失，卻還是給自己加上一個「英佩拉托」的稱號。這樣做了之後，他向一些城鎮和君主索取了大宗金錢，向他那個行省①的包稅人勒索兩年的稅款，又向這些人借支了次年的稅，並且從全行省徵集騎兵。當這些收集起來之後，他把近在身邊的敵人、即不久以前殺死過統帥馬爾庫斯・克拉蘇(Marcus Crassus)、圍困過馬爾庫斯・比布盧斯的安息人，拋在身後不管，帶著自己的軍團和騎兵離開敘利亞。當他到達行省的時候，正是那邊因為擔心發生一場安息人的戰爭，極感焦慮和恐慌的時候，而且可以聽到有些士兵在揚言如果帶他們去抵抗敵人，他們就去，如果帶他們去對抗公民和執政官，他們決不拿起武器來。他仍舊領著自己的軍團趕向佩伽蒙(Pergamum)，就在那邊的一些最富庶的城市息冬，一面頒發給他們大量犒賞，而且為了安定軍心，他還把這些城鎮交給他們去洗劫。

32 同時，他們用最凶殘的勒索手段，在全行省榨取錢財，此外還想出各式各樣的剝削方法來滿足他們的貪欲。捐稅加到每一個奴隸和兒童頭上，屋柱稅、門户稅、糧食、士兵、武器、划手、弩機和運輸船，無一不在需索之列。不論那一種徵發，只要能找到一個名目，就可以用來作為斂錢的足夠理由。不但城市，幾乎就連村莊和堡壘，也都派有一個手持軍令的人，這些人中，發現得最凶橫、最殘酷的，就被認為是最能幹的人、最出色的公民。行省中到處都是校尉，到處都是統兵大員，到處擠滿總管②和督徵官，他們除了奉命需索的錢財以外，還為自己私人撈摸一些，他們宣稱自己是從家鄉本

①行省——指羅馬的亞細亞行省，包括佩伽蒙、邁西亞、呂底亞、卡里亞、愛奧尼亞等地區，所以下面所說到西皮阿把軍隊駐紮在佩伽蒙。

②總管(praefectus)——在羅馬歷史上的各個不同階段和不同部門，都有持有這種稱號的官員。嚴格地說，他們不是正式的國家官吏，只是受命於某一上級、專門主持某一部門的工作，有些像舊中國的督辦、委員之類。

土被驅逐出來的，沒有一樣東西不缺乏。他們就憑這種堂皇的藉口把最醜惡的行為掩蓋過去。在這些事情上面，還得加上戰時每逢向某地居民集體榨壓金錢時通常出現的那種沉重的高利貸，在這種情況之下，給拖延一天據說就算恩典了。因而在這兩年中，行省的債務成倍地增加。儘管如此，向在行省的羅馬公民勒索的定額巨款，並沒因此減少些，而是一個個僑民組織、一個個城鎮統統都收到了。他們把這些款子說成是奉元老院之命借的債，還和在敘利亞那樣，向包稅人索取明年的稅款，作為預支。

33 而且，在以弗所(Ephesus)，西皮阿下令把過去貯放在狄安娜(Diena)神廟①的金錢都取出來。他為做這件事情安排了具體日期。當他們來到這神廟，而且帶來了被邀請來參加這工作的一批元老等級的人員時，正好從龐培那邊送來一封信，通知他凱撒已經帶著軍團渡過海來，要他火速帶著軍隊趕到龐培那邊去，其餘的一切事情都應該先擱下再說。接到這封信，他遣走了自己邀請來的那些人，開始準備到馬其頓去的行軍，幾天以後就出發了。這一意外給以弗所的金錢帶來了安全。

34 凱撒在跟安東尼會合後，把他為了要防守海岸而駐紮在奧里庫姆的軍團也調了去。他認為自己應當推進得更遠一些，把幾個行省都爭取過來。當塞薩利亞和埃托利亞(Aetolia)的使者來到他這裡，

如主管同盟騎兵的 praefectus alarum、主管海防的 praefectus orae maritimae、主管工程兵的 praefectus fabrum 等等。這裡所說的不知是什麼總管，作者無非想表明整個半島到處都是橫徵暴斂、敲詐勒索的官吏而已。

① 狄安娜神廟——指以弗所的阿特彌斯女神廟，為小亞細亞最著名的古廟，始建於公元前八世紀，後來屢毀屢建，公元前四世紀重建的那一座曾被視為世界奇蹟之一。狄安娜是義大利的女神，因為她的神功奇能和阿特彌斯相似，被羅馬人混而為一。

答應說如果他派一支守軍去，他們這個族的所有城鎮都願聽他的命令時，他派盧基烏斯・卡西烏斯・隆吉努斯(Lucius Cassius Longinus)帶著新兵編成的那個軍團、即稱作第二十七軍團的那個，以及二百名騎兵，進入塞薩利亞；蓋尤斯・卡爾維西烏斯・薩比努斯(Gaius Calvisius Sabinus)帶著五個營和少數騎兵，進入埃托利亞。他又特別叮囑了他們一番，因為這些地區都就在附近，所以要他們提供糧食。他命令格涅尤斯・多爾提烏斯・卡爾維努斯(Gneius Domitius Calvinus)帶兩個軍團，即第十一軍團和第十二軍團，以及五百名騎兵，進入馬其頓。這個行省的叫做「自由馬其頓」的那一部分，當地的領袖墨涅德穆斯(Menedemus)被派來作為使者，向凱撒表達了他們全體人民的非凡的敬慕之忱。

35 這些人之中，卡爾維西烏斯一到，就被全體埃托利亞人極端友好地接了進去，在驅逐了卡呂東(Calydon)和瑙帕克圖斯(Naupactus)兩地的敵人守軍以後，占據了整個埃托利亞。卡西烏斯帶著軍團到達塞薩利亞。這裡原來就有兩派，他在這個市鎮上遇到的是兩種截然不同的心情。一個久已得勢的叫赫吉薩勒圖斯(Hegesaretus)的人，偏袒龐培一方，一個出身極高貴的青年佩特拉歐斯(Petraeus)，則竭力以他自己和他那一黨的力量，支持凱撒。

36 同時，多爾提烏斯進入了馬其頓，許多城市的使者開始集中著來迎接他。有消息傳來說，西皮阿已經帶著軍團靠近了，在人民中間引起了廣泛的猜測和謠傳，因為在非常時期，謠言總是跑在事實前面的。西皮阿沒在馬其頓的任何地方多作耽擱，就向多爾提烏斯急急趕去。當離開多爾提烏斯還只有二十羅里時，他突然又轉過頭去，趕向正在塞薩利亞的卡西烏斯・隆吉努斯。他的這個行動來得如此急促，以致他已經來到的消息竟和他正在趕來的消息同時送到。而且他為了可以更加輕快地行軍，把軍團的輜重都留在分隔馬其頓和塞薩利亞的阿利亞克蒙(Aliacmon)河邊，派法沃尼烏斯①帶八個營留下來守衛，並命令在那邊給一座碉堡築起防禦工事來。同時，慣於在塞薩利亞邊境一帶出沒的科蒂斯國王的騎兵，也迅速飛馳奔向卡西烏斯的營寨。卡西烏斯已聽到西皮阿正在趕來，再看到這支騎兵，誤認為就是西皮阿的部隊，一時驚惶失措，就向環繞塞薩利亞的叢山中退去，再從那邊開始掉頭朝安布拉基亞(Ambracia)的方向進發。但西皮阿正在急追時，跟著卻送來了馬爾庫斯・法沃尼烏斯的信，說多彌提烏斯帶著軍團已經逼近，如果沒有西皮阿的幫助，他將守不住現在駐紮的那個據點。接到這信，西皮阿改變了自己的計劃和路線，停止追趕卡西烏斯，急急趕回去援助法沃尼烏斯。他日以繼夜地行軍，趕到法沃尼烏斯處，時機真是最湊巧也沒有，當多彌提烏斯行軍的煙塵可以辨清的時候，恰恰也正是西皮阿的前鋒部隊可以望得見的時候。這樣，多彌提烏斯的幹勁給卡西烏斯帶來了安全，西皮阿的速度，又給法沃尼烏斯帶來了安全。

37 西皮阿的永久性營寨和多彌提烏斯的營寨之間，有阿利亞克蒙河經過，他在那座營寨中停留了兩天，在第三天破曉，帶著軍隊從渡口過河，築起了一座營寨之後，次日早晨，在營寨前把他的隊伍布列開來。這時多彌提烏斯也毫不遲疑地認為自己應該把軍團領出去，正式作一次戰鬥。但是，雖說在兩軍之間的一片平原大約有兩羅里寬，多彌提烏斯卻把他的隊伍一直推進到西皮阿的營寨。西皮阿仍舊堅持不肯離開他的堡壘。雖說多彌提烏斯費了很大勁才控制住士兵，不讓他們徑自投入戰鬥，但

①馬爾庫斯・法沃尼烏斯(Marcus Favonius)——貴族共和派的著名人物之一，生平最佩服在烏提卡自殺的加圖，一舉一動都竭力模仿他，因而當時一般人稱他是「加圖的猿」。法爾薩盧斯失敗後，受到凱撒的赦免，但凱撒死後，他又參加到行刺凱撒的一伙人裡去，菲利皮之役後，被屋大維下令殺死。

主要還是由於在西皮阿的營寨面前正好有一條兩岸陡急的溪流，阻礙了我軍的推進。當西皮阿看到我軍的熱情和對戰鬥的渴望時，考慮到第二天他不是將違反自己的意願，被迫戰鬥，就是將極丟臉地把自己關閉在營寨裡，於是，儘管他是懷著很大的希望趕來的，冒冒失失的推進卻使他陷入一個進退兩難的尷尬境地，甚至連拆營都沒宣布就乘夜渡過河去，回到原來從那邊趕來的地方，在那邊靠河岸的一處天然高地上紮下營。歇了不多幾天之後，他乘夜間在我軍前些日子幾乎經常去採牧的地方布置下騎兵埋伏。當多彌提烏斯手下的騎兵總管昆圖斯・阿提烏斯・瓦魯斯(Quintus Attius Varus)依照他每天的習慣到來時，他們突然從埋伏的地方跑出來。但我軍奮勇地頂住他們的攻擊，一到每個人都迅速回到自己的行列中時，全隊轉過身來，向敵人發動攻擊。在殺死他們約八十個人，把其餘的趕得四散逃奔時，我軍回轉營寨，只損失了兩個人。

38 經過了這些事情，多彌提烏斯希望能把西皮阿引出來戰鬥，假裝因為迫於糧食短缺，移營它去。當按照軍中的慣例傳呼整裝待發之後，他前進了三羅里，在一個合適而又隱蔽的地方，把全部軍團和騎兵停駐下來。作為跟蹤追擊的準備，西皮阿把他的騎兵中的一大部分派去探索和了解多彌提烏斯走的是哪條路。當他們一路前進，走在前面的幾個小隊已經進入我軍的埋伏地區時，戰馬的嘶叫聲引起他們懷疑，他們開始向自己的部隊那邊退去。後面跟著的人，看到他們迅速後退，也停下步來。我軍因為自己的埋伏已經被識破，為了免得白白浪費時間等候其餘的人，就堵截住他們的這兩個騎兵小隊，發動攻擊，其中包括有他們的騎兵總管馬爾庫斯・奧皮彌烏斯(Marcus Opimius)。所有的人，不是被殺，就是被俘虜了帶回來給多彌提烏斯。

39 像前面所說，凱撒調走了海岸守軍後，在奧里庫姆留下三個營保衛這個市鎮，把他從義大利帶

來的戰艦也交給他們看守。這一任務和這個市鎮都交給了副將阿基利烏斯・卡尼努斯。他把我軍的艦隻統統都撤到市鎮後面的內港裡，繫在岸邊，而且把一艘商船沉沒在海港的隘口，把海港封閉住，在這艘船上面，又聯結上另一條船，他給這條船築起一座塔樓，讓它正好面對著海港的入口處。在這座塔樓上，他布置下士兵，命他們警惕著一切突如其來的意外。

40 知道了這些事情，正在統率埃及艦隊的小格涅尤斯・龐培來到奧里庫姆，用一架絞盤和許多繩索，費了很多手腳把沉在水裡的那隻船拖走，再攻打第二艘阿基利烏斯停放在那邊守護的船，他用許多船隻進攻，它們上面都築有塔樓，和我們船上的一樣高，這樣，他們就能在較高的地方作戰，小龐培還不時派生力軍來替換疲乏了的人。同時他又從四面進攻市鎮的城牆，一邊在陸地上用雲梯，一邊用艦隊，為的是把對方的兵力分散。這樣，他便利用我軍的疲勞、利用大量的矢石，戰勝我軍，驅走守衛該船的我軍戰士——他們都被小艇接過去逃走——攻占了那條船。同時，在另一方面，他又占領了那天然伸向外面的、幾乎把市鎮變成一個小島的防波堤，再在四隻雙列槳船的船底墊上滾木，用撬棒把它們一路硬拖進內港。然後他們從兩面進攻那些現在繫在岸邊的空的戰艦，他帶走了四艘，縱火燒掉了其餘的。這項工作完成後，他把從亞細亞艦隊調來的德基穆斯・萊利烏斯留了下來，讓他阻止從彼利斯和阿曼提亞送來的給養進入市鎮。小龐培本人則趕到利蘇斯去，攻打安東尼留在港內的三十艘運輸船，把它們全部燒光。他還試圖攻取利蘇斯，它有屬於這個市鎮的僑民組織的羅馬公民和凱撒派到那裡去充任守軍的士兵在防守，在耽擱了三天、並在圍攻中損失了一些人之後，他一無所成地離開那裡。

41 凱撒一知道龐培正在阿斯帕拉吉烏姆後，就也帶著軍隊趕向那邊去，順路攻取了龐培有一支軍

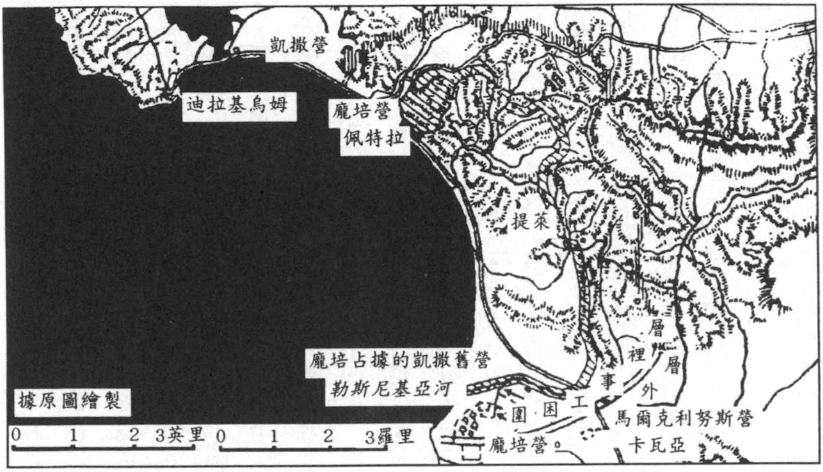

迪拉基烏姆
（〈內戰記〉卷三第41—73節）

隊守在那裡的巴爾提尼之後，第三天上到達龐培處，在離開他很近的地方紮下營。次日，他把全部軍隊帶出來，列下戰陣，給龐培一次對陣作戰的機會。看到龐培在原地按兵不動，他認識到必須另作別的打算才行，因而重又把軍隊帶回營寨去。次日，他帶著全軍出發，從艱難而又狹窄的小路繞了一個大圈子，向迪拉基烏姆趕去，希望能夠不是把龐培驅逐回迪拉基烏姆，就是把他和迪拉基烏姆隔斷，因為龐培把他的全部給養和全部作戰裝備都積聚在那邊。果不出所料，因為龐培最初沒有猜到他的計劃，看到凱撒走的是一條從這地方通向別處去的路，就認為他是因為糧食缺乏，被迫離去的。後來他得到偵察人員的報告，在第二天移營前進，希望能從一條近路，抄到凱撒前面去。凱撒事先就已懷疑到會發生這樣的事情，鼓勵他的部下沉著氣忍受艱苦，只在夜間的很短一段時間裡停息了一下，早晨就趕到迪拉基烏姆。當老遠一看到龐培的先頭部隊時，馬上就在那邊紮下營。

42 龐培就此和迪拉基烏姆隔斷，他的計劃再也不能實現，就採取不得已而求其次的辦法，在一個叫佩特拉(Petra)的高地紮下營，不大的船隻可以航行到那邊，而且可以擋住從某幾個方面吹來的風。他命令他的一部分戰艦趕到那邊去集合，並且到亞細亞和在他掌握下的所有地區去運糧食和給養來。凱撒也考慮到戰爭將要長期拖延下去，而且整個海岸都被龐培的部下十分警惕地封鎖著，他自己冬天在西西里、高盧和義大利造的船又遲遲不來，從義大利運給養來已經沒有希望，就派昆圖斯‧提利烏斯(Quintus Tillius)和副將盧基烏斯‧庫努勒尤斯(Lucius Cunuleius)進入伊庇魯斯，去設法籌措糧食，還因為這地區離開較遠，又在某些地點設置了穀倉，並把運輸糧食的任務分配給鄰近的各市鎮。他還下令把在利蘇斯的、在帕爾提尼中的，以及在所有各處寨堡中的全部糧食都搜索出來加以集中。數量仍然很少，一則因為當地的自然條件差——這地區崎嶇多山，人民大都吃外來的糧食——再則還因為龐培早已預見到這一點，前幾天就把帕爾提尼人當做被征服者看待，搜索和劫奪了他們的全部糧食，還發掘了他們的房屋，讓騎兵統統搬到佩特拉去了。

43 在知道了這些事情後，凱撒根據當地的地勢，擬定了一個計劃。環繞著龐培的營寨的，是許多高峻而又崎嶇的山嶺，他首先派駐軍占據了它們，在上面築起有防禦工事的堡壘，然後按照每一處地方的地形，築一道工事，把堡壘一個接一個地聯結起來，用以圍困龐培。他的想法是，首先，他自己的糧食供應很短缺，龐培的騎兵又遠較強大，築好這樣的工事，他就可以冒比較少的危險，從任何方面把穀物和給養運來供應自己的部下。同時，他還可以阻止龐培的騎兵出外採牧，使他們不再能在戰爭中發揮作用。再則，當消息傳遍全世界，說龐培已被凱撒包圍住，不敢出來作戰時，還可以大大降低他的威信，看來他主要就是依靠這點威信來影響外族人的。

44龐培不願意離開海或離開迪拉基烏姆，因為他所有的作戰裝備、槍矛、武器和弩機，都聚集在那邊，而且他還得靠船隻運輸糧食，維持軍隊，但他除非作一次戰鬥，又不能阻止凱撒的圍困工程進展，而在這時候，作戰是他決心要避免的。唯一留下的辦法是採取一種孤注一擲的戰略，即占領愈多愈好的山頭，派出駐軍去守牢愈大愈好的一片土地，把凱撒的軍隊牽制得愈分散愈好。他就是這樣做的。通過建立二十四座碉堡，圍起一個十五羅里的圈子，他就在這裡面放牧。這片地裡同時還有一些人工播種的糧食田，可以用來餵養牲口。正當我軍以一長列工事來設法阻止龐培從任何地方衝出來，在背後攻擊我軍時，敵人在裡面也築起一長列防禦工事，使我軍不能進入它的任何地方，到背後去包圍他們。但是，因為他們的士兵人數多，要圍起來的是內圈，範圍比較小，因而趕到我們前面去了。每當凱撒要占據一處地方時，龐培雖然已經決定不用全部兵力來阻止它，免得發生戰鬥，但還是在適當的地點把他擁有的數目極多的弓弩手和射石手派出去，使我軍的許多人受了傷，並且使我軍對中箭極為惴惴不安，幾乎所有士兵都用毛氈、厚布層或獸皮為自己製作短內衣和護身，以禦矢石。

45在占奪陣地中，雙方都竭盡了全力。凱撒想把龐培限制在一個愈狹小愈好的圈子裡，龐培則想占據一個愈大愈好的圈子，有愈多愈好的山頭。為此，經常發生戰鬥。在其中一次，當凱撒的第九軍團占據了一處陣地，開始構築工事時，龐培也占據了鄰近一個正面對著它的山頭，開始阻撓我軍工作。由於凱撒的陣地有一面上坡的地方幾乎是平坦的，龐培首先派弓箭手和射石手包圍了它，然後又派來一大批輕裝兵，而且帶來了作戰機械，來阻撓工程的進展。我軍一面要自衛，一面同時又要築工事，很不方便。凱撒看到他的部下四面都有人受傷，命令他們退下來，離開那地方。撤退需要經過一道斜坡，敵人更加竭力緊迫我們，不讓我軍退走，因為他們認為我軍撤出那地方是由於害怕。據說就是在那個時候，龐培曾經得意洋洋地在他那一批人面前誇口說：如果凱撒的軍團能從這一冒冒失失地撞進來的地方撤走而不遭到嚴重的損失，他就甘願被別人看成是一個不中用的統帥。

46 凱撒為他的部下撤退感到擔心，命令把木柵送到這座山的尾端一頭去，面向著敵人堆放起來。他又命士兵就在它的掩蔽之下，在它們的後面挖掘出一條中等寬度的壕塹，並把地面到處弄得越難走越好。他還把射石手布列在適當的地方，在我軍撤退時給以掩護。這些布置完畢後，他就命令把軍團撤回來。龐培的軍隊開始更加傲慢、更加大膽地向前推進，追逐我軍。他們推倒作為防禦工事的木柵，以便越過壕塹。當凱撒看到時，深恐自己的軍隊看起來不是像在撤退，而是像在敗逃，引來更大的損失，就在正當他的部下奔下斜坡的時候，通過統率這個軍團的安東尼之口鼓勵他們，並命令用喇叭發出號令，叫他們向敵人衝擊。第九軍團的士兵齊心合力，突然擲出他們的輕矛，從較低的地方向山上猛衝上去，把龐培的軍隊一路趕下去，迫使他們轉身飛逃。在他們退走時，翻倒了的木柵、豎立在他們路上的柱子，以及橫截路面的壕溝，大大阻礙了他們。我軍殺死了許多敵人，自己一共只損失了五個人，認為這樣已經足夠讓自己毫無危險地撤走，就極為安靜地退下來。於是，在那地方這面的一邊略作停息之後，又再圍進別的幾個山頭，完成了他們的防禦工事。

47 這種戰爭方式，無論就堡壘數目之多，活動範圍之廣，以及防禦工事之大來說，還是就這整個的封鎖體系和其他一些方面來說，都是新鮮而又陌生的。因為隨便什麼時候，一支軍隊試圖圍困另一支軍隊時，一定是自己已經攻擊過這支挫敗並且削弱了的敵人，對方已經在戰鬥中被打垮過，或已經因某些挫折而驚慌不堪，自己這邊，無論步騎兵都在數目上占有優勢，包圍的目的通常都是阻止敵人取得糧食。但在這次，凱撒卻用比較薄弱的兵力包圍一支完整無恙的生力軍，他們的各種物資供應也極為充裕，因為每天都有大量船隻從四面八方趕來，運送供應，無論颳的是東西南北哪一方面的風，總不會沒有一個方向處在順風的地位。但凱撒本人卻處在極端的窘迫中間，遠近各地的糧食都耗光了。雖說如此，士兵們都以非凡的忍耐工夫忍受著它，因為他們心裡記得去年在西班牙遭受過差不多同樣的苦惱，而且由於自己的勞動和忍耐，結束了一場非常艱巨的戰爭；他們還記得自己在阿勒西亞①遭受過極苦痛的飢荒，在阿瓦里庫姆的經歷更為艱難，結果還是征服了非常重要的一些國家。因而，在發給他們大麥或豆子時，他們也毫不拒絕。至於肉類，有從伊庇魯斯來的大批供應，很得到他們的好感。

48 一些閒著沒事的人，發現了一種叫做「卡拉」的植物的根②，它和牛奶混合起來之後，大大緩和了我們的缺糧現象。他們把它做成像麵包的樣子。這種東西數量極多。當龐培部下的人在談話中取笑我軍挨餓時，我軍通常都把這種東西做的麵包投到他們那邊去，戳破他們的希望。

49 這時，穀物已經開始成熟，光是這種希望就能鼓舞他們忍受飢餓，因為他們相信自己很快就會

---

①阿勒西亞(**Alesia**)、阿瓦里庫姆(**Avaricum**)諸役，均見《高盧戰記》卷七，十五～三十一、七十五～八十九諸節（公元前五二年）。

②卡拉(**chara**)——已弄不清是哪一種植物。現代植物分類學採用這個拉丁字作為某一屬藻類（如絳藻、輪藻）的學名，但從下文來看，和了牛奶能做麵包的不可能是藻類植物，只有粉質的塊根植物才可能。過去西方有許多學者為此紛紛爭論，有人說這是一種開花的燈心草，據說它的根可吃，至今中亞地區還有人在吃，又有人說它是一種叫做「韃靼白菜」的植物。老普林尼尼在《自然史》(19.41)上說，凱撒的士兵在凱旋式中唱著自己編的順口溜嘲笑凱撒，說他們在迪拉基烏姆戰役中靠吃**Lapsana**過日子，接下去又說，這就是樹林中的**cyma**（葛縷子），不知這裡所說的卡拉是否就是它。

充裕起來。經常聽到人們在值崗時交談，說他們寧肯吃樹皮過日子，也不願讓龐培溜出自己的手掌。再加上，他們還高興地從逃亡來的人那裡獲悉，雖然敵人的馬還勉強養活著，其餘的牲口卻都死了。他們因為被緊緊圍困在一塊很狹小的地方，大量屍體散發的惡臭，和每天不斷地幹從來没習慣過的勞動，健康情況也很糟，再加還嚴重地缺水。因為流到海裡去的河流和所有的溪澗，都已經被凱撒有的決開流向它處，有的用巨大的工程堵塞。這地區本來多山而又崎嶇，他在地裡埋進木材，地下再堆起泥土，築起土壩，堵塞住山谷的狹口，截住水流，因而敵人只能耽在低下的沼澤地方，並且挖掘水井，這種工作就成為他們日常勞動之外的額外負擔。這些水源往往離他們的碉堡很遠，而且在灼熱的氣候下很快就乾涸。另一方面，凱撒的軍隊健康情況極好，有充裕的水可供應用，而且除糧食以外的各種各樣給養都極豐富，因此他們看到穀物在成熟時，感到一個更加美好的日子正在一天比一天接近，更大的希望已經展現在他們面前。

50在新奇的戰爭中，雙方還都在創造新奇的戰鬥方法。當敵人從火光上看出我軍的部隊晚上在壁壘的哪一部分戒備時，他們就一伙人悄悄趕來，向我軍密集的士兵發射亂箭，然後又急急地退向自己人那邊。這些事情，使我軍從經驗中學到了下列的補救辦法，即在一個地方舉火，卻在另一個地方警戒。……①

51同時，凱撒在離開時把營寨託付給他的普布利烏斯·蘇拉，接到有關此事的報告，帶著兩個軍

①以下原文殘缺。估計失落的部分一定相當長，至少應該包括說明凱撒為什麼忽然離去（進攻迪拉基烏姆？）、龐培的部隊怎樣突然來進攻凱撒的工事等等內容，才能和下文銜接。蘇埃托尼烏斯的〈凱撒傳〉六十八節中所說的第六軍團一個營艱苦奮戰，擋住龐培的四個軍團長期攻擊，大概就是在這裡。

團趕來支援這個營。他們一來，就很容易地把龐培的軍隊趕了回去。事實上，他們並沒有勇氣和我軍照面，也經不起我軍的攻擊，前面的一衝垮，其餘的就都轉身逃走，放棄了陣地。但當我軍追去時，蘇拉恐怕他們跑得太遠，把他們召了回來。有許多人認為如果他決定窮追猛趕，也許可能戰爭就在那一天結束了。但蘇拉的做法似乎不應該受到責難，因為一個副將的職責和一個統帥的有所不同，副將應該一切行動都聽從吩咐，統帥則必須不受拘束地考慮整個大局。蘇拉是被凱撒留下來主持營務的，救出自己的部隊就已經滿足了，並不想出去作一次正式的決戰；出去決戰，說不定會遇到難於逆料的風險，而且還會被人家看作是僭奪了統帥的職權。至於龐培的軍隊，他們的處境使他們在撤退中遇到很大的困難，因為他們是從很不利的地形推進到山上來的，如果他們沿著山坡退下去，深恐我軍從高處衝下去追趕。再加當時離開太陽落山已經沒有多少時間，他們因為急於想結束這一役，所以已經把戰事一直拖延到傍晚了。因而，龐培出於無可奈何，不得不採取適合當時情況的措施。他占領了某一個山頭，離開我軍的這一段距離，正好使機械射出去的武器夠不到，就在那邊駐紮下來，而且築起防禦工事，把他所有的部隊都收攏在那邊。

52 此外，在同一時期，還有戰事在別的兩處地方進行。因為龐培為了把我軍平均分散牽制在各地，在同時試攻幾處堡壘，使鄰近的駐軍不能派援軍來。在一個地方，沃爾卡提烏斯・圖盧斯帶了三個營頂住一個軍團的攻擊，把它從那地方趕走。在另一處，日耳曼人從我軍的工事裡衝出來，殺死很多敵軍後，安然無恙地退回自己人那邊。

53 就這樣，一天發生了六起戰事，三起在迪拉基烏姆，三起在外圍工事。在總結它們的全部成果時，發現龐培的軍隊死去約二千人，其中有許多留用老兵和百夫長——包括曾以司法官身份主管過亞細亞行省的那個盧基烏斯・瓦勒里烏斯・弗拉庫斯(Lucius Valerius Flaccus)的兒子普布利烏斯・瓦勒里烏斯(Pubulius Valerius)——還俘來六面連隊標幟。我軍在所有這些戰鬥中只損失不到二十個人。但在堡壘中間，卻沒有一個戰士不負傷，有一個營竟有四個百夫長喪失了眼睛。為要證明他們的辛勞和危險，他們數給凱撒看射向這個堡壘的箭，竟達三萬左右。當百夫長斯凱瓦(Scaeva)的盾送來給凱撒看時，發現它上面射有一百二十個洞。凱撒為了他給自己和共和國立下的功勞，除賞給他二十萬塞斯特斯以外，還讚揚他，宣布把他從第八營的百夫長提升為第一營的百夫長。因為大家一致認為這個堡壘確乎大部分是由於他的努力才保存下來的。後來，他又給了這個營豐厚的酬報，發給他們加倍的餉給、口糧、衣著、食物和作戰犒賞。

54 在晚上，龐培增築了堅強的防禦工事，隨後幾天，又再築起塔樓，把這工事加高到十五羅尺，然後把他的這部分營寨用行障掩護好。經過了五天以後，湊巧遇上第二個黑暗的夜晚，他把所有營寨的門都堵上，而且敷設了阻攔敵人的許多障礙物，在第三更初，悄悄帶著軍隊出來，重新返回到自己原來的工事裡去。

55 在以後的接連幾天中，凱撒天天都把部隊列成戰陣，帶到平地上來，幾乎把他的軍團一直推進到龐培的營寨，看看龐培是不是願意作一次決戰。他的前鋒離開敵軍的壁壘只保持著弩機發射的武器不能達到的這樣一段距離。龐培雖然為了顧全自己的名聲和人們的輿論，也把自己的軍隊布列在營寨前面，但卻把他的第三列布置在壁壘上，這樣，在全軍的陣列拉開時，就可以受到從壁壘上擲下來的輕矛掩護。

56 埃托利亞、阿卡那尼亞(Acarnania)和安菲洛基亞(Amphilochia)，正像我們前面所說，已經由卡

西烏斯·隆吉努斯和卡爾維西烏斯·薩比努斯收復，凱撒認為他應該試行取得阿卡亞，再稍稍向前推進一些。因而，他派孚菲烏斯·卡勒努斯帶幾個營，由薩比努斯和卡西烏斯陪同著一起前去。知道他們到來時，由龐培派在那邊守衛的魯提利烏斯·盧普斯，決定封鎖住科林斯地峽(Isthmus)，不讓卡勒努斯進入阿卡亞。卡勒努斯利用得爾斐(Delphi)、底比斯(Thebae)和奧科墨努斯(Orchomenus)這些城鎮自身的一片歸誠之心，收復了它們，還用武力攻下了一些城鎮。他並且派出一些使者去，周歷其他一些城鎮，竭力使它們和凱撒結上友好關係。孚菲烏斯的主要力量幾乎都花在這些工作上面。

57 當這事在阿卡亞和迪拉基烏姆進行時，大家都已經知道西皮阿進入了馬其頓。凱撒仍沒忘記自己先前的意圖，把他和西皮阿的共同的朋友奧盧斯·克勞狄烏斯(Aulus Clodius)派到西皮阿那邊去，克勞狄烏斯原來就是由西皮阿的介紹推薦，才被凱撒當成一個知交的。凱撒交代給他一封信和一些話，叫他帶給西皮阿，它的內容大致是：在為和平用盡了一切辦法之後，他認為其所以一事無成，錯誤在於他希望他們去經手這件事情的那些人，因為這些人都怕向龐培提出他的建議時間不當。西皮阿卻有這樣的權力，即不但可以自由提出自己認為是正確的東西，而且在很大的程度上還可以強迫和駕馭一個誤入歧途的人。加之，他所統率的一支軍隊，是屬於自己名下的，因而，除了威望之外，他還有力量可加以強制。如果他能這樣做，每個人都會把義大利的安寧、行省的和平和整個國家政權的安全，都歸功於他一個人。克勞狄烏斯把這些口信帶去給了西皮阿，雖然在最初幾天裡他看來很樂意聽他講，但在後來的日子裡，就不再讓他參加會議，因為西皮阿受到了法沃尼烏斯的責怪，這是我們在戰爭結束之後才得知的，因而他一事無成地回到凱撒這裡來。

58 為了把龐培的騎兵更加方便地控制在迪拉基烏姆，阻止他們採牧，凱撒用巨大的工事扼守住那兩條我們已經說過的很狹窄的通道，還在那些地方建造起碉堡。當龐培發現騎兵不能有所作為時，就在不多幾天之後，重新用船隻把它們調回到自己那邊的防禦工事裡去。芻秣極端缺乏，以致他們竟須用樹上摘下來的樹葉或搗碎的嫩蘆根來餵馬，因為他們已經用光了工事裡面人家播種的穀物，被迫要到相隔很遠一段海路的科庫拉和阿卡那尼亞去搬運芻秣，由於這些東西供應不上，就代以大麥，用這種種辦法來維持馬匹。但以後，不僅大麥和別的芻秣，就是到處收割的草料都開始短缺，甚至連樹上的枝葉都吃光了時，馬因為瘦骨嶙峋，再沒有用處，龐培認為必須通過一次突圍來試探一下出路了。

59 在凱撒的騎兵中，有一對阿洛布羅格斯族(Allobroges)的兄弟，一個叫勞基盧斯(Raucillus)，一個叫厄古斯(Egus)，是擔任過該邦領袖多年的阿德布基盧斯(Adbucillus)的兒子。他們都是勇敢異常的人，在高盧的歷次戰事中，他們的卓越才能和英勇，使凱撒得到過很大幫助。為了這緣故，凱撒把他們自己國內的非常尊榮的職位授給他們，還設法讓他們破格地當選進入元老院，而且分給他們從敵人那邊奪來的高盧土地和大批錢財，使他們由貧變富。這兩個人，因為他們的勇敢，不僅在凱撒面前受到尊重，而且在軍隊中也很受愛戴。但由於他們倚恃凱撒的友誼，竟以一種出於愚昧和野蠻的傲慢態度，自高自大起來。他們看不起自己的國人同胞，詐騙騎兵的餉給，還把所有的戰利品往自己家裡搬。人們被他們這種行為激怒了，一起跑到凱撒面前來，公開控訴這兩兄弟的罪行，在其他許多劣跡之外，他們還指控這兩個人虛報騎兵的人數，吞吃他們的餉給。

60 凱撒認為這時還不是懲處罪行的時候，再加還十分顧惜他們的勇敢，就把這件事整個拖延下去。但在私底下，他卻責備這兩個人不該到騎兵身上去揩油，而且叮囑他們要把一切期望都寄託在和他自己的友誼上，可以從他過去給他們的恩惠上預見將來可望得到的東西。雖說如此，這件事情卻引

起大家對他們極大的憤慨和輕蔑，他們自己也很知道這一點，因為除了別人的譴責之外，還有他們自己的親友在評論，自己的良心在不安。除了這些恥辱在刺激他們之外，他們還擔心可能自己不是受到了饒恕，而是留待將來再行懲罰，因而他們就決心離開我們，去碰碰新的運氣，試交一些新的朋友。在和少數他們敢於向之提出這一冒險計劃的門客商量之後，他們最初企圖殺死騎兵總管蓋尤斯・沃盧塞努斯(Gaius Volusenus)，正像後來戰爭結束以後才得知的那樣，他們想被人看成是帶著一些進門之禮去投奔龐培的。後來，這件事情看來很難辦，沒有機會可以讓他們下手，他們就借了盡可能多的錢，裝作他們想滿足自己的同胞，把詐騙去的錢還給他們似的。在買了許多馬之後，他們帶著曾經讓其參加自己計劃的那些自己人，投奔到龐培那裡去。

61由於他們出身高門大族，帶去的行裝很豐裕，又有一大批隨從和牲口跟了去，而且被認為是極勇敢、極受凱撒尊重的人，再加這件事情來得很新奇，出於常情之外，龐培就領著他們環繞他所有的工事兜了一個圈子，炫耀一番。因為在這件事以前，不論步兵還是騎兵，從來沒有一個人曾經從凱撒這邊跑到龐培那邊去過，雖說差不多天天有人從龐培那邊逃到凱撒這邊來，尤其是從伊庇魯斯和埃托利亞徵調來的，以及從正在凱撒占領下的地區來的那些人，在成批地逃過來。但是，這兄弟兩人確實對一切情況都很了解，像圍困工事還有什麼地方沒有完成，或者在有軍事經驗的人眼中看來還有哪些欠缺，再如像時間的安排、地方的距離，以及隨著主管人員的性情脾氣不同和幹勁不同而出現的哨崗勤惰鬆緊不同等等，他們都一一報告給了龐培。

62正像我們已經敘說過的那樣，龐培原來就計劃好要作一次突圍，在了解這些情況後，命令部下用柳條為自己的頭盔製作防護罩，並且收集用於壁壘的材料。當這些東西準備好之後，他在晚上命令

把大量輕騎兵和弓弩手帶著所有這些材料登上划艇和快船。大約在半夜，他領了從較大的營地和防禦工事中抽出來的六十個營，趕到我軍的壕塹一直伸展到海邊、距凱撒的大營最遠的那部分去。他把上面已經說過載著材料和輕裝兵的船隻也派到那邊去，同時派去的還有他在迪拉基烏姆的那些戰艦，並發布命令說明他要每個人做的事情。凱撒派駐在那些壕塹邊的，是他的財務官科涅利烏斯・倫圖盧斯・馬爾克利努斯(Cornelius Lentulus Marcellinus)和第九軍團，由於他的健康情況不怎麼好，凱撒又派有孚爾維烏斯・波斯圖穆斯(Fulvius Postumus)在那邊協助他。

63在那邊，有一條十五尺寬的溝和一道十尺高的面對敵人的壁壘，壁壘的土方工程寬度也是十尺。距它六百尺之外，還有一道防禦工事，面朝著另一個方面，壁壘比較低一些。因為在前幾天，凱撒恐怕我軍被敵人艦隊圍困，就在這裡造了這條雙重的壁壘，一旦遇到兩面受敵，就可以守下去。但由於他的圍困工事圍起來的這個圈子長達十七羅里，工程浩大，再加每天在連續工作，又很疲勞，因此還沒來得及使它完成，面向大海，聯結這兩條工事的橫向壁壘，就沒有竣工。龐培很知道這些情況，阿洛布羅格斯族逃去的人已經告訴了他，這引起我軍的極大不利。正當第九軍團的兩個營在值崗時，龐培的軍隊突然在破曉時到來，同時，載在船上的兵士紛紛向外層壁壘投擲輕矛，並用泥土填沒壕塹，他的軍團士兵架起雲梯，用各式各樣弩機和矢石恐嚇守衛內層工事的我軍士兵，還有大量矢矛四面八方投向他們。我軍唯一的武器就是石塊，但投出去時，對方絕大部分都有遮在頭盔上的柳條編的防護罩在給他們掩護。當我軍各方面都在沉重的壓力之下，堅守陣地十分困難時，前面提到過的防禦工事上的缺口顯露出來，龐培的軍隊就在兩條壁壘之間還沒完工的地方登陸，從身背後向我軍兩面的士兵進攻，把他們逐出這兩道工事，迫使他們飛奔逃走。

64在接到這場突然攻擊的報告時，馬爾克利努斯從營裡派出幾個營去支援狼狽不堪的我軍，這些人上去時，一看到他們在奔逃，非但不能以自己的到來使他們堅定下來，就連自己也受不住敵人的猛攻。因而每加派一次援軍，都被潰兵的奔逃嚇慌，增加了恐怖和危險。撤退也因為人數太多，受到阻礙。一個在這場戰鬥中受到重創的掮鷹幟的旗手，精力已經不支，看到我軍騎兵時，叫道：「這只鷹幟，我一生中曾經花了多年心血小心謹慎地保護過它，現在我快死了，我要用同樣的忠誠把它奉還給凱撒。我懇求，快別讓敗壞軍隊榮譽的事情發生，在凱撒的軍隊中還沒發生過這種事情呢！把它完整地帶回去給他吧！」由於這一偶然的機會，鷹幟被保全下來，雖說第一營所有的百夫長，除了主力軍的前百夫長①之外，統統被殺死了。

65龐培的軍隊在已經大批屠殺了我軍之後，逼近馬爾克利努斯的營寨，在其餘的各營中引起了不少的驚恐。正在鄰近防守工事裡的馬爾庫斯·安東尼，已經得到消息，這時可以看到他正帶著十二個營在從高地上奔下來。他的到來，擋住了龐培的軍隊，鼓舞了我軍，使他們從極端的恐懼之中恢復過來。不久之後，凱撒按照過去的習慣，從一個堡壘接一個堡壘傳送過去的烽煙上得知此事，也帶著從據點中抽出來的幾個營趕來這地方。當他了解了遭到的損失，又看到龐培已經衝出了圍困工程，並且正在靠海的地方築一座營寨，以便能自由獲得芻秣，同時還可以得到一條通向他船隊的通道時，凱撒認為反正原來的計劃已經不能再堅持下去，就索性改變戰略，命令他的部隊在靠近龐培的地方築一座營寨。

①主力軍前百夫長(princeps prior)——見卷一第四十六節注。

66 當這座營寨的防禦工事竣工時，凱撒的偵察人員看到有若干營敵軍，大約足足有一個軍團，正在樹林後面，被領著向那老營走去。那營寨的形勢是這樣的：在前些日子，當凱撒的第九軍團在抗擊了龐培的部隊、並且正像前面所說，用工事圍困他們以來，就在這地方紮下這座營寨。這營寨正靠著一片森林，離海不超過三百步。後來凱撒為了某些理由，改變了計劃，遷走了他的營寨，稍稍離開了這地方一些。過了幾天之後，龐培占領了這同一座營寨，由於他想在這地方安置幾個軍團，他放棄了裡面的壁壘，增築一圈更大的工事。這樣一來，那個較小的營寨，就被圍在一個更大的營寨中間，變成它的一座內堡或衛城了。同時，在營寨的左角，他築了一道工事，一直通到河邊，約四百步長，以便他的部下可以更加方便地取水，不必擔心危險。但是，他也為了某些不值一提的理由，改變了計劃，離開了這地方，因而一連許多天，這座營寨一直空著沒有人，那些工事都還完整無恙。

67 偵察人員報告凱撒說，這個軍團的旗號已經被移轉到那邊，他們向他保證說，從幾個較高的堡壘上也看到了這件事。這地方離開龐培的新營寨①大約五百步左右。凱撒急於想彌補這天遭到的損失，希望能擊垮這個軍團，因而在工程上留下兩個營，假作仍在建造工事的樣子，他自己則極端秘密地領著其餘的部隊，計三十三個營，其中包括已經損失了許多百夫長、士兵的行列也大為稀疏了的第九軍團，列成雙行，從一條支路奔向龐培的軍團和那個小的營寨②。他原來的想法並沒有落空，他在龐培還沒覺察到以前，就趕到了那邊，雖說那營寨的防禦工事很堅強，經過左翼——凱撒自己也在這

①龐培的新營寨即第六十八節所說的他突圍後在當地靠海的地方建立的營寨。

②小營即上節所說被大營圈在裡面的那個。

一面——發動的攻擊，龐培的部隊被從壁壘上驅走。營門有鑲嵌著鐵釘的柵欄堵塞著。在這裡戰鬥了一會兒，我軍試圖硬衝進去，對方則守衛著自己的營寨，提圖斯・普利奧①，即我們以前提到過，由於他的活動，蓋尤斯・安東尼的軍隊被出賣的那個人，在這地方極勇悍地領導著防禦戰。雖然如此，我軍戰士仍以他們的堅毅取得了上風，砍倒了柵欄，先是突入了大營，後來又突入了包圍在大營中作為內堡的那個小營，被擊潰了的那個軍團，就退守在那裡，我軍在那邊殺死了一切仍在繼續戰鬥的人。

68但命運在任何一切事情上，都能發揮極大的作用，特別是在戰爭上，它只要輕輕擺動一下，就會使事情發生巨大的變化。這時居然就發生了。凱撒的左翼諸營不了解地形，在找尋營寨的入口時，沿著我們已經說過的那條從營寨通向河流的工事一路奔去，還以為這就是營寨的工事。等到他們發現它們只是連接營寨和河流之間的通道時，就開始搗毀工事，跨越過來，這時也沒有人在抵抗他們。我軍的所有騎兵就跟在這幾個營後面。

69這時，已經過了相當長的一段時間，消息已經傳到龐培那邊，他從工事上抽出五個軍團，帶來援救他的部下。在這同時，他的騎兵也趕到我軍騎兵處，他那布開的行列，已能被占領該處營寨的我軍看到，立刻，一切都轉變過來。龐培的那個軍團因為有救兵很快就來的希望在鼓勵著他們，試圖在

---

①提圖斯・普利奧(Titus Pulio)——我所參考的幾個本子都以為他就是《高盧戰記》卷五第四十四節所說的凱撒在和納爾維人戰爭時，英勇出擊的兩個百夫長之一，但在長期傳抄中，他的名字已經和《高盧戰記》裡的不同，我所據以翻譯的托依布納爾本《高盧戰記》作 T. Pullo，譯作布爾洛，洛布叢書本《高盧戰記》同。本書據以翻譯的洛布本原文作 T. Pulio，也有別的本子作 Pulcio 和 Pulfio 的。他是怎樣出賣安東尼的軍隊的，本書沒有敘述其經過的文字，想已佚去。

後營門附近抵抗，轉而採取攻勢，向我軍進迫。凱撒的騎兵因為自己是從工事上的一條狹窄的小路爬過來的，唯恐難於退出去，因而開始逃走。已經被和左翼切斷的右翼，看到騎兵中一片驚惶，為了避免自己在工事中受困，也開始從自己拆平的一段壁壘退出來。這些人中有許多人害怕被夾在這一塊極狹小的地方不得脱身，自己從那十尺高的壁壘下向壕塹裡跳下去。當前面的人在受到踐踏時，其餘的人就試圖從他們的身體上跨出去求得安全和逃生之路。左翼的士兵，在壁壘上看到龐培到來，又看到自己人在奔逃，深恐裡外兩面都是敵人，自己會被封閉在這狹小的地方，就也都各自尋求生路，從原來進來的路上退出去。到處都充滿著混亂、驚慌和逃奔，以致就在凱撒從逃奔者手裡奪過旗幟來，命令他們停步時，有些人仍在快馬加鞭，一路飛馳奔逃。又有一些人由於害怕，甚至連自己的連隊旗幟也丟掉了，沒有一個人停下來。

70使這番大禍得以減輕、使我方没有全軍覆没的原因，乃是龐培的害怕埋伏。據我猜想，正因為不久以前他還看見自己的部下正在飛奔逃出營寨，現在忽然發生的事情完全出乎他的意外，因而在很長一段時間內，一直不敢推進到工事所在的地方來。他的騎兵則因為路狹，特別因為這些路都在凱撒的部隊占領之下，受到了阻礙。微不足道的小事情，就這樣引起了對雙方都很重要的後果：當龐培的營寨已經被攻破的時候，那條從營寨連接到河流的工事，妨礙了凱撒幾乎已經穩拿到手的勝利；也同是這條工事，擋住了追兵，又轉而保障了我軍的安全。

71在這一天的兩次戰鬥中，凱撒損失了九百六十名戰士以及一些有名的羅馬騎士——一個元老的兒子、高盧人圖提卡努斯(Tuticanus)、普拉肯提亞(Placentia)的蓋尤斯・弗勒吉那斯(Gaius Fleginas)、普特奥利(Puteoli)的奥盧斯・格拉尼烏斯(Aulus Granius)、卡普亞的馬爾庫斯・薩克拉提維爾(Marcus

Sacrativir)——三十二軍團指揮官和百夫長，但這些人中，絕大部分都絲毫沒傷，而是在驚慌奔逃中，在壕塹中、在圍困工事上和河岸上被同伙踐踏死的。此外還失落了三十二面連隊標幟。在這次戰鬥之中，龐培接受了「英佩拉托」的稱號，這個稱號他今後一直保留著，也容許別人這樣稱呼，但卻從來不經常在信函上用它，也不在自己的校尉的斧棒上用花圈作裝飾。拉比努斯要求龐培命令把俘虜都交給他，然後，他把他們統統拉出來，顯然目的在於炫耀，為的是好替自己這個叛逃過去的人爭取一些信任，他口口聲聲稱這些人「弟兄們」，用極傲慢無禮的語氣質問他們：老兵照習慣是不是應該逃走？當著大家的面把他們都殺死。

72 由於這些成功，龐培方面大大增加了信心和精力，非但不再考慮怎樣進行戰爭，反而認為自己已經取得了勝利。他們沒有想到，他們勝利的原因是我軍部隊的人數太少，所處的地勢不利，又由於首先搶入敵人的營寨，地位狹窄，受到內外雙重威脅，再加部隊被分割為兩半，彼此不能互相支援；他們更沒有進一步想到，他們並沒有在一場劇烈的遭遇戰中、或一場正式的陣地戰中戰勝我們，我軍由於人太擠，由於地方太狹小，自己給自己造成的損失，遠比從敵人手裡受到的損失大；最後，他們也沒有想到，戰爭中大家都一樣可能遇到意外，常常一點微不足道的原因，如一些毫無根據的猜疑、一場突然的虛驚、或一種宗教上的禁忌，往往就會惹來極大的災難，更不論統帥的過錯和指揮官的失誤常常帶給軍隊的失利了。但是，就像這場勝利真是全憑勇氣搏來，命運也不會再起什麼變化那樣，他們通過口頭和信件，向各處各地傳播這天勝利的消息。

73 凱撒原先的計劃遭到挫敗，就考慮到必須改變自己的全部作戰計劃。因而，他同時撤出全部守軍，放棄包圍，把所有的部隊都集中到一起，並對士兵作一次講話，鼓勵他們不要把發生的事情記在心上，悶悶不樂，也不要被這些事情嚇怕，從而把一次失利——而且是小小的一次——和多次的成功，等同起來。他們已經應該感謝命運了，他們沒受到什麼損失就收復了義大利，他們平定了人民最勇敢善戰、將領最富有韜略和經驗的兩西班牙，他們已經把鄰近盛產穀物的行省收歸自己掌握，最後，他們還應當記住他們全體已經從不但光只布滿港口，而且還布滿整個海岸的敵方艦隊中穿過來，被安全地運送到這裡，這是多大的幸運。如果說，並不是每一件事情都是一帆風順地渡過來的，他們就必須用自己的辛勤努力來幫助命運。他們受到的損失，責任可以算到任何人頭上，但就是算不到他凱撒頭上。他給了他們一個有利的作戰地形，他占據了敵人的營寨，他在戰鬥中驅逐和擊垮了敵人，但是，終不知是由於他們自己的張皇失措，還是由於一時的疏忽大意，甚或由於命運的轉變，送掉了這麼一場已經現成取得、並且掌握在手裡的勝利，他們必須大家努力用自己的勇敢來彌補受到的損失。如果能做到這一點，就會像在格爾戈維亞(Gergovia)的時候那樣①，遇到的壞事會變成好事，就連那些以前害怕戰鬥的人也會自動挺身作戰。

74 講了這番話之後，他把一些連隊旗手當眾斥辱了一頓，降職到行伍中去。這時籠罩著全軍的是因慘敗而來的巨大悲痛和對報仇雪恥的急切期望，以致沒有一個人再坐等軍團指揮官或百夫長的命令，每個人都自動擔負起比平常更繁重的勞動，作為對自己的懲罰，渴望戰鬥的激情，在大家心裡沸騰著，甚至就連一些級別較高的人員也都經過考慮，認為應該在原地通過戰鬥來一決雌雄。但另一方面，凱撒對他那支飽受驚恐的部隊，已經沒有足夠的信心，認為應該有一段休息的時間，讓他們的精

---

①格爾戈維亞戰役經過，見《高盧戰記》卷七第三十四～五十二諸節（公元前五二年）。

神恢復過來，而且由於放棄了工事，他還非常擔心他的糧食會接濟不上。

75 因而，僅僅耽擱了很短一段時間，剛剛夠照料一下病人和傷員，他就在黃昏時悄悄把所有的輜重隊伍從營裡拉出來趕路，奔向阿波洛尼亞，在趕完路程之前，禁止他們停下來休息，並派一個軍團去保護他們。安排好這些事情之後，他把兩個軍團留在營寨裡，派其餘各軍團在第四更從幾道門裡出來，沿著同一條路走去。經過短短一段時間之後，他才下令傳呼拔營開發，這樣，既沒背棄軍隊中的習慣，又可以使他的離去盡可能遲一點給人們知道。這時，他立刻動身出發，跟著軍隊前進，很快就走出那營寨能望得見的地方。另一方面，龐培在得知他的計劃以後，深恐耽誤追趕，片刻也不曾拖延，他的目的也一樣，想趁對方在行軍途中行李累贅和倉皇失措之際追上他們。他領著他的軍隊趕出營寨，派騎兵走在最前面，來騷擾對方的後軍。但他卻無法追下我軍，因為凱撒是輕裝，已經趕出很多路了。當他們到達河岸陡急的格努蘇斯河(Genusus)時，騎兵趕上來，挑動我軍的後軍戰鬥，拖住了他們。凱撒用自己的騎兵去抵擋敵軍，而且騎兵中還配合有四百名輕裝的旗下精兵。他們獲得了極大的勝利，在這場騎兵交鋒中，把對方全部趕了回去，還殺死了許多人，自己毫無傷損地退回大軍的隊伍。

76 凱撒完成了這天該走的全部路程，並把他的軍隊帶過了格努蘇斯河，就在正對著阿斯帕拉吉烏姆河的他原來的老營寨裡停駐下來，把他的全部人員，都關閉在營寨工事裡，還命令他事先派出去伴裝採牧的騎兵，立刻從後營門偷偷回來。龐培同樣也在趕完了這一天的全程之後，在自己原來在阿斯帕拉吉烏姆河上的舊營裡停駐下來。他的士兵因為原來的防禦工事仍舊很完整，無事可做，有些跑到老遠去收集木材和草料，其餘的，因為採取出發的計劃很突然，把他們的大部分輜重和行李都丟下在那邊，現在認為反正離開原來的那個營寨不遠，便都想回去拿行李，把自己的武器放在帳篷裡，離開壁壘去了。這些情況將妨礙他們的追趕，凱撒是事先就料到的，就在大約正午時，下令拔營出發，把軍隊領出營寨，這天加倍趕路，從那地方前進了約八羅里。龐培由於自己的部下已經走散，不能也照樣做。

77 次日，凱撒又同樣在黃昏時把他的輜重隊打發先走，他自己在第四更天出發，這樣，如果逢到發生什麼情況，非戰鬥不可的時候，他就能以一支輕裝的部隊來應付突然到來的意外。在以後的幾天裡，他也都是這樣做。採取這種辦法的結果是：儘管一路河流很深，道路很艱險，他卻没受到什麼損失。龐培在第一天耽擱了一天，以後幾天又以急行軍窮追猛趕，急於要趕上前面的敵方部隊，但都是白費精力，在第四天上，他認識到必須採用別的辦法才行，於是停止了追趕。

78 凱撒這時為了要安置傷員、發放軍餉、鼓勵一下同盟、並給一些市鎮留置駐軍，有必要到阿波洛尼亞去一下。但他花在這些事情上的時間，剛好只是像他這樣的忙碌奔走的人盡可能擠出來的那麼一些。他擔心多彌提烏斯會因龐培的突然到來，弄得措手不及，就以最快的速度和最迫切的心情向他趕去。這時，凱撒已根據幾種可能，安排好他的整個作戰計劃：如果龐培也匆忙趕到這裡來，就迫使他在離開海岸很遠、離開他儲藏在迪拉基烏姆的給養也很遠、雙方條件相當的情況下，作一次決戰；如果龐培渡海到義大利去，他就和多彌提烏斯的軍隊聯合起來，穿過伊里呂庫姆去救援義大利；如果龐培試圖圍攻阿波洛尼亞和奧里庫姆，想把凱撒和整個海岸隔絕，他就動手圍攻西皮阿，迫使龐培出於無可奈何，不得不去救援自己這方面的人。因而凱撒派使者到格涅尤斯·多彌提烏斯那邊去，寫信告訴他要他做些什麼。在阿波洛尼亞留下四個營駐軍、在利蘇斯留下一個營、在奧里庫姆留下三個營、又在幾個地方安頓好受傷的人之後，開始通過伊庇魯斯和阿塔馬尼亞(Athamania)行軍。龐培對凱撒的計劃也作了一番揣測，認為自己必須迅速到西皮阿那裡去，如果凱撒是向那裡行軍的，他就去救援西皮阿，但如果凱撒想等候從義大利來的軍團和騎兵，不願離開海岸的奧里庫姆，他就以全部軍力去攻擊多彌提烏斯。

79 為了這些原因，雙方都竭力想爭取迅速行動，一方面去救援自己方面的人，一方面不錯過突然可能出現的粉碎對手的機會。但阿波洛尼亞之行已經使凱撒偏離了直達大路，龐培以輕裝行軍，穿過坎達維亞進入馬其頓。這時又發生了另一樁未曾預料到的困難，即許多天來一直靠近西皮阿的營寨駐紮的多彌提烏斯，這時因為糧食供應發生問題，已經移營離開那邊，趕到緊靠坎達維亞的赫拉克利亞去，好像命運本身在把他送到龐培手裡去似的。雖然如此，凱撒卻直到此時還不知道此事。同時，在迪拉基烏姆戰役之後，龐培向各行省和各城鎮到處發出信件，把事實真相大大加以誇張和擴大，到處有謠言流傳，說凱撒已經被打敗逃走，幾乎全軍覆沒了。這些謠言使路上充滿危險，而且使許多城鎮背棄了對凱撒的友誼。這種情況使得分別從許多條不同的路走的由凱撒派到多彌提烏斯那邊去的，以及由多彌提烏斯派到凱撒這裡來的使者，都沒辦法趕完自己的路程。但有一些阿洛布羅格斯族人，即我們說過叛逃到龐培那邊去的勞基盧斯和厄古斯的朋友們，在路上遇到了多彌提烏斯的一些探報人員，不知他們是由於過去在高盧並肩作戰過，故而有舊交，還是因為勝利了而得意忘形，竟把所有的事情統統如實告訴了他們，還把凱撒的離去和龐培的到來講給他們聽。多彌提烏斯得到他們的報告時，離開這裡還勉強只有四個刻時路程。全虧這些敵人的幫助，才避免了這場危險，在他趕向處在塞薩利亞邊界上的一個小鎮埃吉紐姆(Aeginium)去的路上，遇上凱撒。

80 部隊這樣會師之後，凱撒到達戈姆菲(Gomphi)，這是從伊庇魯斯進入塞薩利亞境內時遇到的第一個市鎮。就在幾個月以前，這裡的人曾自動派使者到凱撒那邊去，說願意把他們所有的一切供他支配，並要求他派一支駐防軍去。但我們上面已經說過，關於迪拉基烏姆戰事的誇大了許多倍的謠言，早已比他先到達那邊，因而塞薩利亞的司法官安德羅斯特涅斯(Andrasthenes)寧願分享龐培的勝利而不願做凱撒的倒霉事業的合夥人，就強迫大批奴隸和釋放人全部從田裡趕到城裡來，關上城門，還派使者到西皮阿和龐培那邊去，要求他們來相助，說他對守衛這座市鎮很有信心，只要援軍能很快來到，因為他經不起一次長期的圍攻。西皮阿在知道雙方軍隊離開迪拉基烏姆之後，已經把他的部隊帶到拉里薩(Larisa)。龐培這裡還沒到達塞薩利亞。凱撒在給營寨築好防禦工事後，命令準備發動突擊攻城用的雲梯和護障，並準備好樹柵。當這些東西安排好以後，他鼓勵他的士卒，告訴他們，對於像他們這樣的樣樣東西都很短缺的人來說，占領一個積儲充足而且富裕的城市，能起到很大的補救作用，同時還可以用這個城市做一個榜樣來威嚇一下其他的城市，這一點必須在援軍集中趕來之前很快做好。這樣，在士兵們極其高漲的熱情中，就在他到達這天的第九刻時之後，開始圍攻這座城牆很高的市鎮，在日落以前攻下了它，把它交給士兵們去劫掠。然後，他立刻移營離開這座市鎮，在攻克該鎮的消息和謠言還沒傳到以前，就已經來到墨特羅波利斯(Metropolis)。

81 墨特羅波利斯人最初也受同一謠言的影響，採取了同樣的做法，關上城門，派武裝部隊把守住城牆。但後來，從凱撒命令帶到城下來給他們看的俘虜口中得知戈姆菲的厄運，他們打開了城門。居民們受到小心的保護。墨特羅波利斯人的幸運和戈姆菲人的災禍一經比較，塞薩利亞再沒一個市鎮不服從凱撒，不執行他的命令，只除了拉里薩，因為它正處在西皮阿的大軍控制之下。凱撒在穀物差不多已經成熟的田野裡，找到一個合適的地點，就在那邊等候龐培到來，把一切軍事行動都轉移到那邊

去。

82 龐培在不多幾天以後就到達塞薩利亞，並向全軍作了講話。他對自己的部隊表示感謝，又鼓勵了西皮阿的部隊，要他們在這場已經必勝無疑的戰爭中爭取分享戰利品和犒賞。在把這些軍團統統安排在一座營寨中之後，他和西皮阿保持同樣的身份和地位，命令軍號要在他的營帳裡吹，並且要為他架設起另一座帥帳來。由於龐培的部隊增加了，兩支龐大的軍隊已合成一支，士兵們原有的信心更為增強，勝利的希望也更有把握。因而時間愈是向後拖，他們返回義大利的日子好像也就愈受到耽擱似的。當龐培在任何一件行動上稍稍顯出一些遲疑或顧慮的時候，他們就硬說這不過是一天就幹得好的事情，龐培只是為了留戀統帥大權，好把那些執政官和司法官級別的人當奴隸使喚。他們已經在公開爭奪酬勞和祭司職務，分配今後幾年中的執政官席位，又有一些人在索取正在凱撒營中的人的房產田地。在他們的討論中，出現了很大的分歧，他們爭辯的是，是否可以允許被龐培派到安息去的盧基利烏斯·希魯斯①在缺席的情況下參加下一年的司法官競選，他的朋友們要求龐培不要失信，要遵守在他臨走時自已許下的諾言，這樣，人們才不會認為希魯斯輕信他的威望上了當。其餘的人則認為艱苦和危險是大家平均分擔的，反對一個人獨享大權。

83 多彌提烏斯、西皮阿和倫圖盧斯·斯平特爾已經天天在為了凱撒的祭司職位②爭吵，竟至公開

---

①盧基利烏斯·希魯斯(Lucilius Hirrus)——公元前五三年的人民保民官，內戰初期，他從卡墨里努姆逃出（卷一第十五節），跟龐培一起到東方，但何時被派到安息去的書上未見，大約就是在本卷第三節所敘述的那段時間裡的事情。

②大祭司長(Pontifex Maximus)——羅馬宗教方面的最高領導人，凱撒在公元前六三年就當選，這是終身職。

使用起極為侮辱性的話來。倫圖盧斯誇說自己年高德劭，多彌提烏斯吹噓自己在首都得人心、有威望，西皮阿則信賴自己和龐培之間的親戚關係。阿庫提烏斯・魯孚斯(Acutius Rufus)還在龐培面前控訴盧基烏斯・阿弗拉尼烏斯出賣軍隊，說這是他過去在西班牙幹的勾當。盧基烏斯・多彌提烏斯在一次軍事會議上說，照他看來，最好在戰爭結束以後，凡是屬於元老等級、而且在他們一邊作戰過的人，應該各發給三塊牌子，讓他們將來對留在羅馬沒有來的人、或者雖也混在龐培軍中，卻沒在戰場上盡心竭力幹的人一個個判決時投票用，牌子中的第一塊是用於判決一切該免除刑罰的人，第二塊用於該褫奪公權的人，第三塊用於該罰款的人。總之，大家談論的全是自己的顯耀前程、金錢酬獎或報復私人嫌怨，至於用什麼辦法方能打贏這一場戰爭，則絕不再考慮，考慮的只是怎樣去享受勝利。

84 當凱撒安排好他的糧食供應，安定了軍心，並且認為迪拉基烏姆之役後，已經有了足夠長的一段間歇時間讓自己充分觀察了軍隊的士氣，他想現在該試探一下龐培對戰鬥抱著什麼目的和想法了。因而，把他的軍隊拉出營來，布列下戰陣，首先是在自己這面的一處地方，離開龐培的營寨稍稍遠一些。在後來接著的幾天，他索性離開自己的營寨，一直趕到龐培軍隊駐紮的那幾座山下面。這種行動一天比一天更鼓舞著士兵們的信心。但在騎兵方面，因為敵方的騎兵比我方多好幾倍，他仍舊保持上面說過的老辦法，即命令從旗下精兵中選出一些年紀輕、身手矯捷的人，武器也要輕銳，混合在騎兵中一同戰鬥。由於每天不斷的練習，他們都在這種戰鬥方式上得到了經驗。採取這些訓練的結果是，在遇到需用時，我軍只要一個騎兵，哪怕在極開曠的地方，也可以抵擋龐培的七千騎兵進攻，不會因為對方人多勢眾，引起很大的驚恐。甚至在那些日子裡，他就已經在一場騎兵的戰鬥裡得過勝利，除了殺死一些別的人以外，還殺死了前面說過的逃到龐培那邊去的兩個阿洛布羅格斯族人之一。

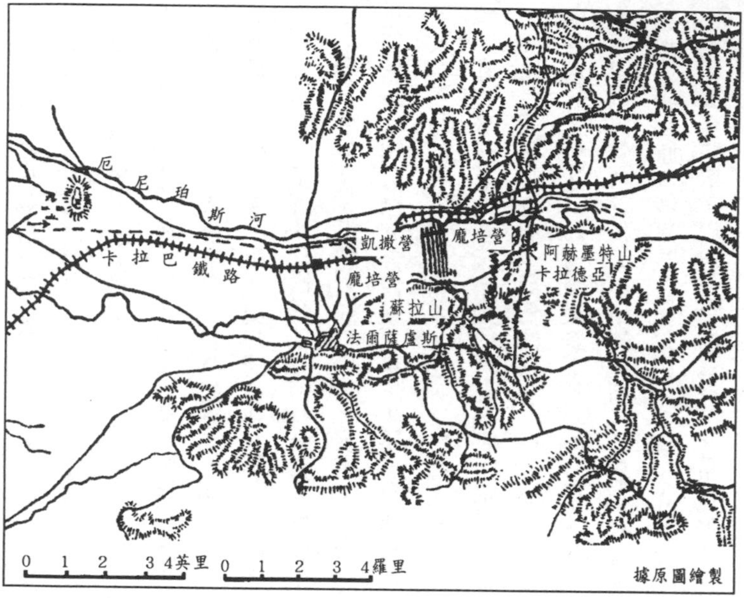

法爾薩盧斯
（〈內戰記〉卷三第84—98節）

85 龐培的營紮在山上，總是把他的部隊布列在山腳下最低的地方，看來一直是在等候著，想看看凱撒是不是再向前推進，到不利的地方來。凱撒看到沒有辦法可以把龐培引出來決戰，認為最好的作戰方案是把自己的營寨遷離該處，不斷的行軍，這樣，由於營寨在不斷的轉移，到的地方多，糧食供應也就方便，同時在路上走，又可以遇上一些迫使敵人作戰的機會，還可以用每天不斷的行軍來使不能吃苦耐勞的龐培軍隊疲於奔命。作了這些決定之後，當拔營出發的號令傳下去，正在取下帳篷時，他們注意到不久以前，龐培的陣列忽然一反每天的習慣，離開壁壘向前推進了一些路，因而看來有可能不必一定在不利的地形戰鬥了。於是凱撒就對已經集合在營門口的隊伍說：「我們現在必須停止行軍，正像我們一直在爭取的那樣考慮戰鬥了。讓我們全心全意準備好投入戰鬥吧，今後我們就不容易再找到機會了。」他立刻領著部隊，輕裝出陣。

86 正像後來發現的那樣，龐培在他的部下一致鼓勵之下，也已經決定作一次決戰。他在前幾天的軍事會議上居然宣稱說：他在兩軍還沒交鋒前，就可以擊潰凱撒的軍隊。當有些人對此表示驚訝時，他說：「我知道，我答應你們的是一件難於置信的事情，但是，請聽聽我所以作這樣打算的道理，這樣，你們走前去戰鬥時，心裡就會更加踏實。我已經說服我們的騎兵——他們也已向我保證要做到——在兩軍互相迫近時，上去攻打凱撒暴露著的右側翼，從後面包圍他們的隊列，在我軍一支武器也沒向他們投擲以前，就先使得他們驚恐失措，奔逃不迭。這樣，我們的軍團就不必再冒險，幾乎可以毫無傷亡地結束戰鬥。因為我軍的騎兵是如此強大，這樣做並不困難。」同時，他叮囑他們應該為明天振作起精神來，他們常常在盼望戰鬥，現在既然有了這樣的機會，他們絕不可以使他本人和其餘別的人對他們失望。

87 拉比努斯緊跟著他說下去。他一面貶低凱撒的軍隊，一面吹捧龐培的計劃。他說：「龐培，你別以為這支軍隊就是征服高盧和日耳曼的那支軍隊。那些戰役我都是親身在場的，我不知道的東西，不會冒冒失失亂說。當年的那支部隊，還留下來的只有很小一部分了，它的絕大部分已經喪失，這是這麼多次戰鬥的必然結果，又有許多人死在義大利的秋季瘟疫中，還有很多離開軍隊回家了，再有許多被留在大陸上。難道你們沒有聽到過，在布隆狄西烏姆是把那些因身體不好留下來的人編成軍隊的嗎？你們看到的這些軍隊是由近年來在內高盧徵集的人組成的，他們中許多人都是從帕杜斯河外的殖民地來的。就算這樣，他們的全部精銳也都已經陣亡在迪拉基烏姆的兩次戰鬥中了。」說了這些話，他宣誓說：他如不戰勝，決不再回到營寨裡。他還慫恿別人照樣宣誓。龐培讚揚他的建議，也同樣宣了誓。在場的其餘人，也沒有一個遲疑著不肯宣誓的。在作戰會議上這樣做作了一番之後，他們大家懷著很大的希望，高高興興地散去。他們心裡都認為已經必勝無疑，照他們看來，在這麼重大的事情上，一位如此富有經驗的統帥，決不會信口開河，隨便亂鼓勵他們。

88 凱撒在接近龐培的營寨時，看到他的陣列是按下述情況布置的：在左翼的是內戰一開始時凱撒根據元老院的決議交出去的兩個軍團，它們一個稱作第一軍團，另一個稱作第三軍團，龐培自己就處在這一面。西皮阿帶著敘利亞來的軍團處在陣線中央，西里西亞來的軍團和我們已經說過的阿弗拉尼烏斯從西班牙帶來的一些營聯合在一起，被安置在右翼。龐培認為這些是他所有的最堅強的部隊。其餘的他都安插在陣線中央和兩翼之間，合起來共有一百一十個營。這支兵力總人數達四萬五千人。他還有大約二千名留用老兵，這些人都是在以前的歷次戰事中受過他的恩惠，這次又再趕來集合的，他把他們分散在全軍。此外還餘下七個營，他把他們布置在營寨或就近的堡壘內，擔任守衛。在他的右翼有一條兩岸很陡急的河流掩護著，為此，他把他的全部騎兵和全部弓弩手、投石手都布置在左翼。

89 凱撒保持他過去的習慣，把第十軍團放在右翼，第九軍團雖說在迪拉基烏姆戰役中人員已經大大減少，仍布置在左翼，他把第八軍團也跟它放在一起，差不多就把這兩個軍團聯合成一個，這樣，命令他們必須彼此互相支援。他在陣地上有八十個營，總人數為二萬二千人①。七個營被留下來守衛

---

①凱撒當時有十一個軍團，即一百一十個營，除營寨裡留下七個營充任守衛外，八個營在阿波洛尼亞等地駐防（見第七十八節），十五個營被遣往阿卡亞（見第三十四節），以上共去了三十個營，還留下八十個營，照說至少應該有三萬六千人，但現在說一共只二萬二千人，可見一路來時損失之重。

營寨。他派安東尼統率左翼，普布利烏斯・蘇拉統率右翼，格涅尤斯・多彌提烏斯統率中軍。他自己面對著龐培，同時注意到對方的上述陣勢，深恐自己的右翼會被數量巨大的騎兵包圍，就急忙從第三線中的每個軍團抽出一個營來，用它們構成一列第四線，讓它們面向著敵人的騎兵，並向他們說明自己的打算，提醒他們，這天的勝負就取決於他們這幾個營的勇敢了。這時，他又命令第三線和全軍，不得到他本人的命令，不許交鋒，說在他希望他們這樣做時，會用帥旗發出號令來的。

90 當他根據戰爭的習慣，鼓勵他的軍隊去戰鬥時，他說起他對他們始終如一的關懷愛護，特別提醒他們說，他可以讓自己的部下來證明，他是用多大的努力來爭取和平的，他怎樣竭力想通過瓦提尼烏斯進行會談，又怎樣通過奧盧斯・克勞狄烏斯和西皮阿打交道，在奧里庫姆，他又怎樣為派遣使者的事和利博爭論過。他說他是從來不肯白白叫士卒浪費鮮血，或者讓共和國失掉這一支或那一支軍隊的。說了這些話之後，在士兵們迫切要求戰鬥的一片喧嚷請戰聲中，他用喇叭發出號令。

91 凱撒軍隊中有一個留用老兵蓋尤斯・格拉斯提努斯(Gaius Grastinus)，前年曾在他部下擔任第十軍團的首席百夫長，是一個極為勇敢的人。號令一發出時，他就說：「跟我來，曾經和我同一連隊過的弟兄們，把你們早就決心要為統帥出的力，拿出來吧！只剩下這一場戰鬥了，當它結束時，他就可以恢復他的尊嚴，我們也可以恢復自己的自由了。」同時，他回過頭來對凱撒說：「今天，統帥，不管是死還是活，我一定要讓你好好感激我！」說了這番話，他從右翼第一個衝出去，約一百二十名同一營的精選的志願人員跟隨著他。

92 兩軍之間，留下的距離剛剛夠讓雙方軍隊衝擊。但龐培事先就關照他的部下要等凱撒先過來攻擊，自己不要離開陣地，免得陣腳被弄亂。據說，他是在蓋尤斯・特里亞里烏斯的勸告下採取這種做法的，這樣，就可以粉碎凱撒軍隊的第一次衝刺和猛攻，使對方的隊伍陷於混亂，然後，堅守在行列中的龐培的軍隊，就可以趁勢進攻那些混亂了的敵人。他還希望，如果軍隊堅持在一起不動，敵方擲過來的輕矛落下來時，會比落在這面也在一邊投擲輕矛一邊跑的人身上的力量要輕些。同時，由於凱撒的部隊這樣一來就有雙倍的距離要跑，勢必跑得氣急敗壞，疲乏不堪。但在我們看起來，龐培採取這種做法是失策的。因為所有的人心胸中天生都有一股因渴望戰鬥而熾熱起來的精神上的銳氣和衝勁，這種激情，做統帥的人只有責任加以發揚鼓勵，切不可反加以遏止。因而，從古傳下來的做法，即軍號要四面齊鳴，全軍要一氣猛喊，決不是沒有道理的，為的是這樣做可以使敵人驚懼，使自己的部下得到鼓舞。

93 但我軍在一發出號令時，就已經挺舉著輕矛，跑步上前。當他們看到龐培的軍隊並不迎上前來相敵時，就利用從過去戰鬥中得來的經驗，自動停止前衝，在大約一半距離的地方站定下來，以免奔到敵人面前時已經體力耗盡。等略許停息了片刻之後，才又重新起步向前。他們投出了輕矛，又依凱撒的指示，迅速抽出劍來。龐培的軍隊對這種攻擊也並非應付不了，他們格開投過去的武器，頂住軍團的攻擊，仍舊保持著自己的行列，在擲出了自己的輕矛後，也揮起劍來。就在這時候，龐培左翼的騎兵按照命令，合力衝過來。大隊弓弩手也跟著湧上前來。我軍騎兵擋不住他們的攻擊，慢慢離開他們的陣地後撤，龐培的騎兵更加凶猛地壓過來，而且一伙一伙散開，從我軍暴露著的一側開始包圍我軍。凱撒看到這個，馬上發令給他那以六個營組成的第四線，這些人迅速奔跑，全力挺進，用極大的衝勁迎擊龐培的騎兵，使得他們沒有一個人能站得住腳，全部轉過身去，不僅逃出陣地，而且一直飛逃，躲進極高的叢山中去。當他們被驅走時，所有的弓弩手和射石手都被孤零零地丟了下來，一無支援地遭受殲滅。這些營一路窮追猛打，撲向龐培的左翼，乘對方仍繼續在隊裡抵抗，戰鬥不止時，把他們包圍起來，從背後攻擊他們。

94 就在這時，凱撒命令直到此刻還沒有行動、安守在陣地上的第三線向前推進。這樣，一面既有精力旺盛的生力軍來接替體力不支的人，背後又有別的人趕來攻擊，龐培的軍擊支撐不住，全都轉身逃走。凱撒果然沒料錯，正像他在鼓勵他們時說的那樣，勝利將由放在第四線面對敵人騎兵的那幾個營開始取得。正是由於他們首先擊退騎兵、由於他們殲滅弓弩手和射石手、又由於他們從左翼包圍了龐培的部隊，才使對方開始潰退。但龐培在一看到自己的騎兵被逐回，自己最為信賴的那一部分軍隊陷入一片混亂時，對其餘的就更失去了信心，立刻離開戰場，徑自策馬奔回營寨。他清清楚楚地用士兵們都可以聽到的聲音對布置在帥帳門口值崗的百夫長們說：「管好營寨，要仔細守衛，免得出什麼亂子，我要再到別的幾道門去巡視一下，鼓勵一下守衛營寨的人。」說完這些話，他進入帥帳，對大局完全喪失了信心，聽其自然去了。

95 當龐培的部隊一路逃進壁壘時，凱撒認為不應該給這些驚惶失措的人喘息的機會，就鼓勵部下好好利用命運的恩寵，馬上進攻敵軍的營寨。雖說戰鬥已經一直拖到中午，大家因為酷熱，疲乏不堪，但仍舊都準備全心全意服從命令，經受一切艱苦。敵人的營帳由留在那邊防守的幾個營竭力保衛著，尤其是那些色雷斯人和蠻族的同盟軍，更是在拼著命守衛。至於那些從戰場上逃走的士兵，個個都既驚慌又疲勞，許多人連自己的武器和連隊標幟都丟了，他們主要想的是下一步逃到那裡去而不是怎樣防守營寨。就布置在壁壘上的那些人也不能再經受得住我軍的大量輕矛，在負傷累累之後離開了崗位。因而，在他們的百夫長和軍團指揮官帶領之下，一路飛奔，逃到一直延伸到營寨附近的高山裡去。

96 在龐培的營寨裡，可以看到搭著涼棚，陳設著分量很重的銀盤盞，士兵們的帳篷上覆蓋著新鮮的草皮，盧基烏斯・倫圖盧斯和一些其他人的帳篷上則掩蓋著常春藤，還有許多東西，都表明他們異乎尋常的奢侈和對勝利的盲目自信，因而不難猜想，他們對這一天的戰鬥結果毫不擔心，所以才尋求那些不必要的享受的。但這些人卻還一直在嘲笑凱撒的這支極為艱苦、咬緊牙關忍受的軍隊，儘管他們一切必須用的東西都很缺乏，敵人還是在說他們奢侈。當我軍這時在敵方的營寨中奔走時，龐培找到一匹馬，扯掉自己身上的統帥服飾，從後門奔出營寨，驅馬一直向拉里薩奔去。他在那邊也沒停留，一路收集起一些正在逃跑的自己部下，仍舊用同樣的速度，日夜不停地奔馳。他帶著三十名騎兵隨從，趕到海邊，乘上一艘糧船。據說他一路上一直在抱怨說他所期望的完全落空了，他原來把勝利的希望寄託在他們身上的這些人，卻正是首先奔逃的人，這簡直是出賣了他。

97 凱撒在占領了那座營寨後，敦促他的士兵不要一心只管擄掠戰利品，錯過了完成其餘工作的時機。在他們的贊同下，他開始用工事把那山嶺包圍起來。由於山上沒有水，龐培的部下對那地方失去了信心，開始大伙沿著山脊向拉里薩方面退去。凱撒看到這個，把兵力分開，命令一部分軍團留在龐培的營寨中，一部分返回自己的營寨。他自己帶著四個軍團開始走一條比較近便的路，前去追趕龐培的軍隊。當他趕上去六羅里時，展開了陣列。龐培的軍隊看到這個，在一處山上停了下來，有一條河流正流經這座山的山腳下。凱撒對他的部下鼓勵了一番。於是，儘管他們因為一整天連續勞動而疲勞不堪，而且天也就要黑了，他們仍然動手築起一道工事來，把那條河流和那座山隔斷，使龐培的軍隊在夜間無法取得水。當這項工程完工時，他們開始派使者來乞求投降，少數和他們在一起的元老等級人員，乘夜逃走了。

98在天色剛破曉時，凱撒命令所有那些耽擱在山上的人，都從高處跑到平地上來，放下他們的武器。當他們毫不抗拒地這樣做了之後，人人都爬在地上，伸開著手，哭哭啼啼地求他饒了他們。他安慰他們，叫他們站立起來，對他們說了一些自己怎樣寬大為懷的話，以減輕他們的恐怖。他饒恕了他們全體，還引他們去見自己的部下，叮囑大家不要傷害他們中的任何一個，也不要讓他們丟失任何東西。在這樣精心安排之後，他命令其他幾個軍團離開營寨到自己這裡來，由他帶到這裡來的那幾個軍團則回到營寨裡去，輪番休息。就在那一天，他到達拉里薩。

99在這次戰役中，損失的士兵不到二百人，但卻包括有三十名百夫長，都是些很勇敢的人。陣亡的還有那個我們前面提到過的克拉斯提努斯，他正當在極其英勇地戰鬥時，被一劍砍在面上。他在出發戰鬥時說的那番話，並沒有說錯，因為凱撒認為克拉斯提努斯的確在戰鬥中表現了無與倫比的英勇，而且肯定他是為自己立了一場大功。龐培的軍隊大約死去一萬五千人，投降的則在二萬四千人以上，因為連駐紮在要塞裡充任守衛的那些營也都向蘇拉投降了。此外還有許多人逃向附近的城鎮。在戰鬥中繳獲送來給凱撒的連隊標幟有一百八十面，軍團的鷹幟有九面。盧基烏斯·多彌提烏斯從營寨中向山裡逃去，正在筋疲力盡之際，被騎兵殺死。

100就在同時，德基穆斯·萊利烏斯帶著艦隊到達布隆狄西烏姆，和我們前面說過的利博用過的辦法一樣，占領了面對布隆狄西烏姆港的那個小島。同樣，負責守衛布隆狄西烏姆的瓦提尼烏斯給一些小船裝上甲板，派它們去把萊利烏斯的艦隻引誘出來，在海港的隘口捕獲了一艘離開自己的大隊過於遠的五列槳艦和兩條小船。同時，他又到處布置下三三兩兩的騎兵哨崗，阻止船上的水手取得飲水。

但是，萊利烏斯利用這時正好是一年中最適於航行的季節，竟派貨船到科庫拉和迪拉基烏姆去運水來供應他的部下。在塞薩利亞戰役的消息傳來以前，一直無法使他放棄自己的打算，不管是丟失船隻的恥辱還是必需品缺乏，都不能驅逐他離開那港口和島嶼。

101 大約在同時，蓋尤斯・卡西烏斯帶著敘利亞、腓尼基和西里西亞的艦隊，趕到西西里。由於凱撒的艦隊分為兩部分，司法官普布里烏斯・蘇爾皮基烏斯統率一半耽在維博(Vibo)，馬爾庫斯・蓬波尼烏斯(Marcus Pomponius)統率另一半耽在墨薩那。卡西烏斯在蓬波尼烏斯還沒知道他到達以前就帶著他的艦隊趕到墨薩那，遇上蓬波尼烏斯那邊正好是一片混亂，既無監守警衛的人，也沒明確的戰鬥編制，在一陣強大的順風幫助之下，他派一些商船，滿載松木、油脂、麻屑，以及其他易於燃燒的東西，航到蓬波尼烏斯的艦隊那邊，燒掉了他所有的三十五艘艦隻，其中有二十隻是裝了甲板的。這一行動引起極大的驚慌，雖說墨薩那有一個軍團駐防在那邊，但他們幾乎連這個市鎮都守不住，要不是恰好在這個緊急關頭沿途布置的驛馬送來了凱撒勝利的消息，許多人認為它一定會失陷了。但消息來得非常及時，使這個市鎮又得再守衛下去。卡西烏斯離開那邊，再趕到正處在維博的蘇爾皮基烏斯的艦隊那邊。我軍的艦隊正跟過去一樣停泊在岸邊，卡西烏斯利用風力的幫助，派幾條準備去焚燒它們的商船，順流而下，使我軍艦隊的兩翼焚燒起來，五艘艦隻被焚毀。當火勢因風力迅猛，更加蔓延開去時，一些原來在老兵編成的軍團、因屬於病員而留下來擔任船隻守衛的士兵，不甘心忍受這番恥辱，自動登上船隻，離岸駛去，向卡西烏斯的艦隻進攻，他們捕獲了兩艘五列槳艦，卡西烏斯自己就在其中的一艘上，但他被一隻小船接過去逃走了。除此之外，還有兩艘三列槳艦被擊沉。不久之後，塞薩利亞戰役的消息傳來，就連龐培部下的人也都相信了，因為直到這時候，他們都還以為這是凱撒的使者或黨徒憑空揑造的。知道了這些事情後，卡西烏斯帶著他的艦隊離開那地區。

102 凱撒認為不管龐培在逃亡途中可能奔到那裡去，自己應該把一切事情都放下來，首先去追趕他，免得他會再糾集起另外一支軍隊來，重新開始戰爭。他每天盡量趕完騎兵力所能及的路程，命令一個軍團抄近路在後面跟上來。在安菲波利斯(Amphipolis)，有用龐培的名義發布的一道公告，說這個行省的所有青年，不管是希臘人還是羅馬公民，都必須集合起來，宣誓入伍。但誰也沒法猜測龐培打的是什麼主意，究竟是為了要轉移人家的疑心，想把他逃走的計劃隱瞞得時間越長越好，還是想如果没有人阻礙，就利用新徵來的兵，竭力守住馬其頓。他本人停泊在那邊一夜，把在安菲波利斯的同黨都召集起來開了一次會，收集供必要開支的錢。在接到凱撒到來的消息時，他離開了那地方，不多幾天之後，到達米蒂利尼(Mytilenae)。他在那邊受到暴風雨阻礙，耽擱了兩天，在他的船隊中另外加進一些快艇後，又來到西里西亞，再從那邊趕到塞浦路斯(Cyprus)。他在那邊得知，在全體安條克(Antioch)人以及在那邊經商的羅馬公民一致同意之下，他們已經武裝起來，阻止他前去，而且還派使者到所有那些據說已經逃到附近城鎮去的人那邊去，警告他們不要到安條克來，說如果他們去，就會對他們的生命發生極大的危險。去年擔任執政官的普布利烏斯・倫圖盧斯和另一個曾任執政官的普布利烏斯・倫圖盧斯，以及還有別的一些人，在羅得島也遇到同樣的情況，這些人在跟著龐培逃走時，逃到這個島上，他們没有獲准進入這個市鎮的港口，當使者被派去叫他們離開這些地方時，他們就滿心不願地離開。原來凱撒到來的報導，已經被送到那些市鎮。

103 龐培了解了這些情況，放棄訪問敘利亞的念頭，他攫取了包稅團體的金錢，又向某些私人借了款子，並在船上貯放了大量供士兵使用的銅幣。他武裝起二千人，一部分來自那些包稅人家裡的奴隸群，一部分是他向經營商業的人索取來的，外加還有一些是他那些黨羽中自認為適合這種工作的人。龐培率領著他們到達佩盧西翁(Pelusium)。在那邊，正好逢上年幼的國王托勒密(Ptolemaeus)以巨大的兵力在和自己的姐姐克婁巴特拉(Cleopatra)作戰①。國王在幾個月以前，依靠自己的親友幫助，把她逐出王位。克婁巴特拉的營寨就離開他的營寨不遠。龐培派人到國王那邊去，要求他看在自己和他父親的交往和友誼面上，允許自己進入亞歷山卓(Alexandria)，並且以他的力量來庇護遭難的人。但他所派去的那些人在完成了使者的任務以後，開始自由自在地和國王的士兵交談起來，鼓勵他們向龐培表示自己的忠誠，不要因為他落魄了就鄙視他。國王的這些士兵中有許多原來就是龐培的部下，是伽比尼烏斯從他在敘利亞的軍隊中調出來，帶到亞歷山卓去的，那次戰爭結束後，又把他們留給了現在這位幼年國王的父親托勒密。

104 於是，在知道了這些事情後，因國王年幼而在攝行國政的他那些親友們，可能是出於恐懼，正像他們後來講出來的那樣，怕龐培在把王室的軍隊勾引過去之後，會進一步占領亞歷山卓及埃及，還可能是出於輕視他現在失勢了，因為通常情況，一個人在落難時，總是連朋友也會反目成仇的。這些

①伽比尼烏斯護送回國復位的托勒密・奧勒特斯，在公元前五一年死時，遺命他的長子托勒密十二世和他的姐姐克婁巴特拉七世按照埃及王室的慣例結成夫妻，共登王位。不久，托勒密七世的監護人、宦官波提努斯發動驅逐克婁巴特拉的戰爭，後者逃往敘利亞。當凱撒為了追趕龐培，來到埃及時，克婁巴特拉重返本國，取得凱撒的支持，再次發動戰爭，詳情見下面的〈亞歷山卓戰記〉。凱撒和克婁巴特拉之間的一段曖昧關係，凱撒自己在〈內戰記〉中固然沒有提，就連〈亞歷山卓戰記〉的作者也「為親者諱」，絲毫沒提到，但在凱撒返回羅馬時，克婁巴特拉帶著她和凱撒生的男孩凱撒里翁，也趕到羅馬，到處招搖，凱撒本人似乎並不想隱瞞他們的關係，這引起許多人的反感。

人表面上對他派去的使者作了很慷慨大度的答覆，邀請他到國王這裡來，但他們自己人中間卻商量好一個陰謀，派一個大膽異常的人，即國王的總管阿基拉斯(Achillas)和一個軍團指揮官盧基烏斯・塞普提彌烏斯(Lucius Septimius)去殺死龐培。龐培受到他們十分殷勤有禮的招呼，而且由於在海盜戰爭時塞普提彌烏斯曾經在他部下擔任過百夫長，有些相識，因此在幾個自己人陪同下，他被引上一艘小船，就在那邊遭阿基拉斯和塞普提彌烏斯殺害。盧基烏斯・倫圖盧斯也被國王捉住，殺死在牢裡。

105 當凱撒到達亞細亞時，他發現提圖斯・安皮烏斯(Titus Ampius)正試圖把以弗所的狄安娜女神廟中的金錢拿走，為此他還把行省所有的元老都召集起來，想請他們證明一下這筆款子的總數。但凱撒的到臨打斷了他的計劃，使他溜走了。這樣，凱撒就第二次挽救了以弗所的這筆財富。人們還一致說，按日子倒數上去，正好就是凱撒戰鬥告捷的那一天，在厄利斯(Elis)，供在那尊密涅瓦(Minerva)神像前的勝利之神像，原本是面朝著密涅瓦的像的，忽然自己轉過面來朝著廟宇的大門和進口處了。同一天，在敘利亞的安條克，兩次聽到大隊人馬喧囂和軍號齊鳴的聲音，使得公民們都武裝著向城上奔去。托勒密斯(Ptolemais)也發生了同樣的事情。在佩伽蒙，在神廟的極秘密、極隱蔽、除祭司外誰都不得進去的那一部分，即希臘人稱之為「禁區」的地方，聽到了戰鼓的聲音。還有在特拉勒斯(Tralles)的勝利之神廟裡——人們曾在那邊供奉一尊凱撒的像——他們能指給你看一棵棕櫚樹，它是就在那天穿過鋪路石的夾縫，從夯實的路基中長出來的。

106 當凱撒在亞細亞停留了短短幾天之後，聽說人們曾在塞浦路斯見到過龐培，便猜想龐培仗著自己和埃及這個王國有交誼，在那地方還有其他種種關係，一定在向埃及趕去。他就也向亞歷山卓趕去，隨身帶著他命令從塞薩利亞跟他來的一個軍團，和另一個從阿卡亞召來的原屬副將昆圖斯・孚菲

烏斯統率的軍團，還有八百名騎兵，十艘從羅得島來的和少數從亞細亞來的軍艦。在這些軍團中，只有約莫三千二百人，其餘的或因戰鬥中受了傷，或因艱苦勞動和長途跋涉，没跟上隊伍。但凱撒自信他戰勝的威名足以先聲奪人，毫不猶豫地帶著這支力量單薄的援軍趕去，認為對他來說，到處都會同樣安全。他在亞歷山卓得知龐培的死訊。在那邊，他剛一登陸時就聽到國王留在那邊充任該城守衛的士兵們的呼噪聲，還看到他們急匆匆的朝著他奔過來，因為在他面前高擎著執政官的斧棒，所有群眾都認為國王的權威受到了蔑視①。當這騷動被平息下來之後，聚集在一起的群眾接連幾天不斷的發生騷亂，有許多士兵在城市的各個地方被殺死。

107 看到這些事情，他命令把由龐培的部隊改編而成的其他幾個軍團從亞細亞調到他這裡來。因為他自己正遇到稱做「季風」的那種阻止船隻從亞歷山卓開出去的頂頭逆風，被迫不得不留在這裡。同時他還考慮到，王室後裔間的爭端，關係到羅馬人民和作為執政官的他自己，特別牽涉到他自己的職責，因為在他前次擔任執政官時，曾經通過公民大會的法令和元老院的決議，和那位去世的老托勒密締結過同盟。於是，他就表示自己樂意看到國王托勒密和他的姐姐克婁巴特拉雙方都解散自己的軍

---

①羅馬的斧棒（fasces——音譯法西斯）還是從王政時代傳下來的，它是用紅色的皮條捆紮起的一捆樺木或榆木做的小棍子，中間一根特別長，伸出在外，上面裝一柄斧頭，表明擁有它的這位官吏持有軍政大權(imperium)，對公民可隨意生殺予奪。共和時代，在羅馬城內只獨裁官的二十四名校尉可把他們掮的斧棒裝上斧頭，因為獨裁官的權力就是古代王權的暫時復活，任何人不得對抗。執政官的十二名和司法官的兩名校尉，必須把斧頭取下，因為人民有向公民大會上訴的權利(provocatio)，他們不能隨意生殺予奪。但一出羅馬，他們就可以把斧頭重新裝上。埃及這時是個獨立的王國，不是羅馬的行省，凱撒的校尉高擎斧棒，自然要引起當地群衆的憤慨。

隊，到他面前來，以法律解決爭端，不要彼此間刀兵相向。

108 國王因為年幼，由他的監護人一個叫做波提努斯(Pothinus)的宦官在主持國政。他最初因為自己的國王竟要被別人召去申訴自己的理由，在朋友們中間發牢騷，表示憤怒。後來，在國王的臣僚中找到一些人贊同他的計劃時，他秘密地把軍隊從佩盧西翁召到亞歷山卓來，讓我們前面提到過的阿基拉斯統率所有這些軍隊。波提努斯用自己的和國王的諾言激勵他、吹捧他，並且通過信件和使者把自己希望他做的事情通知他。在老國王托勒密的遺囑中，他的兩個兒子中的長子和兩個女兒中年齡較大的那個，被指定為繼承人。就在這同一遺囑裡，老托勒密還用所有神靈的名義、用他在羅馬簽訂的條約的名義，要求羅馬人民使他的遺囑實現。這遺囑的一個文本由他的使者帶去羅馬，以便存放在國庫裡，但因正值國家多故，沒有能放進去，因而就存放在龐培那邊。另一份同樣的複本留下來，密封著保存在亞歷山卓。

109 當凱撒正在處理這些事情時，他特別希望自己能像一個雙方共同的朋友和仲裁者那樣，調解好這場王室的糾紛。這時，突然有消息傳來說，國王的軍隊和全部騎兵正在向亞歷山卓進發。凱撒的部隊實在太少，如果不得不在城外作一場決戰，他絕不敢相信他們能夠勝任。剩下來的唯一辦法就是堅守住城裡自己的陣地，一面摸清楚阿基拉斯的打算。於是，他下令所有他的部下都武裝戒備著，並鼓勵國王把他那些極有勢力的朋友派幾個作為使者，到阿基拉斯那邊去，說明他的意圖。因而，國王派狄奧斯科里得斯(Dioscorides)和塞拉皮翁(Serapion)到阿基拉斯那邊去，這兩人都曾經到羅馬擔任過使者，而且在老托勒密身上極有影響力量。這兩人來到阿基拉斯面前時，他在還沒聽他們說話、了解他們為什麼被派來之前，就命令把他們捉起來殺死。他們中間，一個在受傷之後，很快就被他的朋友們接過去，假作已經死了帶走，另一個被殺死了。在這件事以後，凱撒就設法把國王保留在自己手裡，因為他了解國王這個稱號在老百姓心目中很有號召力量，這樣，讓人們看起來，就顯得這場戰爭不是由國王而是由一小撮壞人或匪徒私自發動起來的。

110 阿基拉斯那邊的這支部隊，無論在數目上、出身上、還是戰鬥經驗上，都不是可以隨便輕視的。因為他的部下有二萬武裝人員，這些人中，包括有伽比尼烏斯的士兵，這些人已經習慣於亞歷山卓的生活和放蕩，把羅馬人的名號和紀律忘記得乾乾淨淨，在那邊娶了妻子，許多人而且跟她們生了子女。在這些人之外，還加上一批從敘利亞、西里西亞行省和其他鄰近地區搜羅來的強盜和土匪，又有許多被判了刑的罪徒和逃亡者，參加了他們。所有我們自己的逃亡奴隸，不但都能在亞歷山卓尋到一個可靠的接待所，還可能有一份可靠的生活來源，只要報上名去參加軍隊就行。他們中間如果有任何一個人被主人捉住，士兵們就會同心協力把他救出去，只因他們都犯有同樣的罪行，保衛同伙不受暴力侵犯，就是為自己防止同樣的危險。這些人按照亞歷山卓軍隊的老傳統，習慣於要求處死王家的臣僚，掠奪富人的財產，為要增加餉給而包圍國王的王宮，就連王位上的人也可以由他們逐走這個再召來那個。此外還有兩千騎兵。這些人的歲月都已經消磨在亞歷山卓的多次戰爭中，他們曾經為老托勒密恢復王位，曾經殺死過比布盧斯的兩個兒子，曾經對埃及人作過戰，這就是他們的一番戰爭經歷。

111 阿基拉斯信賴他這些部隊，輕視凱撒的兵力單薄，他占領了除凱撒用兵力守住的那部分地區以外的全部亞歷山卓。在第一次衝擊時，他竭力試圖突入凱撒的住處，但凱撒把軍隊布置在街道上，擋住了他的進攻。同時，港口也在進行交鋒，這引來了嚴重得多的戰鬥。因為在同一時間之內，一面幾處街道上有零星部隊在進行戰鬥，另一面又有大批敵人在試圖奪取軍艦。這些軍艦中有五十艘曾經被遣去支援龐培，在塞薩利亞戰役後才回來。它們都是些四列槳和五列槳艦，而且都配置和裝備著每一樣航行用的必需品。除此以外，還有二十二隻一向在亞歷山卓港擔任守衛任務的軍艦，也都是裝有甲板的。如果他們奪到這些船隻，使凱撒喪失了艦隊，他們就能控制這個港口和整個海岸，切斷凱撒的供應和援軍。從而，這場戰鬥進行的殘酷程度，正是雙方中一方認為自己的迅速勝利、另一方認為自己的安全，都得由這場勝負來決定時必然會有的。但凱撒還是達到了目的，他把所有那些艦隻連帶在船塢中的一些，統統都燒掉了，因為他不能用他這支單薄的兵力守護如此廣大遼闊的一片地區。他立刻把他的軍隊用船隻運到法羅斯(Pharos)島上去。

112 這個島上有一座極高大的燈塔叫做法羅斯，是一座很令人驚嘆的建築，它的名字就是從這個島得來的。這個島正處在亞歷山卓城對面，形成一個港灣，但和它們之間卻有一條像橋那樣的狹路相連，這是以前的國王們造起的一條伸向海裡的九百尺長的防波堤。島上有一些埃及人的住宅和一個市鎮差不多大小的村落，任何船隻如果因為粗心、或因為暴風雨，航線稍稍偏了一些，他們就習慣於像海盜那樣劫掠這些船隻。再則由於這裡航道狹窄，如果居於法羅斯島的這些人不同意，任何船隻都不能進入港灣去。凱撒很擔心這一點，就趁敵人正在忙於戰鬥時，派軍隊在那邊登陸，占領了法羅斯，在它上面派了守軍。由於這些措施，糧食和援軍可以用船隻安全地運送到他這裡來了。因為他已遣使者到所有鄰近各行省去，向他們徵索援軍。在這個城市的另一部分，雙方在經過一場不分勝負的交鋒之後分開了，誰也沒有被擊敗。原因是地方太狹小，雙方死去的人都不多。凱撒在晚上環繞著最必要的據點建立起一道防禦工事。在城市的這部分地區，在王宮的一小部分房屋，凱撒最初就是被領

到那邊去把它當作個人的住所。和這房子相連的是一座劇場，它也被用作一個護城寨堡，有路通向港口和別的船塢。在以後的日子裡，他把這些防禦工事逐漸加高。使它們能像城牆那樣擋住敵人，免得被迫違反自己的意願和他們作戰。同時，托勒密國王的小女兒希望能填補空出來的王位，跑出王宮，參加到阿基拉斯那邊去，開始和他一起主持作戰。但他們之間很快就因為爭奪領導權發生爭執，這使得士兵們的酬賞得到增加，因為雙方都竭力想以較大的犧牲來討好士兵。當這些事情在敵人中發生時，住在被凱撒占領那部分城市的小國王的監護人、王國的攝政者波提努斯，正當在派使者到阿基拉斯那邊去，敦促他不要放鬆幹勁，也不要灰心喪氣的時候，他的使者被告發和拘捕了，他自己也被凱撒殺死。這就是亞歷山卓戰爭的開始。

亞歷山卓戰記

內容提要

節數	
1	凱撒開始圍攻亞歷山卓。
2—3	居民奮力抵抗。
4—6	凱撒把托勒密國王抓在自己手裡，阿爾西諾攫取了王權，處死阿基拉斯。伽尼墨德斯準備切斷凱撒軍隊的水源。
7—9	凱撒挖掘能供應大量飲水的水井，解除部下的焦慮。
10—18	凱撒在海軍戰鬥中獲勝，占有法羅斯。
19—21	在對橋梁和防波堤的一次進攻中遇到慘敗。
22—25	應亞歷山卓人的懇切要求，凱撒把小國王交還給他們。國王背信棄義地重新發動戰爭。羅得島人歐弗拉諾爾在勇敢上和在海戰戰術上的卓越表現；他在戰鬥中陣亡。
26—31	佩伽蒙的彌特里達特趕來增援，以突襲攻下佩盧西翁，擊敗埃及軍隊；他們的國王在一場血腥的戰鬥中被凱撒擊垮，淹死在尼羅河裡。
32—33	占領了亞歷山卓以後，凱撒把最高權力交給小托密勒和克婁巴特拉，廢逐阿爾西諾，動身向敘利亞趕去。
34—41	同時，亞美尼亞國王德奧塔魯斯向卡爾維努斯・多彌提烏斯乞援，要求幫助他抵抗法爾那

西斯；羅馬車隊被擊敗，被迫退向亞細亞；法爾那西斯占據本都，殘酷地折磨羅馬公民。

42—47 伽比尼烏斯趕來援助正在替凱撒坐鎮伊里呂庫姆的科尼菲基烏斯，遭到慘敗。瓦提尼烏斯擊敗了龐培的將領屋大維，恢復了凱撒在行省的勢力。

48—64 西班牙的代行司法官隆吉努斯・卡西烏斯，因為貪欲，引起普遍的痛恨，於是人們策劃了一個謀害他的陰謀，他倖免於難。在向阿非利加進軍時，部分軍隊嘩變，卡西烏斯不願把本人的安危託付給馬爾克盧斯、勒皮杜斯和特雷博尼烏斯，想逃出西班牙，淹死在希貝魯斯河中。

65—68 凱撒安排敘利亞、西里西亞和卡帕多基亞的政局；他把在卡帕多基亞的柏洛娜神廟的祭司職位給予比提尼亞人呂科墨德斯；他原諒支持龐培的高盧希臘四分領君主德奧塔魯斯。

69—78 他迅速擊敗了大耍陰謀的法爾那西斯，收復本都。他讓佩伽蒙的彌特里達特擔任本都國王和高盧希臘的四分領君主。他突然出發航向義大利。

亞歷山卓戰記

1 亞歷山卓戰爭爆發起來了。凱撒把所有艦隊都從羅得島和敘利亞、西里西亞召了來，並且到克里特去徵集弓箭手，到納巴泰伊(Nabataei)國王馬爾庫斯(Malchus)那邊去索取騎兵，又命令到各地徵集作戰機械、發運糧食、調集援軍。同時，防線上每天都在擴建工事，城市中凡是看來工事不夠堅強的那些部分，都用行障和護牆加固。撞錘通過牆洞，從一所房子到隔壁一所房子一路移過去。工事一直擴充到把所有已破壞成廢墟的或用武力奪過來的地區都包括進去。亞歷山卓幾乎完全不用怕火，因為它的建築物沒有木頭的接榫和托梁之類，房子是靠拱行結構架起來的，屋頂上鋪蓋的是泥灰或瓦。凱撒所特別操心的是想建造起防禦工事和盾車來把城市的這一部分愈緊縮愈好地和其他部分隔離開來，它的南面本來就已經有一片沼澤緊緊圍著它。他所希望的是：第一，他的軍隊雖然被分開在城市的兩個部分①，必須能有統一的作戰部署和統一的指揮；次之，如果他們在城裡的一個部分陷入困境，另一部分必須能趕來給以援助。尤其最最使他關心的，還是要有非常充足的供水和草秣，這兩者中的前者，他的供應極不充裕，後者則已經完全斷絕了，有了這片澤地，就能很充裕地供應這兩樣東西。

① 《亞歷山卓戰記》裡面所敘述的地方，地理位置都不很明確，這裡所說的兩個分開的部分，不知在城區哪一部分，據設想可能在洛基亞斯地岬以南，一直延伸到南面的沼澤一帶，包括王宮的一部分在內（見地圖），凱撒想把它們連結起來。

2 對亞歷山卓人來說，這完全沒能使他們的工作受到拖延或阻礙。事實上他們已經派使者和徵兵官員出去，到埃及王國的所有領土和號令所及的地方去徵兵，弄到城裡來大批輕矛、弩機，還帶來不計其數的士兵。城裡也一樣，建立起大規模的武器作坊。奴隸除了未成年的以外，統統被武裝起來，由比較富裕的主人供給他們每天的伙食和工資。他們把這支巨大的兵力布置在比較偏僻地區的工事上，而把那些老兵的部隊安置在往來最繁忙的地區，並且讓他們閒在那邊，以便在不管什麼地方發生戰鬥時，能把他們當作生力軍派去支援。所有大街小巷都用方石塊築起三重壁壘隔絕，高度不低於四十尺。城裡地勢比較低平的地方，他們用極高的有十層的塔樓作為防守工事。此外，他們還建造了同樣層數的塔樓，下面裝有車輪，用繩子把它和牲口連在一起，如果任何地方需要時，它就可以順著大路一直奔向那邊去。

3 這個城市非常富裕和繁盛，故一切裝備都極為充裕，那些居民也十分聰明和機靈，一看到我們做什麼，他們就能憑自己的智巧學著做出來，看起來反而像是我們從他們那邊抄襲來的似的。他們還自動想出許多辦法，做到在一面不斷攻擊我們的工事時，一面還能守衛自己的工事。他們的領袖，無論在大會上小會上，總是用這樣的話來煽動大家，說羅馬人正在慢慢形成一種侵吞他們王國的習慣，不多幾年以前，奧盧斯・伽比尼烏斯就曾帶著軍隊來過埃及，龐培在逃亡中也跑到這裡來，凱撒現在又帶著軍隊來了，就連龐培的死亡也不能叫他不再在他們這裡耽擱下去。如果他們不能把他趕出去，他們的王國就將變成羅馬的一個行省。要驅逐他還必須趁早，他現在因為季節關係，正被風浪阻隔在這裡，得不到海外來的援軍。

4 同時，正像前面講過的那樣，統率老兵部隊的阿基拉斯和托勒密國王的小女兒阿爾西諾(Arsi-

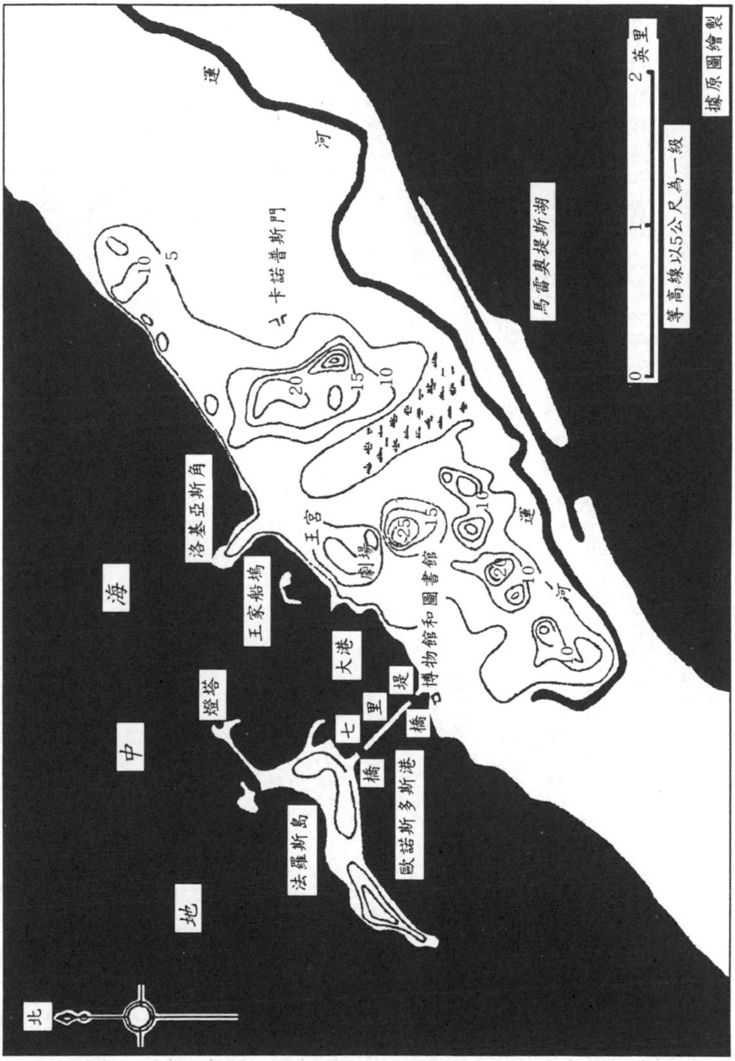

亞歷山卓戰事圖（〈亞歷山卓戰記〉）

noe)，為要爭取把最高的統治權奪到自己手裡來，彼此互相施展陰謀計算對方。阿爾西諾通過自己的保育太監伽尼墨德斯(Ganymedes)先發制人，殺死了阿基拉斯。殺死他之後，她自己獨掌了全部大權，既没有和她並立執政的人，也没有對她監護的人，軍隊則交給了伽尼墨德斯。他接受了這個職務後，加增了給士兵的賞賜，其餘的工作也都同樣盡力竭力地幹。

5 亞歷山卓差不多到處地下都挖有水渠，通向尼羅河，河水就經過它，流到私人家裡。這種水在經過一段時間逐漸沉積後，變得很清澈，大廈的主人和他們的家屬習慣上就用這種水。因為尼羅河流下來的全是污泥濁水，導致許多各式各樣的疾病。然而，平常百姓和廣大群眾出於無可奈何，就只能以這種水為滿足，因為全城根本没有別的泉水。那條河流①正處在該城的由亞歷山卓人占領的那部分，這種情況，使得伽尼墨德斯想到可以把我軍的水源切斷。我軍那些為了守衛工事而分布在大街小巷的士兵，用的正是從私家房屋中的渠道和木槽裡汲出來的水。

6 這計劃一得到贊同，浩大而又艱巨的工程就動起手來，他首先切斷水渠，把在他們掌握中的那部分城市分隔出去，然後用水輪和別的機械把大量海水從海裡抽上來，從一處比較高的地方向凱撒占領的那部分不停地灌下去。因而，從離那邊最近的房屋裡汲出來的水，味道就比往常鹹了一些，引起我軍士兵很大的驚異，不知是什麼原因。當他們聽到地勢比他們更低的那些地方的人說他們那邊的水還是和以前習慣的一樣，味道没有什麼不同時，簡直不敢相信自己的耳朵了。他們大伙聚在一起議論，還試嘗了水的味道，辨別它已經有了多大的不同。但不久以後，靠近敵人地方的水已經完全不可

①指通過亞歷山卓城的一條運河，見上頁所附地圖。

以飲用，比較低下的地方，也發現水在逐步變質，漸漸鹹起來。

7 這種情況使他們的疑惑消除了，引起極大的驚恐來，看來大家好像一下子陷入非常危險的境地似的。有些人抱怨凱撒太拖塌，應該馬上就命令下船；別的一些人又害怕會發生更嚴重的情況，因為亞歷山卓人離開如此之近，假如他們準備撤走，決瞞不過這些人，如果他們居高臨下衝下來追趕，就絕沒有機會可以退到船上去。而且在凱撒掌握的這部分地區，還有當地的大批市民，凱撒沒讓他們搬出房子，因為他們公開做出忠於我們的樣子，和自己的同胞不相往來。然而，如果要我來為亞歷山卓人辯護一番，說明他們既不狡詐，也不輕率，這將是一件說盡千言萬語都白費心血的事，一旦弄清楚他們這個民族和他們的性情脾氣，就再沒有人會不承認他們是最最擅長於出賣人的族類了。

8 凱撒用安慰和說理的辦法，減輕他部下的恐懼。他肯定地說，挖掘水井一定能找到甜水，凡是沿海的地方天生都有甜水的泉脈，就算埃及的海岸和所有別的地方的海岸性質有所不同，那也不要緊，因為海岸正在由他自由地控制著，敵人沒有艦隊，不能阻止他每天用船隻出去取水，左面可以到帕拉托尼烏姆去取①，右面可以到島上去取，這兩處地方航行的方向相反，不會同時受到逆風阻攔。逃跑確乎不是上策，不僅對那些首先考慮的是自己的尊嚴的人來說，就對於那些除了自己的性命以外不考慮別的人來說，也是一樣。他們費盡心機才能在防禦工事後面擋住敵人的攻擊，一旦離開防禦工

---

①帕拉托尼烏姆(Paratonium)——這地方究竟在哪裡有許多爭論。斯特拉波曾提到過一個帕拉托尼烏姆，但它在亞歷山卓以西一百三十羅里處，似乎太遠了，不像是凱撒提到的這一個。下文說右面的島嶼，顯然是指法羅斯島，但法羅斯很難說是在亞歷山卓之右，因之也有人懷疑指的是尼羅河口的某一個不知名的小島。但我仍相信它指的是法羅斯島，因為當時只有它在凱撒的掌握之中，左、右可能只是和上述的小島相對而言。

事，就無論地形、無論人數，都不足以和敵人相抗了。上船既要拖拖拉拉費很多時間，又要經過許多困難，特別是在要用小艇的地方。而亞歷山卓人則正好相反，他們的行動很迅速，地勢和建築又極熟悉，特別在當他們一得勝，趾高氣揚的時候，他們會搶先趕來占據比較高的地方和建築物，以阻止我們逃走，並截住我們的船隻。因而，他們心裡千萬不可再存有這種念頭，必須想盡一切辦法取得勝利。

9 向他的部下說了這番話，把所有人的精神都鼓舞起來之後，他把任務布置給百夫長們，叫他們把其他一切工作統統停下來，先一心一意地挖井，就連夜裡也片刻不要歇手。這工作一開了頭，每個人都精神振奮地投入勞動，一夜之間就發現了大量甜水。這樣一來，亞歷山卓人的苦心策劃和辛勤勞動，我軍沒花多少時間工作就把它抵銷了。就在第二天，在龐培部下投降過來的士兵改編組成的第三十七軍團，由卡爾維努斯・多彌提烏斯(Calvinus Domitius)安排他們登船，帶著糧食、武器、輕矛、作戰機械等，航到阿非利加海岸，稍稍在亞歷山卓上方一些。他們被一場連續颳了幾天的東風阻止在那邊，不能進入港口，幸虧那邊一帶所有地方都可以安全地拋錨，他們在那邊耽擱了很多時候，而且苦於飲水不給，於是派一艘快艇航到凱撒這裡來報告消息。

10 究竟該怎麼辦，凱撒為了可以親自作出決定，他自己上了船，並命令全部艦隊都跟著他一起前去。他因為要離開的時間比較長，不願意讓防禦工事上空著沒人，所以船上不帶任何士兵。當他到達叫做克索寧蘇斯①的地方時，為了要取水，派一些划手到陸地上去。他們中的一些人為要劫掠，跑得離開船過於遠了一些，被敵人的騎兵截了去。敵人從他們口中得知凱撒本人坐著船來了，而且船上一

①克索寧蘇斯(Chersonensus)——亞歷山卓以西八英里的一個海岬。

些軍隊都沒有。一發現這些情況，他們都認為這是命運帶給他們可以一舉成功的好機會，因而，他們把準備好航行的全部船隻都裝上戰鬥人員，正好在凱撒帶著艦隊回來的路上遇上他。這一天，凱撒有兩點理由不願意戰鬥，一是他船上沒有士兵，二是當時已經是第十刻時，黑夜會帶給這些自恃熟悉地形的人更大的信心，也會使自己對部下的鼓動失去助長士氣的作用，因為任何勇敢的人和偷懶的人都分辨不出，鼓動完全不能恰如其分。為了這些理由，凱撒在一個他認為敵人不能跟來的地方，盡可能使他的船隻向岸靠攏。

11 在凱撒右翼，有一艘羅得島人的艦隻，停息在離開其他的船隻很遠的一段路之外。敵人一看到它，就有四艘裝有甲板的船和許多敞船，自己禁不住奮力向它撲去。凱撒被迫趕去救護這條船，以免它受到敵人的傷害，當眾出醜，雖然他認為如果有什麼厄運落到它頭上，也是它咎由自取的事情。雙方一交上手，羅得島人就竭盡全力戰鬥。儘管他們每逢作戰總是以他們的技術和勇敢取得上風，但在這次，他們更加不迴避擔當全部重壓，深恐吃了敗仗，會被人家認為是自己不好，活該倒霉。這就贏得來一場很大的勝利。俘獲了一艘敵人的四列槳艦，擊沉了另一艘，還有兩艘的艦上人員被悉數殲滅，此外，在其他船上也有大量戰鬥人員被殺死。如果不是黑夜降臨打斷了這場戰鬥，凱撒很有可能把敵人的全部艦隊都奪了過來。這一場災難使敵人驚慌萬狀，凱撒在輕微的逆風中，帶著他勝利的艦隊，拖著幾條運輸艦，返回亞歷山卓。

12 這場災難使亞歷山卓人十分震動，在他們看來，戰勝他們的不是戰鬥的勇敢而是水手們的技能，他們再也不敢相信在那些建築物裡能夠自衛——這本來也和那些高地一樣是他們所倚恃的。他們把自己所有的木材都用來製造柵欄，好像就怕我們的艦隊甚至會攻到陸地上來似的。儘管如此，當伽尼墨德斯在會議上保證他不僅要把失去的艦隻數目補起，還要有所增加時，他們又懷著極大的希望和信心，動手修繕起舊船來，大家專心致志幹勁十足地投入這項工作。雖説他們在港口和船塢中損失的艦隻已超過一百一十艘，但他們還是不放棄重新裝備艦隊的打算。他們看到，如果自己的艦隊強大，凱撒就不會有援軍，也不會有給養來支持他。尤其因為城市裡和沿海地區的人生來就是海員，從小就在每天的實地操作中得到鍛煉，他們急於要從與生俱來的看家本領中找到出路，同時還記得他們怎樣用小船取得過成功的事，因而，他們就把全部熱情都投入到準備艦隊中去。

13在尼羅河的所有出口處，都有巡船駐在那邊收取關稅，在隱蔽的王家船塢裡，還有一些多年没用於航行的舊船，他們把後者修繕起來，把前者統統召來亞歷山卓。船槳感到缺乏，他們就把柱廊、體育場和公共建築物的屋頂揭掉，用它們的梁來做槳。一方面有天生的聰明才智，另一方面有城裡的豐富物資，都在發揮作用。大致説來，他們在準備的不是長途的航行，在他們看來，戰鬥將就在港口裡進行，因而他們只為當前迫切需要作準備。在不多幾天以後，就出於大家意料地完成了二十二艘四列槳艦，五艘五列槳艦，此外還加上許多小的敞船。在港口裡試划了一番，檢驗過它們每一艘的效能之後，給它們配備了合適的士兵，又給自己準備好每一樣戰鬥需要的東西。凱撒有九艘羅得島來的艦隻——本來有十艘，其中有一艘在航行途中，在埃及海岸失事——八艘本都來的艦隻、五艘呂西亞(Lycia)來的艦隻、七艘亞細亞來的艦隻。這些艦隻中，有十艘是五列槳和四列槳的，其他的船都不及它們大，而且大部分都是敞開的。雖説如此，儘管凱撒已經知道敵人的實力，但因為相信自己部下的英勇，還是作戰鬥的準備。

14現在雙方都已經到十分自信的地步。凱撒帶著艦隊，繞著法羅斯島航行出來，面對敵船布列開

來，右翼安置的是羅得島的艦隻，左翼安置的是本都的艦隻，中間留下四百步一段空隙，看來已經足夠讓他的艦隻分散布開。在這一列之後，他把他的其餘艦隻也都布列好作為後援，誰跟在誰後面，誰給誰支援，他都作好規定，交代給他們。亞歷山卓人也毫不疑遲，把艦隊帶出來布好陣勢，在前面安置了二十二艘艦隻，其餘的放在第二列作為後援。除此之外，還擺出大批小船和快艇，裝載著火矛和火種，希望能靠他們的船隻數目之多、靠他們的吶喊和烈焰，把我軍嚇倒。雙方艦隊之間，有一些淺灘，只有一條很狹窄的水道可以通過，這些淺灘一直伸到阿非利加地界——事實上，據說亞歷山卓有一半屬於阿非利加——有相當一段時間，雙方之間互相觀望，不肯上前，想等著看究竟誰先穿過那條水道，因為先進入的一方，無論是要把艦隊散開來，還是遇到失利時要退出去，都將遇到障礙。

15 率領羅得島艦隊的是歐弗拉諾爾(Euphranor)，他的豪放、他的英勇，不僅可以和希臘人，而且簡直可以和我們羅馬人相比。他那極為有名的精湛技術和英雄氣概，使他被羅得島人選出來作為這支艦隊的領導人。當他看到凱撒在疑遲不前時，說：「在我看來，凱撒，你在擔心一旦你帶著船隻首先進入這片淺灘時，就會在還沒來得及擺開其餘的艦隊以前，被迫戰鬥起來。把事情交給我吧，我們將頂住這場戰鬥，一直到其他的船隻跟上來為止，不會辜負你的期望。讓這些傢伙在我們面前一直耀武揚威下去，真使我們感到極大的恥辱，極大的氣憤。」凱撒鼓勵了他，並且對他說了許多各式各樣讚揚的話，然後發出戰鬥的號令。四艘羅得島軍艦穿過淺灘，亞歷山卓人立刻圍上來攻擊他們。羅得島人頂住了它們，而且運用技巧和智慧，一線散開去。他們教練得如此之精，儘管敵我眾寡懸殊，他們中沒有一艘船肯讓自己的船舷暴露給敵人，也沒一艘船聽任敵人擠走自己的槳，總是能調過頭來正面對著趕上來的敵人。同時，其餘的軍艦也已經跟上去，只是由於海面狹窄，出於不得已，大家只好放

棄了操縱技術，單憑勇氣進行搏鬥。的確，在亞歷山卓，不管是我軍士卒還是鎮上的市民，不管他們正從事工作還是戰鬥，全都奔向最最高的屋頂，或者從所有可供瞭望的地方中挑一處，遙觀這場戰鬥，並且用祈禱和許願懇求不朽之神賜給他們這一方勝利。

16 戰鬥如何結局，對雙方的前途將產生完全不同的影響。就我方來說，一旦被擊退或失敗，就無論陸上還是海上，都沒有地方可以逃走，如果得勝了，卻仍然是前途茫茫，無從逆料。反之，如果對方的艦隻得勝，他們就可通盤全贏；就算失利了，還可以下次再來試試運氣。看來同樣嚴肅而又可悲的是，事關全局成敗和大家安全的戰鬥，卻只由少數人在擔任，他們中如果有誰，無論在精神上或勇氣上稍稍動搖，別的那些沒有機會參加為保衛自己而戰鬥的人，就也只能自己照顧自己了。凱撒近日來一再把這種道理向他的部下反覆說明，讓他們知道所有人的安全都寄託在他們身上，好更加盡力竭力戰鬥。他們每一個人在跟自己的同帳伙伴、朋友和熟人在一起時，也都是用這樣的話懇求他們，要他們不要讓他失望，也不要讓那些因有他們的推薦才挑選他去參加戰鬥的人失望。因而，戰鬥時的那種一往無前的勁頭，使得對方儘管是住在沿海的航海民族，竟不能從他們的機靈和技巧中得到絲毫幫助，也不能因他們的船隻居壓倒多數而占到便宜，他們的戰士，雖說是因為勇敢才被從如此之多的人中挑選出來的，也無法和我軍的英勇匹敵。這一役，他們的一艘五列槳艦、一艘兩列槳艦、連同它們船上的戰士和槳手，都被我軍俘獲，另外又擊沉三艘船，我方一艘船都沒被損壞。其餘的敵艦都逃向就在附近的這個城市，受到從防波堤上和附近建築物上來的掩護，阻止我軍接近。

17 為了避免自己可能經常遇到這種情況，凱撒認為應該用盡一切方法，竭力把那個島嶼以及伸到島上去的那條防波堤拿到自己手裡來。城裡的防禦工事已經大部完成，他相信現在可能在島上和城裡同時發動攻擊了。主意打定以後，他讓十個營和一些精選的輕裝兵，以及從高盧騎兵中挑出來的他認為合適的人，登上幾艘小船和划艇。為了要分散島上的兵力，他又用一些裝有甲板的船向該島的另一方面發動攻擊。他還對首先占據它的人許下重重的酬獎。最初，他們對我軍的進攻還能勢均力敵地對抗，一面在建築物的屋頂上作戰，同時又有武裝人員在海岸上抵抗。由於當地的地勢非常崎嶇，我軍前進很不容易。對方還有許多小船和五條軍艦守住那片狹窄的海面，行動非常輕捷和熟練，但一到我軍有些人了解了地形，試探過灘頭深淺，在海岸邊站定了腳跟時，其餘的人也都在他們後面跟了上去，堅決地對布列在岸邊平地上的那些敵人發動攻擊。法羅斯人全都轉身逃走。這些人被擊敗後，放棄港口的守衛工作，把船都靠攏到岸邊和村上，自己離開船隻，匆匆去守衛建築物了。

18 只是，他們並不能長時間守住那些據點，雖說那些建築物和亞歷山卓的相比除大小上有些差別而外，並沒有多大不同，代替城牆的是一系列高高聳起並互相連接的塔樓。我軍來時既沒準備雲梯，也沒準備木柵和其他攻擊它們的東西。但恐怖會剝奪人們的意志和智力，癱瘓他們的四肢，這次就是這樣。那些自信在平坦開曠的地方能夠和我們一較短長的人，看到有人潰逃，還有少數人被殺，都嚇慌了手腳，連三十尺高的建築物也都不敢據守下去，只能紛紛從防波堤上一頭鑽進海裡，游過八百步長的一段距離，逃向城裡去。雖然如此，他們中間還是有許多人被捉住或殺死，俘虜的總數竟達六千人之多。

19 凱撒把戰利品都給了士兵們，命令把房屋都拆掉，並在靠法羅斯較近的那座橋邊，建造起一座碉堡供守備之用，布置下防衛部隊。這頂橋是法羅斯的居民們逃走時放棄的。另外一頂比較狹窄、比較靠近城市的橋，正由亞歷山卓人守衛著。次日，凱撒懷著同樣的目的去進攻它，因為這兩座橋攻占下來之後，就能把敵艦的突圍和闖出去劫掠等等行動統統堵住。因而，他用從船上發射的弩機和箭，驅逐了留在該地防守的部隊，把他們趕進城裡，又派大約三個營在那邊登上岸去——那地方很局促，容不下更多的人——其餘的部隊就留駐在那邊船上。這樣布防好之後，他命令在橋頭面對敵人的這一邊，建造一道壁壘以為掩護，支撐那頂橋的拱門，即船隻出入的孔道，也用石塊堵塞住。後一項工作完成了，再沒一隻小艇能出去。前一項工程還在進行時，亞歷山卓的全部軍隊都衝出城來，在一塊比較平坦的地方，面對我軍橋頭的工事列下陣來。同一時刻，他們還把經常穿過橋洞派出去焚燒我軍運輸船的小船，都布置到防波堤邊來。就這樣，我軍在橋上和防波堤上、敵人則在面對著橋的那塊平地和在對著防波堤的小船上，開始了戰鬥。

20 正當凱撒全神貫注在這些事情上，並且鼓勵他的士兵時，忽然一大批槳手和船夫，離開我軍的戰艦，奔上那條防波堤。他們中的一部分是急於想來探望一下，一部分人則是熱心想來參加戰鬥的。他們一開始就用石塊和射石器把敵人的小船從防波堤附近驅走，他們發射的大量矢石似乎發揮了很大的作用。但後來，有少數亞歷山卓人竟敢冒險在離開那邊一段路之外，在他們暴露著的側翼登陸，正像他們來時並沒有一定的部伍和隊形，也沒有具體的計劃那樣，他們這時又開始倉皇失措地向船上退去。他們的撤退鼓舞了亞歷山卓人，又有許多人登陸上來，更加使勁地追逐狼狽退走的我軍。同時，留在戰艦上的那些人深恐敵人占據我們的船隻，急忙抽去跳板，把船撐離陸地。所有的這些事情，使駐在這頂橋上和防波堤起端的這三個營的我軍士兵大為驚駭，當他們一聽到背後的吶喊聲，一看到他們的同伙在潰退，同時還得擋住迎面而來的大量矢石時，深恐自己背後受到包圍，而且船一離開，所有的退路就將被切斷，因此他們放棄了已經動工的橋頭工事，急急忙忙向船上奔去。他們中有些人趕上了最近的船隻，但因人多超重，船隻沉了下去。有些人一面雖在抵抗，一面卻在猶豫不知究竟該怎麼辦才好，終於被亞歷山卓人所殺。有些人比較幸運，趕上正拋錨在岸邊待命的空船，安全離去。還有少數人，高高舉起自己的盾，下定決心闖一下，居然被他們一直游泳到附近的船上。

21 凱撒正在盡可能鼓勵他的部下在橋上和工事上堅持下去時，自己也同樣捲入了這場危險。後來他看到大家都在敗退，他也就退上自己的船。跟隨著他硬衝到船上來的人是如此之多，使得船隻不但無法操作，連離岸都不可能。他原來就預料到會發生這樣的事情，自己一下子跳出船去，泅水趕到停泊在一段路之外的另一隻船上去，在那邊，他派小艇過來救助那些驚惶失措的人，救出了不少。他原來坐的那條船由於士兵太多，載重過度，連人帶船沉沒。在這一役中，軍團士兵中損失了大約四百人，水手和槳手損失的還要略多於此數。亞歷山卓人那邊用巨大的工事和大量弩機加強了那座碉堡，清除了海裡的石塊，此後就自由自在地使用那個橋孔，遣船隻出入。

22 這次失利，遠沒使我軍士卒灰心喪氣，反而更加鼓舞和推動他們進行大規模進攻，襲擊敵人的工程。在每天的戰鬥中，只要遇上亞歷山卓人衝出來突圍，有機會交手的時候，主要由於部下激昂的士氣和奔放的熱情，凱撒總能獲得很大的成功。他那些一般性的鼓勵話，遠遠跟不上軍團士兵的發憤努力和急切要求戰鬥的心情，與其說是要鼓動他們去作戰，還不如說是該阻止和約束他們，不讓他們去作最最危險的硬拚。

23 亞歷山卓人看到，勝利會使羅馬人堅強起來，失敗又會使羅馬人得到激勵，他們知道戰爭的結局不外是這兩種，根本想像不出還有什麼第三種出路，好使自己心裡踏實些。因而，不知是出於當時正在凱撒營裡的國王的友人們的勸告，還是出於他們原先的計劃，經過密使通知國王，又得到了他同

意的——我們只可能這樣猜測——他們派使者到凱撒這裡來，要求他放了國王，並且允許國王到自己的臣民那邊去，說他們全體人民對這個小姑娘①、對攝行王政的人，以及對伽尼墨德斯的極端殘暴的統治，都已經感到不勝厭倦，他們準備完全聽從國王的話，他說該怎樣做就怎樣做。如果他出面要大家和凱撒訂結同盟和友誼，大家就會自動來投降，再不會因害怕危險而疑遲不前。

24 凱撒雖然很了解他們是一個欺詐成性的民族，一向都是內心想的是一樣，外表裝的又是一樣，但是，他還是認為最好能寬大為懷，答應他們的請求。因為他相信，如果他們的要求真是出於本心，國王釋放了，一定會使他們保持忠心不變，反之，如果他們索取國王，為的是好在戰爭時有一個領袖——這似乎更加符合他們的本性些——他認為，跟一個國王作戰，無論如何總比和一群烏合之眾的逃犯作戰更光彩、更名正言順些。因而，他鼓勵那國王，叮囑他要顧念他父親的王國，要體恤這個光輝燦爛、但現在已被可恥的戰火和兵燹弄得殘破不堪的國家，首先要大聲疾呼，使他的臣民們清醒過來，再使他們長此保持下去，以此來向羅馬人民和凱撒證明自己的忠實，就像凱撒對他也是十分信任，放他回到武裝著的敵人那邊去一樣。然後，他拉著他的手，開始送走這位差不多已經長大成人的孩子。但國王的心靈是在最最狡詐詭譎的教育下熏陶過來的，深恐辱沒了他們這個民族的老傳統，因而他倒轉過來開始泣涕漣漣地懇求凱撒不要打發他走，還說，看到他自己的國家，還不如看到凱撒更使他衷心愉快些。凱撒要這個孩子抑制住涕淚，雖說自己也不免有些感動，但仍舊向他保證說，如果他真的這樣想，那他很快就會和自己再到一起來的。說完就打發他回到自己國人那邊去了。但國王就

---

①小姑娘指阿爾西諾。

像一朝放出牢籠，讓他自由奔馳那樣，立刻就開始對凱撒發動激烈的戰爭，好像他和凱撒談話時灑的眼淚是因為一時高興而流的似的。凱撒的許多副將、友人、百夫長和士兵也都紛紛笑凱撒，認為他太仁慈了，竟上了這個狡獪的孩子的當。好像凱撒這樣做，真是完全出於一片仁慈，而不是出於最最深謀遠慮的策略似的。

25 雖然得到了領袖，亞歷山卓人看出他們自己並沒有增強多少，羅馬人也並沒有削弱多少，而且還看到士兵們嘲弄國王的年幼無知和優柔寡斷，覺得很為痛心。他們感到自己的事業毫無進展，加之還有謠言說，大批援軍正在從敘利亞和西里西亞走陸路趕來支援凱撒，雖然這項消息還沒傳到凱撒這裡，但亞歷山卓人卻已經決定對一支從海路送給養來供應我軍的運輸隊發動截擊。因而，他們派許多輕捷的船隻停泊在卡諾普斯口外方便的地點，在那邊專等偷襲我軍的艦隊和給養。當凱撒得知此事時，命令他的全部艦隊都作好準備，待命出動。他把這支艦隊交由提比略·尼祿①指揮。包括在這支艦隊中一起出發的有羅得島的艦隻，其中就有歐弗拉諾爾，少了他，沒有任何一場海戰打起來過，也從來没取得過哪怕是極小的成功。對於一個多次賜予恩寵的人，命運之神也常常會把悲慘的遭遇留給他，現在在等著歐弗拉諾爾的就和往昔大不相同了。按照他一向的習慣，歐弗拉諾爾首先投入戰鬥，但當他撞穿一條敵方的四列槳艦並把它擊沉之後，又向另外一艘軍艦追過去很遠一段路，其餘的船隻

---

①提比略·尼祿(Tiberius Nero)——凱撒的一個忠心耿耿的部下，亞歷山卓戰爭時，正擔任他軍中的財務官。凱撒死後，他成為安東尼的支持者，但最後得到了奧古斯都的寬恕。後來，他和自己的妻子李維婭離婚，並讓她和奧古斯都結了婚，他自己的兒子提比略·尼祿跟去做了奧古斯都的繼子，這個提比略便繼承奧古斯都，做了羅馬帝國的第二位君主。

趕不上它的速度，他被亞歷山卓人包圍起來。沒有一條船趕上去救他，可能是因為他們認為他勇敢非常，而且一貫幸運，完全有辦法能夠保衛自己，還可能是由於他們本人在害怕。因而，在這場戰鬥中唯一一個取得成功的人，和自己那條獲勝的四列槳艦一起遇難。

26 約在同時，佩伽蒙國王彌特里達特(Mithridates)到達佩盧西翁①。這是一個家世極顯赫、既有豐富的戰爭經驗，又勇敢出眾的人，而且是凱撒的一個非常忠誠、非常真心實意的朋友。在亞歷山卓戰爭剛爆發時，他被派到敘利亞和西里西亞去徵召援軍，因有那些國家的由衷相助和他本人的辛勤努力，迅速召集起一支巨大的軍隊，現在他正帶著它從陸路走到埃及和敘利亞交處的佩盧西翁。這個鎮因為地處要害，已經有阿基拉斯的一支強大的駐軍在那邊守衛。通常人們都把法羅斯和佩盧西翁看做是保障整個埃及的兩把門鎖，佩盧西翁扼守陸上的通道，法羅斯扼守海上的通道。彌特里達特這時突然以巨大的兵力包圍住它，儘管守軍人數眾多，抵抗也很頑強，但由於他有大量的生力軍在接替受傷和疲勞了的人，再由於他的攻擊堅持不懈，片刻不停，就在他對它發動攻擊的那一天收復了它，把他自己的一支軍隊留在那邊駐守。取得這次勝利之後，他又從那邊趕向亞歷山卓凱撒處去。一路上他利用通常都屬於勝利者的聲威，把經過的地區統統都拉了過來，讓它們和凱撒結成友好關係。

27 離開亞歷山卓不遠，就是當地差不多最最有名的那片稱為「代爾太」的三角洲地區，由於它像

---

①這位彌特里達特是佩伽蒙人，出身於伽拉提亞的一位四分領君主家族，從小被本都的彌特里達特六世（大帝）收養，因而就用他的名字做自己的名字。他在亞歷山卓戰役中為凱撒立了大功，作為酬勞，他除了得到伽拉提亞的一處四分領之外，還得到了刻茂里人住的博斯普魯斯地區，但卻因此和當時正統治該地區的阿桑德發生爭執。凱撒死後，他在和阿桑德的戰爭中死去。

Δ這個字母①得名。因為尼羅河的這一部分河道，分為兩路，中間隔開一段距離，而且它們漸漸愈分開愈遠，到達河流所連接的那片大海的海岸附近時，已經相距很遠的路。當國王聽到彌特里達特已經走近那地方，知道他一定要渡過這條河，就派大批軍隊去對付他。國王相信這支部隊即使不能戰勝和殲滅彌特里達特，毫無疑問，至少也能把他頂住在那邊。雖然國王很希望能把他擊敗，但如果光只是把他拖住，不讓他和凱撒會合，也就同樣很滿足了。他的第一批部隊在代爾太三角洲渡過了河，遇上彌特里達特，急急忙忙就和他交上手，為的是想搶在後面跟上來的同伙之前先取得勝利。彌特里達特極謹慎地仿照我軍的習慣，給營寨築起防禦工事，抵抗他們的進攻，但後來當他看到他們來到他工事邊時的那副全無戒心、目空一切的樣子，就突然從各處突圍出擊，殺死了他們很多人。要不是其餘的人倚仗自己對當地的地形熟悉，隱蔽起來，再加還有一部分人退上他們乘著過河來的船，可能全部被殲滅掉。當他們稍稍從驚恐中恢復了一些的時候，他們和後面跟上來的同伙會了師，再次起來進攻彌特里達特。

28 彌特里達特派人送信到凱撒那邊去，把經過情況報告他。國王也從自己人那邊知道了這件事，因而，幾乎就在同一時刻，國王趕來攻擊彌特里達特，凱撒則趕來援助他。國王可以比較迅速地利用尼羅河來航行，因為他在河裡有一支很大的準備好的艦隊。凱撒不願意走同一條路，以免船隻在尼羅河裡戰鬥起來，而是到我們前面說過的屬於阿非利加的那片大海去繞了一個圈子②。雖說如此，他仍

①希臘文中的第四個字母 delta 的大寫。
②見前第十四節。

然趕在國王的軍隊前面，在他們還沒能攻擊彌特里達特之前，把彌特里達特的那支得勝了的軍隊，安全無恙地接到自己這邊來。國王讓他的軍隊在一個地形很險要的所在紮下營，這是一處自身很高峻，挺然突起於四周圍的一片平原之上的地方。它的三面各有不同的屏障在掩護著它，一面它一直連接到尼羅河；另一面，它伸出去成為很高的高地，營寨的一部分就雄踞在那裡；第三面則有一片沼澤包圍著。

29 在國王的營寨和凱撒的行軍路線之間，隔有一條注入尼羅河的小河，兩岸非常高峻，離開國王的營寨約七羅里。當國王發現凱撒正在從這條路走來時，就派他的全部騎兵和一些精選的輕裝步兵到這條河邊去，阻止凱撒渡河，在河流的兩岸發生了遠距離的、而且是不見是非的戰鬥，因為這地方既不允許勇敢的人有一顯身手的機會，膽怯的人也用不著冒歷危險。和亞歷山卓人的這場交戰拖了很多時間，仍然不見勝負，使我軍的戰士和騎兵感到十分氣憤。因而，就在同時，一些日耳曼騎兵成群結隊地散出去尋找可以涉渡過河的地方，在河岸極低的地方渡了過去。同時軍團士兵也砍伐了一些可以從這面河岸伸到對面河岸去的大樹，把它們架起來以後，馬上在上面鋪上一層泥土，跑過河去。他們的攻擊使敵人如此驚慌，只能把安全的希望都寄託在奔逃上，但毫無用處，在潰逃的人中只有很少人逃回國王那邊，其餘的大批人幾乎全被殺死。

30 在取得這次光輝的勝利後，凱撒估計到如果自己突然進軍向前，一定會引起亞歷山卓人的絕大恐慌，於是他就乘勝一直推進到國王的營寨前。他注意到那營寨既有堅強的工事可供防禦，又有很好的自然條件在捍衛著它，而且還有密密陣陣的大批武裝部隊聚集在壁壘上，他不願讓一路奔波和戰鬥，已經很疲勞的部下，再上去攻營。因而，他在離敵人不很遠的地方紮下營寨。次日，他對離開國

王營寨不遠的一座小村發動攻擊，這小村裡有國王築的一座碉堡，而且國王為了能夠守住這村子，還特地築了一道防禦工事的支線，把它和自己營寨的工事連接起來。凱撒以他的全部兵力去進攻它，把它攻了下來。所以要用他的全部兵力，並不是他認為軍隊少了，達到目的比較困難，而是他想從這一勝利出發，趁亞歷山卓人慌張失措之際，直接去攻擊國王的營寨。因而，在跟著從那碉堡裡逃出來的亞歷山卓人一路追逐時，從碉堡一直追到他們的營寨，接近他們的防禦工事，就在一段距離之外，猛烈地展開攻擊。我軍士兵可以從兩面動手攻打那座營寨，一面即我已經說過可以毫無阻礙地接近的那一邊，另一面是夾在營寨與尼羅河之間的一片不大的空地。亞歷山卓人的那支最大、最精心挑選的部隊即守衛在最容易走近的一邊，但在抵禦我軍上面最獲得成功、傷害我軍也最多的，卻是尼羅河一邊的守衛部隊，因為我軍要受到從兩對面來的矢石攻擊，一面是迎面從營寨的壁壘上來的，另一面對從背後的河面上來的，那邊有許多船裝著射石手和弓箭手，也正在向我軍攻擊。

31 凱撒看到，他部下的士兵戰鬥得已經不可能再勇猛一些，但因為地形困難，始終得不到多大成功，他注意到對方營寨最高的那一部分，已經被亞歷山卓人丟下不管，一則因為它本身的險峻的地勢可以保障它，再則還因為那些守衛者都已經興致勃勃地趕到正在戰鬥的那些地方去，有的是去參加戰鬥，有的是去看熱鬧。因此，他命令幾個營繞過營寨趕到那裡去，攻擊那處高地，並派異常英勇、戰鬥經驗也極豐富的卡乎勒努斯(Carfulenus)率領他們前去。當他們到達那邊時，我軍對少數還守在工事上的敵軍發動最最猛烈的攻擊，兩面的吶喊和兩面的戰鬥嚇壞了亞歷山卓人，他們開始心慌意亂地向營寨的各處地方亂竄。他們的驚惶更激起了我軍的旺盛鬥志，所有的營寨差不多同時被攻了進去，首先攻下的就是那最高的地方營寨，我軍就從那邊衝下來，殺死許多正在營裡的敵人。許多亞歷山卓人為要逃出危險，成批成批地從壁壘上向接近尼羅河的這一面跳下去，他們中間前面的那些人重重地跌落進工事的壕塹，死在那邊，但卻給了後面的人一條比較方便的逃生之路。大家認為國王本人也從營裡逃了出去，而且登上了一條船，可是後來他的大批部下都泅水向附近的船隻湧上去，因為人太多，他和那條船一起沉沒死去。

32 事情就此幸運而又迅速地結束。凱撒因為這次巨大的勝利而充滿信心，他帶著騎兵，由最近便的陸路直奔亞歷山卓，作為一個勝利者，在敵人駐軍守衛的那一部分進入該城。他認為，敵人一聽到這次戰鬥的消息，就不會再起作戰的念頭，他的想法果然沒有錯。他一到那邊，就當之無愧地收獲到來自勇敢和慷慨大度的果實，城市裡的廣大居民全都拋掉武器，放棄防禦工事，披上人們在向君主懇切陳情時習慣穿的那種衣服，攜帶著平常在國王受到觸犯赫然震怒時，用來求他息怒的教儀規定的各式聖物，匆忙迎接凱撒的到臨，委身聽命。凱撒接受了他們的投降，還安慰了他們。然後，他穿過敵人的防禦工事，在部下們的熱烈祝賀聲中，來到城市的原來屬於他控制的那部分，他們歡欣鼓舞的不光只是這場戰爭和這次戰鬥的歡樂結局，而且還因為他是在這種場面下來到他們身畔的。

33 掌握了埃及和亞歷山卓，凱撒仍舊把老托勒密寫在遺囑上並要求羅馬人民不要更動的那些人安排到王位上去，兩個男孩中的長子，即那個國王，已經故世，凱撒把王國授給了他的幼子和兩個女兒中的長女克婁巴特拉，她一直是忠實贊助他的人。次女阿爾西諾，即我們說過伽尼墨德斯用她的名義長期粗暴地統治的那個，他決定讓她離開這個國家①，免得王權在還沒經過一段時間得到鞏固以前，在這些好亂成性的人中間，又產生新的分裂。他把老兵組成的第六軍團隨身帶走，所有其餘的都留了下來，好讓這些握有王權的人統治起來更強有力些，因為他們一直忠實地保持著對凱撒的友誼，所以不可能得到自己臣民的愛戴，而且他們剛只登上王位幾天，還沒有日積月累而來的威信。同時，他認為，如果國王保持對我們的忠誠，我們的軍隊可以成為他們的安全保障，如果他們忘恩負義，這同一支監護的軍隊就可以加以強制，這對於我們國家的尊嚴、對於公眾的利益，都是有幫助的。所有的事情都這樣安排完畢之後，他自己動身向敘利亞趕去②。

34 當這些事情正在埃及進行時，德奧塔魯斯國王③來到凱撒留下來主持亞細亞和附近幾個行省的卡爾維努斯・多彌提烏斯這裡，要求他不要聽任他自己的王國小亞美尼亞(Armenia Minor)和阿里奧巴

①後來凱撒把阿爾西諾帶到羅馬，作為戰俘，在自己的凱旋式中遊行示衆。按照羅馬多少世紀來的舊例，俘虜在凱旋式後應立即斬首，但她在遊行後卻獲得了自由，而且和克婁巴特拉一起成為塞浦路斯的聯合統治者。後來因為克婁巴特拉嫉妒她，唆使馬爾庫斯・安東尼將她處死。

②從這裡看，似乎凱撒是一結束亞歷山卓戰役後就馬上起程趕到敘利亞去的，事實上，儘管羅馬方面急如星火地催他到小亞細亞去解決法爾那西斯入侵問題，他在埃及又足足耽擱了三四個月才動身，可能主要是為了迷戀克婁巴特拉。蘇埃托尼烏斯說他曾經陪了克婁巴特拉，坐遊艇上溯尼羅河直至埃塞俄比亞邊境（〈凱撒傳〉五二）。狄奧說他把埃及送給了克婁巴特拉，還說他本來就是為了她才發動這次戰爭的(42. 44)。

③德奧塔魯斯(Deiotaus)——原來是伽拉提亞的一個四分領君主，在龐培對彌特里達特作戰時，他曾大力支援龐培，得到本都王國的一部分作為酬報。公元前五二年，羅馬元老院又給了他小亞美尼亞和大部分伽拉提亞，並得到國王的稱號。在內戰中，因為他曾經出兵幫助龐培，凱撒剝奪了他的許多領土，還罰了他一筆巨款。凱撒死後，他先是參加了殺害凱撒的布魯圖斯一方，後來又轉入安東尼陣營，在安東尼的庇護下，成為全伽拉提亞的國王。

阿里奧巴扎涅斯是卡帕多基亞的國王，內戰初期也站在龐培一邊，戰爭結束後也被凱撒罰了一筆巨款，才得到饒恕。

扎涅斯的王國卡帕多基亞被法爾那西斯①占領和蹂躪，說如果不把他從這場災難下解放出來，他就沒法推行自己的政令，也沒法償付答應給凱撒的錢。多彌提烏斯不僅考慮到這筆款子是開支軍事費用所必不可少的，而且還認為自己同盟和友邦的領土如果被外國君主占了去，是對羅馬人民和得勝了的蓋尤斯·凱撒的侮辱，對他本人的輕蔑。因此他立刻派使者到法爾那西斯那邊去，叫他撤出亞美尼亞和卡帕多基亞，不要趁羅馬人民忙於內戰時，觸犯羅馬人民的權利和尊嚴。他相信，如果自己帶著軍隊更走近對方的領土一些，這警告就會顯得更有力。於是，他自己趕到軍中，把那三個軍團之一，即第三十六軍團帶了出來，並把其餘的兩個派到埃及去給凱撒，凱撒已經來信索取過它們。但這兩軍團中有一個因為是從陸路經過敘利亞派去的，所以沒趕得上參加亞歷山卓之戰②。格涅尤斯·多彌提烏斯在自己的第三十六軍團之外，又加上了德奧塔魯斯國王的兩個軍團，這兩個軍團已經由國王建立了好多年，完全是仿照我軍的紀律和武裝訓練起來的。在這上面，他又再加上了一百名騎兵，並且還從阿里奧巴扎涅斯那裡討了同樣數目的騎兵。他派普布利烏斯·塞斯提烏斯(Publius Sestius)到財務官蓋尤斯·普萊托里烏斯(Gaius Plaetorius)那邊去，叫他把在本都匆忙中徵集起來的士兵編成的那個軍團帶來。又派昆圖斯·帕提西烏斯(Quintus Patisius)到西里西亞去徵集同盟軍。這些部隊按照多彌提烏斯的

①法爾那西斯(Pharnaces)——本都國王彌特里達特六世的一個兒子，他趁他父親和羅馬作戰失敗之際發動叛亂，迫使他父親自殺，龐培把博斯普魯斯王國給他作為酬勞。他擴大了這個國家，並趁羅馬內戰的機會占領了小亞美尼亞、卡帕多基亞和科爾基斯。被凱撒在澤拉一役中擊敗後，返回本國，後來在一場叛亂中被自己的將軍阿桑德殺死。

②趕得上參戰的一個即第三十七軍團，已見前第三十三節。

命令，很快都在科馬那(Comana)集合。

35 同時，使者從法爾那西斯那邊帶來了這樣的答覆：他已經撤出卡帕多基亞，但他收復了小亞美尼亞，這是他父親傳下來的遺產，根據繼承權，應該歸他占有。總之，他願意把這王國的問題原封不動留待凱撒來解決，無論凱撒作出怎樣的決定，他都準備服從。格涅尤斯·多彌提烏斯注意到，他雖然已經退出卡帕多基亞，但不是出於自願，而是由於不得已，因為守衛和他自己的王國毗鄰的亞美尼亞，比守衛較遠的卡帕多基亞容易得多。多彌提烏斯還知道，法爾那西斯原來認為自己是帶了全部三個軍團一起來的，現在他聽到其中的兩個已經派到凱撒那邊去，這就使他更加壯大了膽子在亞美尼亞耽擱下去了。多彌提烏斯開始堅持要他連這個王國也退出去，說若論合法權利，卡帕多基亞和亞美尼亞並沒有什麼不同，就連他要求把事情原封不動地拖到凱撒來，也是毫無道理的，一件事情只有原來是這樣，現在還是這樣，才叫做原封不動。給了他這樣答覆後，多彌提烏斯帶著上面說過的那支軍隊開始出發，沿著高地向亞美尼亞趕去。因為從本都的科馬那起，就有一條很高的、樹林很多的山嶺，一直伸到小亞美尼亞，成為卡帕多基亞和亞美尼亞之間的分界。他看到走這條路有一定的方便之處，一則在高地上走，敵人沒有發動突然襲擊的可能，再則這條山嶺的一側和卡帕多基亞相連，那邊可以提供他大量給養。

36 同時，法爾那西斯派很多使者到多彌提烏斯這裡來商談和平，還給多彌提烏斯帶來配得上國王的禮品，所有這些都被他堅決拒絕。他回答使者說，再沒什麼比維護羅馬人的尊嚴，給它的盟邦收復國土更加重要。在連續不斷地趕完很長一段路程之後，他到達尼科波利斯(Nicopolis)，這是小亞細亞的一個市鎮，就坐落在那片平原上，只是它的兩側在相當遠的一段距離之外，都有很高的山嶺矗立著。就在這裡，距尼科波利斯大約七羅里，他紮下營寨。從他那營寨往前走，路上要穿過一處狹窄而又崎嶇的峽谷，法爾那西斯把精選出來的步兵和差不多他的全部騎兵都布置在那邊，作為埋伏，而且還下令把大量牲口散亂地放置在那邊的隘口處，並叫一些鄉下人和城鎮居民耽擱在那地方，故意讓人家看到。他是這樣打算的：如果多彌提烏斯是帶著友好的態度進入那峽谷的，當他看到那些人和牲口在田野裡來來去去走動，只當來的人是自己的朋友時，就不會懷疑到有埋伏；反之，如果他不是懷著友好的態度前來，而是來進入敵人的領土的，那些士兵為了搶奪戰利品，一定會離開行列，到處亂竄，從而在散亂中被殲滅。

37 當他正在作這些布置時，他一面仍舊不斷派代表到多彌提烏斯那邊去侈談和平和友誼，他相信這樣容易使對方受騙些。但恰恰相反，正是由於有和平的希望，使多彌提烏斯有了留在營寨裡不出來的理由。因此，法爾那西斯失去了馬上成功的機會，他怕他的埋伏被發現，就把他的部隊召回營裡去。次日，多彌提烏斯向前進發，離開尼科波利斯更近了一些，就在靠城的地方紮下營。當我們的軍隊正在給它構築防禦工事時，法爾那西斯按照他自己一向習慣的方式布下戰陣。在正面，布下一橫列單行，它的兩側翼各有三列接應部隊在後面加強它；在中央，也以同樣的方式放置了接應部隊，其左右兩端，各留出兩段空隙，即只布列一層單行。多彌提烏斯把已經開始的營寨工事一直幹到結束，把他的一部分軍隊布置在壁壘前面。

38 次夜，法爾那西斯又截獲一些送信到多彌提烏斯這裡來、告知關於亞歷山卓的情況的人，知道凱撒正陷在極大的危險之中，迫切要求多彌提烏斯盡快派增援部隊到凱撒那邊去，叫他自己也通過敘利亞，向亞歷山卓推進。知道了這事，法爾那西斯認為多彌提烏斯很快就將離開，只要硬拖延時間，必然會取得勝利。因而，他在市鎮外面他認為我軍趕去攻擊他最方便、作戰也最有利的那一面，挖兩道直的壕塹，各深四尺，中間相距不很遠，為的是他可以把自己的部隊長期留駐在裡面，不出來作戰。他把他的部隊一直布列好停留在這兩道壕塹中間，全部騎兵則布置在壕塹以外的兩側面，因為他們除此以外再沒別的用處，而且他們的數目遠遠超過我軍的騎兵。

39 多彌提烏斯不免感到有些不安，主要不是因為自己的、而是因為凱撒的巨大危險。他認為如果他回過頭來再爭取過去自己拒絕過的條件，或者沒有什麼藉口就忽然離去，對方一定不會讓他平平安安地撤走。他就把自己的軍隊從鄰近的碉堡裡抽調出來，布下戰陣。他把第三十六軍團放在右翼，本都的那個軍團放在左翼，德奧塔魯斯的軍團放在中央。他把陣線的正面收縮得很狹，多餘的各營都安置在後面作為後援。雙方陣勢這樣布列好之後，就上前戰鬥起來。

40 戰鬥的號令差不多是雙方同時發出的，跟著就展開交鋒，而且彼此忽進忽退，戰鬥得很激烈。第三十六軍團在壕塹之外進攻國王的騎兵，戰鬥得非常順利，一直推進到該鎮的城牆，越過壕塹，從背後攻擊敵軍。只是在另一翼的本都軍團卻在敵人面前後退了一些，而且在試圖越過或繞過壕塹去攻打敵人暴露著的側翼時，就在越過壕塹之際被敵人頂住在那邊擊潰。德奧塔魯斯的軍團更是不堪一擊。這樣，國王的軍隊就在自己的右翼和陣線中央得到了勝利，轉過陣勢來對付第三十六軍團。他們卻英勇地抵住了勝利者的衝擊，在大批敵人的圍攻下，仍舊全神貫注地戰鬥著。他們結成圓陣，向山腳下退去。由於地形不利，法爾那西斯不願向那邊追去。這樣，本都軍團幾乎全軍覆没，德奧塔魯斯的軍團也大部分被殲，第三十六軍團撤退到高地上，損失不超過二百五十人。在這次戰鬥中，還失去了一些優秀卓越的羅馬騎士。經受了這次挫敗，多彌提烏斯仍能把他潰敗了的殘部收集起來，從安全的道路經過卡帕多基亞，進入亞細亞。

41 法爾那西斯因為戰鬥勝利而趾高氣揚，認為凱撒也會像自己所希望的那樣一敗塗地，就用全部軍隊占領了本都。他在那邊，以一個勝利者、一個極殘酷的君主的面目出現，以為自己注定會和他的父親有同樣的命運，只是結局將會更好①。他攻下了許多城鎮，掠奪羅馬公民和本都人的財物，甚至對一些容貌和年齡比較動人的人，處以比死刑還慘痛的刑罰②。這樣，他就在毫無抗拒的情況下掌握了本都的大權，吹噓自己收回了父親的王國。

42 大約就在同時，伊里呂庫姆這個幾個月以前還在我們手中，不僅沒喪失過體面，甚至還博得過稱揚的行省，也遭到了挫折。原來在夏天，凱撒的財務官昆圖斯・科尼菲基烏斯(Quintus Cornificious)作為代行司法官被派到那行省去，帶去兩個軍團。這行省的積儲雖然絕不足以供養一支軍隊，邊境上的戰事和內亂已經使它消耗殆盡，殘破不堪，但由於他既謹慎又勤勉，極端小心地避免冒冒失失的推進，光只以收復和守衛為事。例如，那邊有許多坐落在高山上的堡壘，它的有利地形使它的居民專門從事剽劫和攻戰。他攻下了一些這種堡壘，把戰利品分給了士兵，它們的數量儘管很微小，但在行省

---

①法爾那西斯的父親即本都國王彌特里達特大帝（六世）（公元前一二〇～六三年在位），是個極有才能和魄力的人，他在自己統治的早年，大大擴大了自己的王國，建立起一支強大的軍隊，趁羅馬共和末年貴族共和派統治十分腐敗無能、內部又經常發生變亂的時機，侵入卡帕多基亞、比提尼亞和羅馬的亞細亞行省等地，並且以解放者的姿態進入希臘，羅馬先後派蘇拉、盧庫盧斯和龐培到東方去對付他，在公元前八八～六六年間發生了三次「彌特里達特之戰」，成為漢尼拔以後羅馬遇到的最頑強的敵人。最後他遭到失敗，逃到裡海以北，他的兒子法爾那西斯發動叛變，使他走投無路，被迫自殺。

②指閹割。

這樣殘破的時候，他們也就感到很高興，特別由於這是他們靠自己的勇敢換得來的。屋大維從法爾薩盧斯戰役中逃出來後，就帶著一支很大的艦隊躲藏在那一帶海岸。科尼菲基烏斯在一向為共和國效勞異常出力的亞德拉(Iadera)人的幾條船協助之下，把屋大維的散亂的艦隊奪了過來。這一來，使他在原來同盟的船隻上又加進了這些俘虜過來的船隻，從此有一支可以作戰的艦隊。當在地球另一邊的極遙遠的地方，勝利的凱撒正在追逐格涅尤斯·龐培時，聽到他的對頭中有些人已經收拾起逃出來的殘部，進入伊里呂庫姆，因為那邊距馬其頓很近，他隨即寫信給伽比尼烏斯，叫他帶著由新徵召的兵員組成的軍團，趕到伊里呂庫姆去，和昆圖斯·科尼菲基烏斯會合，如果有什麼危險落到行省頭上來，便相機排除，如果那邊不需要多少兵力即可以保持安靜，就把軍團帶到馬其頓去，他相信，所有那邊的全部地區，只要格涅尤斯·龐培一天活著，戰爭就會重新爆發。

43 伽比尼烏斯正當在隆冬的嚴寒季節來到伊里呂庫姆，也許他認為行省的積儲很充裕，也許他認為有凱撒所向無敵的好運氣可以倚恃，可能他還相信自己的勇敢和經驗，因為已經有過多次在極危險的戰鬥中，都由於他的領導和闖勁，取得很大的成功。但他卻沒從行省得到多少物資支援，一則因為它已經很枯竭，再則還因為它不夠真心實意，加之，狂風惡浪使海上的通航受到阻礙，給養不能運用。在巨大困難的壓力之下，他不得不發動戰爭，與其說是出於自願，不如說是出於無可奈何。由於窘迫，他只得在極惡劣的氣候條件下去攻打一些堡壘和城鎮，經常遭到失利，以致連蠻族也輕視起他來。當他在向一個居住著極勇敢、極忠實的羅馬公民的沿海城鎮薩洛那退去時，在行軍途中被迫發生戰鬥。在這次戰鬥中，他損失了二千名以上士兵，三十八名百夫長和四名軍團指揮官。他帶著殘部退到薩洛那。在那邊，一切東西都很缺乏，在沉重的壓力之下，幾個月以後他就得病死去。他活著時的不幸遭遇和他的突然死亡，給屋大維帶來了極大的希望，他認為自己可以占取行省了。但在戰爭中往往起很大作用的命運之神，以及科尼菲基烏斯的勤勞和瓦提尼烏斯的勇敢，不允許他這樣一直長期的走運下去。

44 這時瓦提尼烏斯在布隆狄西烏姆，知道了伊里呂庫姆發生的事情，同時又有科尼菲基烏斯不斷來信催促他去支援行省，他還聽到馬爾庫斯・屋大維已經和蠻族結成同盟，並在一些地方攻擊我軍的駐軍，有時候親身帶著艦隊去，有時由當地的蠻族步兵去。因而，雖然瓦提尼烏斯身患重病，幾乎力不從心，但他很勇敢地克服了健康上的障礙和在冬天突然準備行動的困難。由於自己在港塢中只有很少幾條戰艦，他送信到正在阿卡亞的昆圖斯・卡勒努斯(Quintus Calenus)那邊去，請他派一支船隊到自己處來。但他又考慮到這樣太慢，趕不上解救我軍的危險，他們已經擋不住屋大維的攻擊了，他就把一些小艇裝上鐵嘴，儘管它們體積太小，不很適合戰鬥，但他擁有的數目卻很多，他把它們加到自己的戰艦一起，艦隊在數目上得到了增加。他還有從所有各軍團中抽出來的大量老兵，這些都因為是傷病員，在大軍渡海到希臘去的時候被留在布隆狄西烏姆的，他把他們都安置在船上，就這樣出發向伊里呂庫姆趕去。那邊有不少沿海城鎮已叛變並投降了屋大維，他收復了一部分，另一部分一意孤行、堅執不肯回頭的，他暫時放開不去管它，他不願讓任何緊急的事情干擾或阻礙他盡可能全速追趕屋大維。後者這時在海陸兩路進攻一個叫厄皮達魯斯(Epidaurus)的市鎮，我軍有一支駐軍正在守城，瓦提尼烏斯的到臨迫使他放棄攻擊，解救了我方的駐軍。

45 當屋大維知道了瓦提尼烏斯的那支艦隊大部分都是小艇改裝之時，對自己的艦隊充滿信心，把它們開航到陶里斯島(Tauris insula)外面。瓦提尼烏斯也追著駛到這一帶來，倒不是因為他知道屋大維已經航到這裡，而是因為後者已經先駛出很多路，決心來追上他。當他的船一字散開，靠近陶里斯時，海上風浪很大，波濤洶湧，他絲毫沒懷疑到會有敵人來。忽然之間，他注意到有一條船正在向他駛來，帆桁已經降落到桅桿的一半，上面還布列著戰士。他一看到它，立刻命令把帆捲起，降低帆桁，部隊都武裝起來，並且升起帥旗，這就是他命令戰鬥的記號。他發號令給跟在他後面的第一條船，叫它也這樣做。瓦提尼烏斯的部下就這樣面對突然襲來的敵人，作好準備。屋大維部下的船隻也早已作好準備，一艘接一艘駛出港塢。雙方戰鬥的陣勢列好了，屋大維的艦隊在隊形上占優勢，瓦提尼烏斯則在部隊的士氣上占優勢。

46 當瓦提尼烏斯看到自己的船隻不論從大小上講還是從數目上講，都不足以在一場遭遇戰中和敵人對抗時，他就聽任命運來決定一切。於是他一馬當先，用他自己的五列槳艦向屋大維本人乘坐的四列槳艦奔去，屋大維的船也極迅速、極勇敢地朝著他划過來，兩條船的船頭鐵嘴互相猛撞在一起，屋大維的船嘴馬上碎裂，它的木頭部分楔牢在對方的船上，脫不開身。其餘各處也都在竭力搏鬥，靠近首領們的地方交鋒尤其激烈，因為大家都想去支援自己的一方，一場大戰就擠在很狹小的一片海域裡互相貼緊著進行。船靠緊在一起作戰的機會愈多，瓦提尼烏斯的部下就愈占上風，他們表現了令人欽佩的勇敢，毫不遲疑地從自己船上跳到敵人船上去，只要戰鬥能旗鼓相當地進行，他們都能憑自己遠超過對方的勇敢，順利結束戰鬥。屋大維自己的四列槳艦沉沒了，此外還有許多船被捕或被鐵嘴沉穿擊沉，他的戰士有些在船上被殺死，有的跳進海裡。屋大維自己逃上了一條小船，後來因為逃上這條船的人太多，使它無法動彈，他雖說受了傷，還是能夠再向自己的另一條小戰艦游泳過去，被接了上去。當戰事因黑夜降臨停下來時，他在狂風惡浪中揚帆遠去。他的那些船艦中有不少碰巧從這場危險中逃了出去，也跟隨著他一起走了。

47 另一方面，瓦提尼烏斯大功告成後，吹起退軍號，全部軍艦都完整無恙地、勝利地進入屋大維的艦隊從那邊出來作戰的這個港口。這一役中，他捕獲一艘五列槳艦、兩艘三列槳艦、八艘雙列槳艦，以及屋大維的大批槳手。他就在那邊把第二天花在整修自己的和捕獲來的艦隻上面，又次日，他向伊薩島趕去，相信屋大維在逃亡途中，已經躲到那裡去。島上有一個市鎮，它是那一帶最最有名、也是和屋大維關係最最密切的市鎮。在瓦提尼烏斯一到那邊時，鎮上人都懇求投降給他，他發現屋大維帶著不多幾條小船，已經乘著順風航到希臘地區去，將從那邊再航向西西里，然後趕到阿非利加去。這樣，在很短的一段時間裡，他完成了輝煌的事業，把行省收復了交還給科尼菲基烏斯，並把敵人的艦隊逐出那一帶整個海岸，全部軍隊和艦隊都安然無恙、大獲全勝地返回布隆狄西烏姆。

48 當凱撒正在迪拉基烏姆圍困龐培，在老法爾薩盧斯(Palaepharsalus)獲得勝利，在亞歷山卓從事危險很大、但謠言把它誇張得更大的戰鬥時，昆圖斯・隆吉努斯・卡西烏斯①作為代行司法官被留在西班牙，主管遠西班牙行省。不知是由於他一向的脾氣、還是由於他過去在該省擔任財務官時曾經由於陰謀計算受過傷，所以痛恨西班牙人，使他給自己招來了更多的怨恨。他自己也很了解這種情況，

---

①昆圖斯・隆吉努斯・卡西烏斯(Quintus Longinus Cassius)原是龐培一派的人，在龐培擔任掛名的西班牙行省長官時，他曾作為龐培的財務官在西班牙大事搜刮（公元前五三年）。公元前四九年，他歸附了凱撒，擔任人民保民官，和安東尼一起成為凱撒在元老院中的主要代表，後來又和安東尼一起逃出羅馬，投奔正在拉維那的凱撒。本書在敘述他在西班牙激起兵變的經過時，一會兒稱他卡西烏斯，一會兒稱他隆吉努斯，一會兒又稱他昆圖斯，為方便讀者起見，已全部改作卡西烏斯。本書在別人身上也有這種情況，連凱撒本人也有的地方只稱尤利烏斯，都已照此改稱凱撒，不另加注。

可能是由於他自己將心比心，相信行省人也一定痛恨他，還可能是從那些不善於掩飾自己憤恨的人流露出來的一些跡象和證據上看出來的。他急於要抵銷行省對他的痛恨，就竭力爭取軍隊的愛戴。當他剛一把軍隊集中到一個地方時，他答應給士兵們每人一百塞斯特斯，不久之後在盧西塔尼亞，在攻下了墨多布雷伽(Medobrega)城和墨多布雷伽人逃到那邊的赫彌尼烏斯山(Herminius)，在那裡被歡呼推奉為「英佩拉托」時，他又獎給每個士兵一百塞斯特斯。再加，他還給很多個人頒發了巨額獎金。這些獎酬表面上似乎引起了士兵對他的一時愛戴，但它們卻在不知不覺中逐漸破壞了士兵們的嚴格紀律。

49 在把他的軍團安頓到冬令營去之後，卡西烏斯趕到科爾杜巴去主持審判工作，還決定向行省徵收一筆很重的捐稅，來償還他在那邊背上的債務。習於行賄的人，必然會把自己的慷慨大方作為進一步尋求更多賄賂來源的漂亮藉口。富有的人被強行勒索金錢，卡西烏斯不僅答應、而且強迫把這些款項作為自己欠的債記入賬內。窮人被挑撥起來和富人階級發生衝突，製造不和。不問什麼樣的油水，巨大而又公開的也好，微小而又見不得人的也好，沒有一種能逃得過這位統帥在私下或在公開場合撈它一把。任何一個人，只要還有什麼東西可以挖出來，不是被迫交保，就是被列入被告人的名單。這樣，在犧牲和丟失私家財產之外，還加上一種使人時時擔心大禍臨頭的焦急心情。

50 終於，就為了這些原因，卡西烏斯這個當統帥的人既然做的還是當財務官時做過的事情，行省人士就也再用同樣的陰謀來害他的性命。他們的憤恨又從卡西烏斯的一些僚屬處得到了支持和鼓勵，這些人原本是他敲詐勒索的伙伴，雖說在用他的名義為非作歹，但對他痛恨的程度並不稍稍輕些，劫掠有所得，他們撈入自己的腰包，劫掠無所得或者被阻止了的時候，他們就歸過於卡西烏斯。他徵集了一個新的第五軍團，徵兵這件事本身以及因增加這個軍團而加添的開支，更增加了對他的憎恨。騎兵被增補到三千人，並且花費了巨款來裝備他們，簡直不讓行省有稍稍喘息的機會。

51 同時，他接到凱撒的來信，囑咐他帶著軍隊渡海到阿非利加去，經過毛里塔尼亞趕到努米底亞人的領土，因為尤巴已經派出大批援軍去給格涅尤斯・龐培，據說他還會派更多的人去。一接到這封信，他馬上感到一種出於傲慢的喜悅，認為已經讓自己得到一個絕妙的機會，可以獲得新的行省和富裕的王國了。於是，他親自動身到盧西塔尼亞去召集軍團，徵調同盟軍，還委派一些人擔負起準備糧食和一百條船隻、攤派和需索金錢等任務，免得他在回來時因這些事情受到耽擱。他回來得非常迅速，超出一般人的預料，卡西烏斯並不缺乏幹勁和戒心，特別是在他一心垂涎什麼東西的時候。

52 他把軍隊都集中到一個地方，營寨紮在科爾杜巴附近。在一次集會上，他向士兵們說明根據凱撒的命令須要做些什麼事情，他答應他們一渡海到毛里塔尼亞時，就每人發給一百塞斯特斯，還說，第五軍團將留在西班牙。會議後，他返回科爾杜巴。就在那一天的下午，當他進入審判廳的時候，有一個盧基烏斯・拉基利烏斯(Lucius Racilius)的門客叫彌努基烏斯・西洛(Minucius Silo)的，打扮作士兵，交給卡西烏斯一個條子，裝作向他提出一份什麼申請似的。這時，拉基利烏斯就走在卡西烏斯身旁，西洛退到拉基利烏斯背後，好像在請求答覆。一有機會，他迅速插到他們兩個人中間，左手從後面捉住卡西烏斯，右手拿一把匕首，戳了他兩刀。這時，一聲發喊，所有參與陰謀的人一起動手攻擊。穆那提烏斯・弗拉庫斯(Munatius Flaccus)一劍刺死了靠他最近的那個校尉，殺死他之後，又刺傷卡西烏斯的副將昆圖斯・卡西烏斯①。接著，提圖斯・瓦西烏斯(Titus Vasius)和盧基烏斯・馬爾克洛(Lucius Marcello)也同樣信心十足地上來幫助他們的同鄉弗拉庫斯——他們都是義大利卡人。斯奎盧斯・利基尼烏斯(Squillus Licinius)又奔向卡西烏斯本人，但因為他倒伏在地上，只輕微地傷了他幾處。

53 四面八方都有人奔來保護卡西烏斯，習慣上他總有許多帶武器的貝羅尼斯人(Berones)和留用老兵在自己身旁作為衛隊。他們截獲了其餘所有跟上來意圖行凶的人，其中有卡爾普尼烏斯・薩爾維亞努斯(Calpurnius Salvianus)和馬尼利烏斯・圖斯庫盧斯(Manilius Tusculus)。彌努基烏斯正在穿過堆放在路上的石塊逃走時被捉住。卡西烏斯這時已送回家中，他被帶到卡西烏斯家裡。拉基利烏斯躲進附近的一個朋友家中，想等著聽究竟卡西烏斯是否殺死了的確切消息。盧基烏斯・拉特倫西斯(Lucius Laterensis)深信卡西烏斯已經死去，歡歡喜喜趕到營裡，向本地士兵和第二軍團的人祝賀，他知道這些人對卡西烏斯都特別痛恨。一大幫人把他捧上將壇，稱他為司法官。凡是像本地軍團士兵那樣出生在本省的，或者像第二軍團的士兵那樣因為長期居留、實際上已經成為行省人的，在痛恨卡西烏斯這一點上，沒有一個人不和整個行省意見一致。至於凱撒指派給卡西烏斯的第三十和第二十一軍團，是剛剛幾個月以前才在義大利徵集的，第五軍團則最近才在行省裡建立起來。

54 同時，有消息傳到拉特倫西斯處，說卡西烏斯還活著。這消息與其說使他心煩意亂，還不如說使他傷心失望，但他很快就重新恢復理智，趕來探望卡西烏斯。第三十軍團一知道情況，馬上就向科爾杜巴進發，來援助自己的統帥。第二十一軍團也一樣地做，第五軍團跟著他們。這時留在營中的軍

①昆圖斯・隆吉努斯・卡西烏斯手下的這位副將，名字恰巧與他本人完全相同，下面還要提到這個人，請注意。同名同姓的人多，是一件讀羅馬史的最感頭痛的事。共和時代，羅馬有名的族不過一二十個，大部分族又只有一兩個支派飛黃騰達，因之每一個階段都要遇到幾個名叫阿提烏斯・克勞狄烏斯、科涅利烏斯・倫圖盧斯或法比烏斯・馬克西穆斯等等的人。羅馬人的個人名字也翻來覆去只有十幾個，他們索性用一個縮寫字母來代表，如C.（蓋尤斯）、M.（馬爾庫斯）、P.（普利烏斯）、Q.（昆圖斯）……等，也不足以用來區別他們。

團已只有兩個，第二軍團的人深恐就光只他們留在後面，單憑這一點就能猜出他們的心意，因而也就照上面的幾個軍團的樣子做了。本地軍團卻堅持自己原來的意見，什麼都嚇不倒他們，或者迫使他們讓步。

55卡西烏斯命令把那些凡是被提到名字、參與了這次陰謀暗殺的人，都逮捕起來。他並且把第三十軍團的五個營留了下來，其餘的軍團都遣回營裡去。根據彌努基烏斯的揭發，他知道盧基烏斯·拉基利烏斯、盧基烏斯·拉特倫西斯和安尼烏斯·斯卡普拉(Annius Scapula)——這是一個很顯赫、很有勢力的行省人，卡西烏斯對他和對拉特倫西斯和拉基利烏斯同樣親信——都參與了這件陰謀案子。卡西烏斯在發泄他的仇恨上並不拖延，立刻下令把他們處決。彌努基烏斯被交給他的釋放人施加酷刑，同樣還有卡爾普尼烏斯·薩爾維亞努斯，他如實招了口供，還增加了同謀者的人數。有的人相信這是真的，有的人則抱怨說這是硬逼出來的。盧基烏斯·馬爾克洛同樣受了刑。……斯奎盧斯招出了更多人的名字。卡西烏斯命令把他們都處死，只除了那些出得起錢贖自己的人。例如他事實上公開和卡爾普尼烏斯達成一筆六萬塞斯特斯的交易，昆圖斯·塞斯提烏斯(Quintus Sestius)是五萬。雖說罰款是由於他們的巨大罪行，但出錢可以免除生命的危險和刑罰的痛苦，正說明卡西烏斯的貪婪並不亞於殘酷。

56幾天以後，他收到凱撒送來的信，從信裡知道龐培已經在戰場上被打敗，全軍覆沒後逃走了。得知了這事，使他憂喜交集。勝利的報導，不由得他不高興，但戰爭結束，他那橫行一時為所欲為的做法，也就要告終了，因而他竟然一時摸不定究竟是不用擔心什麼好，還是什麼都不來妨礙他好。當他的傷勢痊癒之後，他立即把賬上記著自己欠他們錢的那些人統統召了來，命令他們把這些款子都

記入已收項下。在他看來勒索得還嫌太少的人，就命令他交付一筆更大的款子。加之，他還準備在羅馬騎士中進行徵召，這些將從所有僑居公民和殖民地裡抽出來的人，害怕到海外去服兵役，他叫他們出一筆錢贖免軍役。這是一筆很大的收入，但它引來的怨恨卻更大。完成這些工作後，他檢閱了全部軍隊，然後把他準備帶到阿非利加去的那幾個軍團和同盟軍派往登船的地點。自己則趕到希斯帕利斯去視察準備在那邊的艦隊。他在那邊耽擱了一段時間，因為他已經向全行省發出通告，命令那些凡是被勒令捐輸錢財、至今未交付的人，統統都到他這裡來。這道召集令使所有這些人都大為驚慌。

57 與此同時，正在本地軍團擔任軍團指揮官的盧基烏斯・提提烏斯(Lucius Titius)帶信來說，當這個軍團在伊利帕(Ilipa)鎮附近駐紮的時候，忽然嘩變起來，已經和同樣屬於副將昆圖斯・卡西烏斯統率的第三十軍團分手，並且在殺死了幾個阻止我們拔營離去的百夫長之後，匆匆趕向第二軍團那邊去，第二軍團這時正被帶著從另一條路奔向海峽。知道了這事，卡西烏斯在夜間帶著從第二十一軍團中抽出來的五個營出發，天明時趕到奈瓦(Naeva)。為了了解究竟發生了什麼情況，這一天他就耽擱在那邊，然後奔向卡爾摩。在這裡，第三十軍團、第二十一軍團，以及第五軍團的四個營，連帶他的全部騎兵，都趕來集中。又聽說有四個營在本地軍團的壓迫之下，已和他們一起趕到正在奧布庫拉(Obucula)的第二軍團那邊去，他們全部在那邊聯合起來，推選一個義大利卡的本地人提圖斯・托里烏斯(Titus Thorius)做他們的領袖。卡西烏斯很快召集了一次軍事會議，派財務官馬爾庫斯・馬爾克盧斯・克勞狄(Marcus Marcellus Claudius)到科爾杜巴去設法保牢該城，還派他的副將昆圖斯・卡西烏斯到希斯帕利斯去。幾天以後，又有消息傳來說，科爾杜巴的羅馬僑民組織已經起來背叛他，馬爾克盧斯不知是出於本心還是迫於無奈——關於這一點，報告有分歧——已經和科爾杜巴人聯合起來，正在科爾杜巴擔任守衛的第五軍團的兩個營也這樣做了。這些事情激怒了卡西烏斯，他移營前進，第二天到達辛吉林斯河(Singiliense flumen)上的塞戈維亞(Segovia)。在那邊，他召集了一次大會，試探士兵們的心意。他了解到他們都對他極為忠心，但並不是為了他本人，而是為了不在場的凱撒，他們為了能給凱撒收復這個行省，任何危險都不迴避。

58 同時，托里烏斯帶著他的老兵軍團向科爾杜巴趕來。為了避免讓人家看起來好像鬧分裂的起因是由於士兵們和他本人生來好亂成性、反覆無常，同時還看到卡西烏斯在借用凱撒的名義調動比自己更多的兵力，認為自己有必要也抬出一個名望和勢力相埒的人來和他相抗，他便一再公開聲稱自己是在為格涅尤斯・龐培收復行省。他之所以這樣做，可能還是出於他自己對凱撒的仇恨和對龐培的敬愛，認為龐培的名字在馬爾庫斯・瓦羅統率過的這幾個軍團中①，有極大的號召力量。但他這樣做究竟出於什麼動機，是一件大家紛紛猜測的事情，這至少是托里烏斯自己講出來的理由。他的士兵也全都承認這點，甚至還把格涅尤斯・龐培的名字刻在自己的盾牌上。大批羅馬僑居公民迎著軍團趕來，不僅有男人，還有家庭主婦和青少年，紛紛要求他們不要像敵人那樣進入科爾杜巴去放手劫掠，說他們也和大家一樣痛恨卡西烏斯，但要求不要強迫他們反對凱撒。

59 這麼多一批群眾的哀懇和眼淚，感動了軍隊，他們還看出要打倒卡西烏斯，根本用不著借助龐培的名義，喚起大家對他的懷念，卡西烏斯在所有凱撒一派人心目中和在龐培一派人的心目中同樣感到可恨，無論是那地方的僑居公民還是馬爾克盧斯，要誘使他們起來反對凱撒，都是辦不到的。他們就把

---

①本地軍團和第二軍團都曾經是瓦羅的部下。

龐培的名字從盾牌上除掉，並把自稱在保衛凱撒事業的馬爾克盧斯推奉為首領，稱他為司法官，和那地方的僑居公民組織聯合起來，就在科爾杜巴附近紮下營。兩天以後，卡西烏斯也在離科爾杜巴約四羅里的拜提斯河(Baetis flumen)這一面的一處很高的地方紮了營，從城裡可以遙望到他。他遣使者到毛里塔尼亞的國王博古斯(Bogus)和近西班牙的代行執政官馬爾庫斯・勒皮杜斯那邊去，催促他們為了凱撒的利益，愈快愈好地給他和這個行省派援軍來。他自己又完全用對付敵人的方式，把科爾杜巴人的田地房屋都付之一炬。

60 這種行為的惡劣、可恥，使得推奉馬爾克盧斯為自己領袖的那幾個軍團紛紛跑到他面前來，要求他領著他們擺開陣勢出去，好讓他們在敵人侮辱性地當著他們的面把科爾杜巴人的貴重和心愛的財物搶去或利用劍和火毀掉之前，有一個戰鬥的機會。馬爾克盧斯雖然認為戰鬥是極堪痛心的事情，無論勝的一方還是敗的一方，他們的損失最後必然都落到凱撒一個人身上，但這卻又是他所力不能制的，他就把他的軍隊帶過拜提斯河，布下陣來。在看到卡西烏斯也已經在高地上自己的營門前面向著他布下戰陣時，馬爾克盧斯就以對方不肯下來到平地上來作戰為理由，說服自己的部下退回營寨裡去。接著他開始帶著部隊後撤。卡西烏斯知道馬爾克盧斯的騎兵較弱，自己的強得多，就派他們去攻擊正在撤退中的軍團，把他後軍中的許多人殺死在河岸上。從這次失利上，馬爾克盧斯認識到退過河去的錯誤和困難，改把他的營寨也移到拜提斯河這一邊來。這一來，雙方就經常把軍團帶出來，列下陣勢，但終於因為地勢很不利，没發生戰鬥。

61 馬爾克盧斯在步兵方面要強大得多，因為他所有的軍團都是身經百戰的老兵。卡西烏斯所依賴的與其說是軍團的英勇，還不如說是他們的忠誠。從而，當兩座營寨已經面對面地紮下來，馬爾克盧

斯已經選定一處有利的地形，可以造起一座營寨來切斷卡西烏斯取水時，卡西烏斯深恐在這個控制在別人手中、敵視自己的地區陷入某種被圍困的境地，因而在夜裡悄悄離開營寨，迅速行軍向烏利亞(Ulia)趕去。他相信這是個忠於自己的市鎮。在那裡，他把自己的營寨安紮在緊貼著城牆的地方，烏利亞本來就坐落在一處極高的山上，這樣，那地方的天然地勢再加上這市鎮的防禦工程，使得他的營寨四面都很安全，不怕攻擊。馬爾克盧斯跟在後面追他，並在盡可能靠近烏利亞的地方和他的營寨面對面安下營。他視察了當地的地勢之後，終於採取了無可避免不得不採取的戰術，因為他既要迴避戰鬥——如果一遇到這種機會，他將無法抗拒那些激動的士兵——又要防止卡西烏斯到處流動，愈跑愈遠，使得更多的城鎮遭到科爾杜巴人那樣的厄運。因而，他在許多合適的地方布下碉堡，同時又環繞著那市鎮築了一系列工事，把烏利亞和卡西烏斯都圍在工事裡。但在這些工事還沒完成之前，卡西烏斯就已經把他的全部騎兵都打發出去，他相信，如果他們能阻止馬爾克盧斯採牧和運糧，對自己將有很大的幫助，反之，如果他們也被封鎖在包圍圈中，就將變成毫無用處的沉重包袱，只是消耗自己寶貴的糧食。

62 不多幾天之後，國王博古斯接到卡西烏斯的信，帶著軍隊趕來這裡。他隨身帶來一個軍團，他在這上面還加上幾個營西班牙的同盟軍。因為正像內戰中常常發生的那樣，這時候，也有些西班牙國家在積極支持卡西烏斯，只是支持馬爾克盧斯的要更多些。博古斯和他的軍隊來到馬爾克盧斯的外圍工事，雙方發生了激烈的戰鬥，而且連續不斷的發生了多次，命運之神把勝利一會兒帶給這一方，一會兒帶給那一方。但是，馬爾克盧斯始終沒被從工事中逐出去。

63 同時，勒皮杜斯也從近西班牙行省帶著第三十五軍團的那些營、大批騎兵和其他同盟部隊，來到烏利亞，他的目的是想用不偏不倚的態度解決卡西烏斯和馬爾克盧斯的爭執。他一到，馬爾克盧斯就毫不猶豫，把自己交給他聽任他處分。卡西烏斯卻相反，仍舊守在自己的營寨裡，也許他覺得自己占的理由比馬爾克盧斯充足，或者還怕對方表示的恭順，已經先投合了勒皮杜斯的心意。勒皮杜斯把自己的營寨紮在靠近烏利亞的地方，和馬爾克盧斯完全合到一起去了。他不允許發生戰鬥，還邀請卡西烏斯出來，並用自己的榮譽來保證提出來的一切建議。有很長一段時間，卡西烏斯心裡疑惑不決，不知自己到底應該怎樣做，對勒皮杜斯到底該相信到什麼程度，但又覺得如果自己一直堅持寸步不讓，決沒辦法為自己的打算找到出路。因而，他提出要求，要拆除工事，並且讓他可以自由離去。這就不僅達成了停戰協議，而且幾乎實現了和平。工事拆除了，工事上的哨崗也被撤走。突然出於大家的意料之外——如果真的卡西烏斯也包括在這裡所說的大家中間，因為頗有人懷疑他是知情的——國王的同盟軍襲擊了馬爾克盧斯的距國王營寨最近的碉堡，把裡面的許多士兵困住在那邊，要不是勒皮杜斯在憤怒中迅速派援軍去分開戰鬥，可能就要遭到更大的損失①。

64 這時已經給卡西烏斯敞開一條通路，馬爾克盧斯把營寨和勒皮杜斯聯合起來。於是就在同時，勒皮杜斯和馬爾克盧斯帶著他們的部隊出發到科爾杜巴去，卡西烏斯則出發到卡爾摩。也就在這時候，特雷博尼烏斯以代行執政官的身份來主管行省。一知道他來，卡西烏斯把在身邊的軍團和騎兵分別遣回冬令營去，他本人則匆匆捲起自己的一切財物，趕向馬扎卡去，在那邊，儘管季節不適於航行，他還是登上了船，就像他自己宣稱的那樣，不願讓自己落到勒皮杜斯、特雷博尼烏斯和馬爾克盧

①據狄奧·卡西烏斯說，凱撒對勒皮杜斯的這次功勞，十分賞識，讓他享受了一次凱旋式。

斯手裡去；還像他的朋友們所說的那樣，避免自己輕車簡從黯然無光地穿過這個大部分已經背叛他的行省；又像其餘每一個人相信的那樣，免得讓自己經過數不清的一次次劫奪積起來的金錢，落到隨便那個別人手裡去。若按照冬天的氣候來說，他最初還算很順利，當他為了避免夜間航行而躲進希貝魯斯河時，變得有些風雨交加起來，但他還是相信自己航行出去沒有什麼危險，徑自把船開了出去，在河口遇到了頂頭惡浪，水流的巨大衝力使他不能把船掉過頭來轉身回去，在大風浪中又沒法保持自己的航行一直向前，他的船隻在那港口沉沒，本人也就此死去。

65 凱撒從埃及一到敘利亞，就從來自羅馬的人口中了解到，還從都城來的信件中得知，羅馬的行政機關工作得很糟糕、很無能，國家的公事，沒有一個部門處理得順順當當的。由於保民官之間的傾軋，發生了危險的動亂，加之，因為軍團指揮官和統率軍團的那些人的野心和縱容，許多違反軍隊習慣和風紀的事情都幹了出來，使嚴肅的軍紀解體了。看來所有這些情況，都在迫切要求他到場解決。但儘管這樣，他還是認為自己的首要工作是要讓他所經過的那些行省和地區，在他離開時，能安排得不必要再擔心發生內部爭執，能接受一套法律和秩序，還能擺脫對外來侵略的恐懼。這些事情，他希望能在敘利亞、西里西亞和亞細亞很快地完成，因為這些行省現在沒有戰事在干擾，但在比提尼亞(Bithynia)和本都，他身上背的擔子看來就要重得多。他聽到法爾那西斯還沒從本都退出去，他本來也並沒指望這個人會自動退出去，對多彌提烏斯·卡爾維努斯的戰爭勝利，正使得他神氣活現，不可一世。凱撒在那邊所有比較重要的國家都作了停留，把分有應得的獎酬分發給個人和國家，並且對舊有的爭執進行了調查，作出裁決。國王們、僭主們、君主們，作為行省的鄰居，都紛紛趕來他這裡，他接受了他們表示的忠誠，對他們提出要他們防護和保衛行省的條件之後，把他們當作自己和羅馬人民

最最友好的人那樣，遣他們回去。

66 在這個行省度過不多幾天以後，他就把那幾個軍團和敘利亞都交給了他的朋友兼親戚塞克斯圖斯・凱撒。他自己仍乘著來的時候乘的那支艦隊，出發到西里西亞去。他把那個行省裡的所有國家都召集到全西里西亞最聞名、最堅強的城市塔爾蘇斯(Tarsus)。在那邊，他把行省和毗鄰各國的所有事情都作好安排，但他心裡急於要出發去作戰，不願意多耽擱，就以急行軍穿過卡帕多基亞，在馬扎卡(Mazaca)停留了兩天之後，到達科馬那，西里西亞最古老、最神聖的柏洛娜(Bellona)神廟就在這裡。這座神廟極受尊崇，以致這個國家的國民一致公認這個女神的祭司在地位、權力和影響上，僅次於國王。凱撒把這個祭司的職位判定給一個極為高貴的比提尼亞人呂科墨德斯(Lycomedes)，他出身於卡帕多基亞的王族，他要求得到這個職位，根據的是毫無疑問的繼承權利，只是長期以來，由於他祖上的時運轉移，繼承權旁落，這祭司職位的傳授中斷了。至於阿里奧巴扎涅斯和他的兄弟阿里亞拉特斯(Ariarathes)兩人，因為他們對共和國都很好效過力，為了避免阿里亞拉特斯對他祖傳的王國提出要求，或者避免他作為王國的繼承人，威脅到阿里奧巴扎涅斯，凱撒把小亞美尼亞的一部分讓給他，還把他交給阿里奧巴扎涅斯作為一個受其管轄的藩屬。凱撒自己則開始以同樣的飛快速度，完成自己的行軍。

67 當凱撒走近本都和高盧希臘的邊界時，德奧塔魯斯趕來看他，雖說他當時是幾乎整個高盧希臘的四分領君主①，但其他的四分領君主都和他爭論，認為不論講法律還是講傳統習慣，都不該由他來

---

①四分領(tetrarchy)——這個字最初產生在希臘的塞薩利亞，指在它統一以前的四個分立的政治單位，在它統一後，它們又各自成為國家下面的一個行政區。後來在希臘化東方的許多地方都有了這種四分領，伽拉提亞的

擔任這個君主，雖然如此，他卻毫無爭議地被元老院承認為小亞美尼亞的國王。現在，他摒除了國王的章服，不僅打扮得像一個平民百姓，而且穿的是一身罪人的服裝，來向凱撒哀懇，要他饒了自己，說，他所處在的那個地區沒有任何凱撒的駐防軍，為此，他在軍隊和命令的脅迫之下，不得不參加了龐培的陣營，而且，羅馬人民中間的爭執，也不應該由他來判斷是非曲直，他只知道服從眼前的權威。

68 在答覆他時，凱撒提到了自己在擔任執政官時，通過政府法令給他的種種恩惠，又向他指出，他說的一番辯解的話，決不能被接受作為解釋他輕舉妄動的理由。因為像他這樣一個慎重和勤奮的人，一定會知道義大利和羅馬掌握在誰手裡，元老院和羅馬人民站在那一邊，共和國站在那一邊，盧基烏斯・科涅利烏斯・倫圖盧斯和蓋尤斯・馬爾克盧斯・克勞狄(Gaius Marcellus Claudius)之後接任執政官的是誰。儘管如此，凱撒說自己還是能看在他過去的功勞、舊日的交情和友誼，看在他的地位和年齡，看在許多從各地紛紛趕來為德奧塔魯斯求情的他那些賓客和友人面上，原諒他做的那些事情。凱撒還說，至於那些四分領君主正在爭論的問題，他會在今後加以研究的。然後，他叫他重新把國王的服裝穿上，但命令德奧塔魯斯把他那由本國人組成，但卻按我們的武裝和紀律編制的軍團，以及全部騎兵，都帶到他這裡來參與戰爭。

69 當他到達本都時，他把全部軍隊集中在一處地方。他的這支部隊無論就人數講，還是就作戰經

三個部落就各有四個這種四分領，各有自己的獨立統治者。敘利亞和巴勒斯坦也有許多小君主把他們自己的領地稱做四分領，雖然並不總是四個。許多重要性夠不上稱國王的統治者都自稱為四分領君主。

驗講，都只能算是中等的。只有他隨身從亞歷山卓帶來的第六軍團，是一個久經風霜和危險的老兵軍團，但一則由於陸路和海路的困難行軍，再則由於經常不斷的戰鬥，人員已經大大減少，竟連一千人都不滿了。除第六軍團之外，其餘還有三個軍團，一個是德奧塔魯斯的，其餘兩個就是我已經敘述過參加格涅尤斯·多彌提烏斯對法爾那西斯作戰的軍團。這時，法爾那西斯派使者來見凱撒，首先懇求凱撒不要滿懷敵意地進入他的領土，還答應凱撒說，法爾那西斯願意履行凱撒的一切指示。使者特別提到法爾那西斯曾經拒絕派援軍去支持龐培，對抗凱撒；反之，德奧塔魯斯卻派去了援軍，可是德奧塔魯斯的要求還是得到了滿足。

70 凱撒回答說：如果法爾那西斯能實現他的諾言，他將會極公平合理地對待他。雖說如此，他還是用他慣常的那種溫和平靜的口氣向使者們指出，他們用不著把德奧塔魯斯提出來作為話柄責備他，也不要把没派援軍去給龐培這件於自己有利的事吹噓得太過分。儘管從來没有什麼事情能比寬恕乞饒的人更使他高興些，但如果在行省遭受踐踏的是國家的利益，那就不能因為對他私人有過功而得到寬恕。再說，他們提到的所謂功勞，即法爾那西斯預見到龐培將失敗，没派出援軍，對他法爾那西斯本人比對不朽之神賜給了勝利的凱撒，好處更要多些。至於法爾那西斯對在本都經營事業的羅馬公民所犯下的令人髮指的嚴重罪行，既然已經無法再恢復原狀，他就也只能原諒他了。事實上既不能使被殺害的人重新恢復性命，更不能使那些受過閹割的人恢復人道，儘管羅馬公民所受的這種罪刑，真的比死還要殘酷。但法爾那西斯必須立刻撤出本都，包稅人的奴隸們必須還給他們，所有其他對同盟和羅馬公民的賠償工作，只要他力所能及，都應該做到。如果這些都做到了，這才可以把通常一個統帥在告捷時接受朋友們的獻貢和禮品送來給他——因為這時法爾那西斯已經送來給他一頂金冠。給了這些回答後，他遣使者們回去了。

71 所有這些，法爾那西斯都很樂意地答應下來。他希望，凱撒的匆忙奔走，會迫使他不暇過問事實真相，毫不遲疑地相信自己的諾言，以便可以體面地趕去處理更加緊迫的事情，因為沒有一個人不知道正有許多原因在催促他回羅馬去。於是他開始在一切事情上都採取欺騙手法，幹起事情來拖拖拉拉，要求把撤退的日子往後拖，還在談判條約時橫生枝節。知道了這個人的狡詐，凱撒在無可奈何的情況下，不得不也採用了平常時刻常常採用的、出於本性的戰術——即來一個使對方措手不及的突擊。

72 澤拉(Zela)是坐落在本都的一個市鎮，雖說在平原上，卻很險要可守，它的城堞築在一處天然的、但簡直像是人工刻削而成的高地上，其頂端高出於四周的地面。這座城鎮的周圍，都是重重疊疊的高山，有山谷縱橫相切，這裡面有一座最高的山，由於彌特里達特在這裡的勝利、特里亞里烏斯①的失利和我軍的敗績而在這一帶大大出了名，有道路沿著山嶺和市鎮相通，距澤拉大約不超過三羅里。法爾那西斯就在這裡修繕了他父親留下來的、曾經走運過的舊堡壘，以他的全部兵力盤據在這一帶地方。

73 凱撒距敵人五羅里紮下營，他看到國王的營寨賴以掩護的那條山谷，在相同的距離之外，也可以掩護自己的一座營寨，只要敵人不搶先去占領那塊地方，因為它離開國王的營寨近得多。他命令把

①蓋尤斯·特里亞里烏斯——第三次彌特里達特戰爭時羅馬統帥盧庫盧斯手下的副將。據說他在公元前六七年的一次戰鬥中想搶在盧庫盧斯之前擊敗彌特里達特，在地形很不利的地方發動攻擊，結果大敗，損失七千士兵、一百五十名百夫長和二十四名軍團指揮官（見普魯塔克的《盧庫盧斯傳》）。

築壁壘用的材料運到工事裡去。這些東西很快就收集起來，他在第二天晚上的第四更帶著全部軍團，輕裝離開營寨，累贅的輜重都仍留在營寨裡，在天明時出敵人不意占據了這塊地方。當年彌特里達特戰勝特里亞里烏斯就是在這個地方。他命令把所有積聚起來的築壁壘用的材料都由奴隸們從營寨裡運到那邊去，這樣他的士兵中間就用不著有人離開築防禦工程的地方了。因為把敵人營寨隔開的那條山谷離開凱撒開始築營寨工事的地方，只有不到一羅里寬。

74 天明時突然看到這種情況，法爾那西斯把他的全部軍隊在營寨前布列下來。由於雙方的中間地帶十分崎嶇不平，凱撒相信這也許是這位國王習慣的日常隊列訓練，或者是想引誘我方把更多的人力放在武裝戒備上面，以阻礙工程的進展，還可能是想顯示一下國王的信心，表明法爾那西斯守衛那地方主要依靠的不是工事，而是部隊。因而，凱撒不理睬他的阻撓，除了只用前面一列戰士在壁壘前布列開之外，其餘部分的軍隊仍留在工地上繼續工作。法爾那西斯忽然動起作戰的念頭來，使他這樣想的，也許是因為這地方曾經交過好運；也許是占卜和宗教在推動著他，我們後來曾聽到說他非常相信它們；可能還因為他認為我軍正在武裝戒備著的人非常少——因為他把根據每天的工作習慣正在搬運壁壘工程材料的大批奴隸，都信以為是從士兵中抽出去的人；還可能是由於他對他那支久經沙場的軍隊非常信任，正像他的使者吹噓過的那樣，他們曾經出戰和得勝過二十二次。加之，他還輕視我們的軍隊，知道這支部隊曾經在多彌提烏斯領導下被自己擊敗過。總之，既然決定了戰鬥，他就開始跑下很陡急的峭壁，正當這會兒凱撒在笑他虛張聲勢，笑他把軍隊緊緊擠在那塊任何頭腦清醒的敵人都不想上去的地方時，法爾那西斯卻已經帶著列成戰鬥陣列的軍隊，仍用跑下峭壁時的那種堅定步伐，開始爬登陡急的山谷。

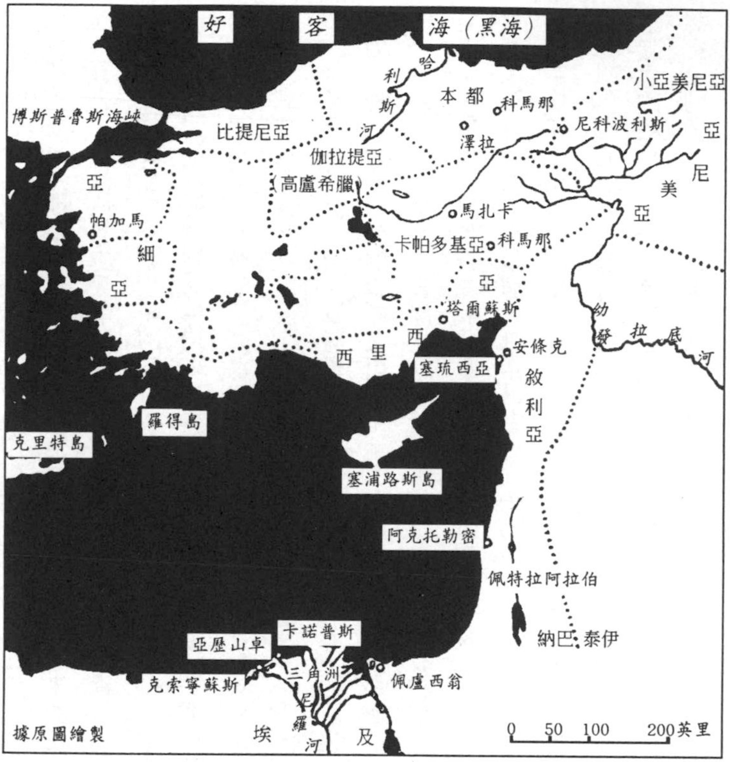

亞細亞和東部地中海
（〈亞歷山卓戰記〉）

75 這種令人難於置信的輕率和自信，驚動了凱撒，他既没料到這一著，也没作好準備，這時，他把士兵從工事上召回來，命他們拿起武器，把軍團面對敵人布置下來，按戰鬥的陣列展開。這些事情引起的突然騷動，給我軍士兵帶來很大的不安。在行列還沒排好時，國王的裝有鐮刀的四馬戰車，使還在散亂中的士兵更加驚慌，但這些戰車很快就被大量矢矛壓倒。接在它們之後來的是敵人的行列，喊聲一起就交戰起來。地勢給了我軍很大的幫助，但幫助更大的還是不朽之神的眷顧，因為神們雖然在所有戰爭的成敗關鍵上都要插上一手，但特別是在人類計謀無能為力的地方，他們尤其要顯示一下神通。

76 手接手的戰鬥，頑強而又激烈地展開了。右翼有老兵組成的第六軍團布置在那邊，首先露出勝利的徵兆。當這一邊的敵人被從斜坡上趕下去時，在左翼和中央，雖說慢得多，但在同一些神靈幫助下，也把國王的全軍擊潰。他們被擊退後，從高低不平的地面上倉皇逃回去時，步伐之快，完全可以和他們爬上崎嶇的山坡時的那種從容不迫作對比。從而，有許多士兵或則被殺死，或則被自己人衝倒，壓在下面，那些能憑仗輕捷矯健逃出去的，也丟失了武器，越過山谷後，就算已在高地上有險可守，因為沒有武器，有利的地勢也不能再對他們有所幫助。勝利使我軍精神抖擻，毫不猶豫地登上坎坷不平的山坡，攻取敵人的工事。儘管有法爾那西斯留下來守衛營寨的那幾個營在那邊抵抗，但敵人的營寨很快就被占領下來。法爾那西斯的全部軍隊不是被殺就是被俘，他自己帶著少數騎兵逃走了。要不是我軍忙於攻打營寨，使他有了逃走的機會，可能就會被活捉了交到凱撒手裡來①。

77 儘管凱撒獲得過多次勝利，但這樣的一次勝利卻給了他難於想像的高興，因為這麼大的一次戰爭，居然這樣快就被他結束了，特別當他回想起這次所面臨的突如其來的危險時，覺得對這場在萬分困難的局面中輕易取得的勝利，更應當格外感到慶幸。本都就這樣收復了，在把所有擄自國王的戰利品都分給了士兵們之後，他自己在次日帶著騎兵輕裝出發，命令第六軍團也動身到義大利去，接受它

①相傳凱撒在這次戰鬥結束後，遣人送信到正在萬分焦急地注視著東方局勢的羅馬元老院告捷，這封著名的告捷信裡只有三個字："veni, vidi, vici"（我到了，我看了，我打勝了）。但一般人認為沒這件事，這三個字是他後來舉行凱旋式時寫在遊行隊伍中的大標語牌上的。

的獎酬和光榮。他又把德奧塔魯斯的軍團打發回去，並把兩個軍團和凱利烏斯・維尼基努斯(Caelius Vinicianus)一起留在本都。

78 這樣，他經過高盧希臘和比提尼亞，進入亞細亞，在所有這些行省，他都了解了它們的爭執，作出了裁決，為這些四分領君主、國王和國家劃分了各自的權利和管轄範圍。我們前面說過在埃及戰鬥得很迅速和順利的佩伽蒙的彌特里達特，出身於貴族，而且受的訓練和教育也都是適合於一個君主的。因為全亞細亞的國王彌特里達特看到他出身高貴，在他年紀很小的時候就把他從佩伽蒙帶出去，留在自己的營裡許多年。因此，凱撒現在指定他擔任過去原在法爾那西斯控制下的博斯普魯斯(Bosphorus)的國王，這樣，在行省、羅馬人民和蠻族、敵對的君主之間，就有一位極友好的國王夾在中間，起到保障的作用。而且根據同族和親屬的權利，他還把高盧希臘的一個四分領，即幾年以前由德奧塔魯斯占有並統治的那個給了他。雖然如此，他並沒在任何地方遙遙無期地耽擱下去，以致超過正在騷動的首都①的迫切需要所能許可的限度。一到事情極順利、極迅速地安排好以後，就比任何人所預料的更快地趕到義大利。

①公元前四七年，凱撒正在亞歷山卓，羅馬沒能進行正常的執政官和司法官選舉，只出安東尼以獨裁官的司法官名義在維持，西塞羅的女婿多拉貝拉以人民保民官的身分提出過去凱利烏斯已經提出過的法案（見〈內戰記〉卷三第二十節），要求廢除債務、減免房租，羅馬又陷入激烈的黨派鬥爭。安東尼始則搖擺不定，後來又忙於處理義大利南部和西西里的軍團嘩變，無暇兼顧，首都一時混亂不堪，天天發生武鬥，元老院後來頒布了緊急戒嚴法令，動用了安東尼手下的軍事力量，多拉貝拉一派死於巷戰中的達八百人。因之各方面都正在盼望凱撒歸來。

阿非利加戰記

內容提要

節數	
1	凱撒航向阿非利加。
4—6	攻襲哈德魯墨圖姆未成，在魯斯皮那駐營。
7	勒普提斯向他投降，成為他的援軍的集中地。
9—11	凱撒竭力設法獲得糧食供應。
12—19	和拉比努斯的小戰鬥。
21	在駐魯斯皮那期間，他增加了軍隊，還獲得了武器和給養。
22—23	在烏提卡負責守城工作的加圖敦促小龐培去侵犯毛里塔尼亞國王博古斯的領土。小龐培照他的希望做了，但在阿斯庫魯姆吃了敗仗。
24	西皮阿、拉比努斯和佩特雷尤斯會師，凱撒因缺糧，困苦不堪。
25	西提烏斯和博庫斯國王侵入尤巴的領土，迫使他趕去救自己的臣屬。
27	西皮阿訓練他的戰象。
28	提提烏斯兄弟被維吉利烏斯俘虜，由西皮阿下令處死。
29	拉比努斯圍攻勒普提斯，但被擊退。
30—32	凱撒不願和西皮阿戰鬥。

33 阿基拉鎮向墨西烏斯投降。

34 克爾基那島向薩盧斯提烏斯投降。

35 一些蓋圖利人被西皮阿派到凱撒這裡來做間諜，刺探凱撒的兵力，他們向凱撒投降。

36 提斯德拉居民派使者來凱撒這裡，請求投降。西提烏斯以突然襲擊的方式攻下尤巴的一座最堅強的堡壘。

37—42 凱撒和西皮阿雙方的軍事行動。

43 孔西狄烏斯放棄對阿基拉的圍攻，退向哈德魯墨圖姆。

44—46 凱撒的船隻被敵人截獲，一些老兵因拒絕投降，被西皮阿下令處死。

47 凱撒的部隊因為遇到暴風雨，苦惱不堪。

48 尤巴帶援軍來幫助西皮阿。

49—52 凱撒在烏茲塔附近擊敗敵軍。

53 第九和第十軍團從西西里來到。

54 凱撒因為他的一些軍官行為不端，開革他們。

55 蓋圖利人的一場起義，迫使尤巴把他的一部分軍隊派回去，保衛自己的王國。

57 凱撒的士兵經常和西皮阿的部下交談；阿奎努斯正在和薩塞那談話時，被尤巴下令停止。

58—64 敵對雙方的軍隊很快在烏茲塔和哈德魯墨圖姆之間展開戰鬥，在很長一段時間內不分勝負，但後來凱撒終於大獲全勝。

65—73 凱撒占領澤塔，訓練他的軍隊對抗戰象。

74　瓦伽鎮宣布倒向凱撒一面，它受到尤巴的攻擊，被摧毀。

75—77　凱撒向薩爾蘇拉進軍，占領了它。塔貝那遇到同樣的命運。

78　特格亞之戰。

79—88　凱撒在塔普蘇斯征服敵人；進軍烏提卡；加圖自殺；凱撒占領該城。

89　凱撒饒赦昆圖斯·利伽里烏斯；進入烏提卡；許多居民被罰款。

91—92　扎馬的居民閉門不納尤巴。

93　孔西狄烏斯逃出提斯德拉，維吉利烏斯投降。

94　尤巴和佩特雷尤斯死去。

95　普布利烏斯·西提烏斯擊敗薩布拉。薩布拉陣亡。福斯圖斯和阿弗拉尼烏斯死去。

96　西皮阿也死了。

97　凱撒在扎馬和烏提卡出售敵人的財產。他把努米底亞降為行省，又給塔普蘇斯、哈德魯墨圖姆、勒普提斯和提斯德拉的居民規定了巨額罰款。

98　他渡海到撒丁尼亞的卡拉利斯，隨後前往羅馬。

阿非利加戰記

1 凱撒連續多天行軍，一天都不息，每天都趕完全程，終於在十二月十七日到達利呂拜烏姆(Lilybaeum)。他表示自己希望立刻就下船，但當時他身邊軍隊不多，只有一個新兵的軍團，騎兵勉強只有六百名。他把他的營帳就紮在岸邊，海浪幾乎一直沖刷到它腳下。他這樣做，為的是免得有人希望他能就此停息一下，並且使每個人都每天每時作好準備。只是在這個季節裡，沒有適於航行的風。但他還是把划手和士兵都留在船上，免得會錯過任何可以出發的機會。特別因為這個行省的居民有報告來說，敵人有不計其數的騎兵，有四個屬於國王的軍團和大批輕騎兵，又有西皮阿手下的十個軍團、一百二十頭戰象，還有幾支艦隊。只是，他並沒有被嚇住，仍舊抱著很大的決心和希望。這時，他的戰艦每天都在增加，許多運輸艦也在紛紛趕來，與此同時來的還有四個新兵的軍團，以及由老兵組成的第五軍團，數達二千的騎兵。

2 現在集中起來的已有六個軍團和二千騎兵。每個軍團，只要一到就被安頓到戰艦上去，騎兵也被安置到運輸艦上。因而，他命令艦隊的大部分首先出發，航行到阿波尼亞那島(Aponiana insula)去，這島離開利呂拜烏姆十羅里。他自己在後面耽擱了幾天，並以國家的名義把幾個人的財產出售了。然後，他對主管西西里的司法官阿利努斯(Alienus)作了有關各方面工作的指示，要他把其餘的軍隊迅速載上船去。給了這些指示後，他自己在十二月二十五日登船，立刻趕上他的其他艦隊。乘著一帆順風，迅速前進，四天以後就和少數幾艘戰艦航到可以望見阿非利加的地方。但其餘的運輸艦，除少數以外，都被風吹散了，隨處漂泊，分別航向許多別的地方。他帶著艦隊航過克盧佩亞，又航過涅波利斯(Neapolis)，此外還把許多離海不遠的堡壘和城鎮拋在身後。

3 隨後，他抵達哈德魯墨圖姆，那邊有一支對方的駐軍，由蓋尤斯・孔西狄烏斯(Gaius Gonsidius)統率著。在那邊出現的，還有格涅尤斯・卡爾普尼烏斯・皮索(Gneius Calpurnius Piso)，他帶著三千人左右的一支毛里人(Mauri)騎兵正從克盧佩亞沿海岸向哈德魯墨圖姆走去。凱撒在那邊港口外略略停留了一會，等到他其餘的艦隊全都到來時，就打發軍隊登陸上岸。這時它的數目是：步兵三千人，騎兵一百五十人。他們在城門前紮下營，避免傷害任何人，還禁止所有的劫掠。這時，城市裡的人武裝著布置在城牆上，城門前也聚起了很多人在進行自衛，他們的數目接近兩個軍團。凱撒騎馬繞該城轉了一周，觀察過它的地形之後，返回營裡。有些人責怪凱撒疏忽，沒事先向舵手和船長說明船隻該航行到什麼地方去，也没像過去一向習慣的那樣，先發給他們一道簽封好的指示，讓他們到一定的時間拆閱，以便大家向一個地方集中。但這絕不是凱撒没想到這一點。因為他估計到在阿非利加土地上，可能没有一個海港没有敵人的守軍，能讓他的艦隊保證安全地在那邊靠岸，因而他只能等候運氣偶然帶給他的登陸機會。

4 同時，他的一個副將盧基烏斯・普蘭庫斯(Lucius Plancus)要求凱撒給他一個和孔西狄烏斯接觸的機會，看看有没有辦法使他清醒過來。凱撒答應之後，他寫了一封信，把它交給一個俘虜，叫他送到城裡去交給孔西狄烏斯。當那俘虜一到那邊，剛按照指示把信交給孔西狄烏斯時，孔西狄烏斯還没接就先問：「這是什麼地方來的？」俘虜回答：「從統帥凱撒處來的。」孔西狄烏斯又說：「羅馬人民現在只有一個統帥，那就是西皮阿。」說完，他當著部下的面，立刻命令把那俘虜殺死。這封信不但沒讀過，連拆也沒拆開，原封不動地交給他信得過的人送去給西皮阿。

5 在城下度過了一夜又一天之後，孔西狄烏斯沒有給任何答覆。加之，凱撒其餘的部隊還沒能趕來增援他，他也沒有充足的騎兵和足以用來進攻這座市鎮的兵力，他所有的都是新兵，而且他極不願意剛剛一到就讓自己的部隊受到嚴重挫折。再則，這座城市的防衛工事非常堅強，它的地勢又很高峻，使人很難上去攻打它，同時還有消息傳來說，正有大批騎兵援軍趕來幫助城裡的人。由此看來，為了攻城而在這裡多事耽擱，似乎不是上策，很有可能正當在一心攻城時，背後被敵人的騎兵包圍起來，弄得非常狼狽。

6 正當凱撒考慮移營它去，突然從城裡衝出來一大批人，並且有一批由尤巴國王派來領取餉給的騎兵，也恰恰在這時趕來，給了他們支援。他們占據了凱撒剛剛離開動身趕路的那座營寨，開始來追趕他的後軍。一看到這種情況，軍團士兵突然停下步來，騎兵儘管人數很少，但仍舊極英勇地向大隊敵人衝過去。接著便出現了令人難於置信的事情，不到三十名高盧騎兵，卻把二千名毛里人騎兵殺退，使他們逃進城裡。在把他們擊退並逐回工事之後，凱撒重又按原來的計劃，急急趕路。但當對於屢次這樣做，一會兒追上來，一會兒又再被騎兵逐回城裡去時，他就把自己身邊的老兵軍團中的不多幾個營和部分騎兵布置在後軍，然後帶著其餘的部隊，開始緩步前進。這樣，離開該城愈遠，努米底亞人的追逐也就愈鬆勁。同時在他行軍途中，有使者從一些城鎮和要塞趕來，答應給他糧食，說已經準備好執行他的命令。因而這一天，就在魯斯皮那(Ruspina)城下紮下營。

7 在一月一日，他從那邊移營出發，到達勒普提斯城，這是一個免除貢賦的自由城市，城裡有使者趕到他這裡來，答應說，他們很樂意執行他要他們做的一切事情。因而，他在城門口布置了一些百

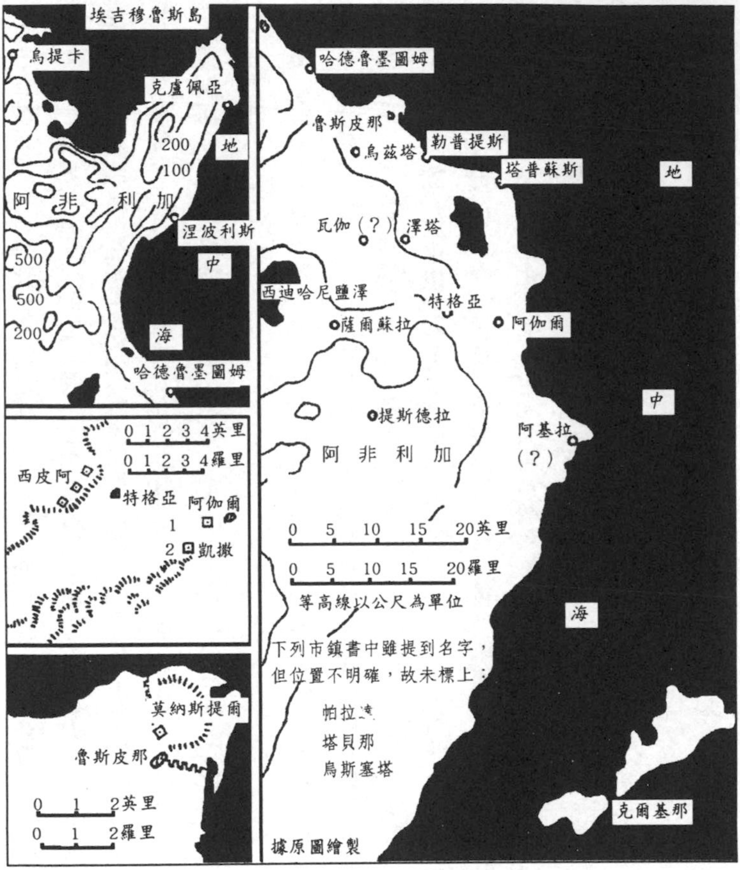

阿非利加

（〈阿非利加戰記〉）

夫長和哨兵擔任守衛，免得有士兵闖進城裡去，或者侵犯任何居民。營寨就紮在離開不遠的沿海地帶。碰巧有一些運輸艦和戰艦也航到那邊，據他接到的報告說，其餘的艦隻因為不熟悉那地方，已經在向烏提卡航去。在這時候，就因為這些迷了路的艦隻，所以凱撒不願意離開海岸，也不願意進入內地去。他把自己的全部騎兵都留在船上，不放他們上岸，我想，大概是為了避免他們在當地蹂躪的緣故，他命令就連水也運送到船上去給他們。誰知這時為了取水離船的槳手，卻遭到了毛里人的突然襲擊，他們乘凱撒的部隊意料不及時，突然用投槍傷了許多人，還殺死了一些人。這些毛里人騎著馬埋伏在山谷裡，突然衝出來襲擊，避免在平原上手接手近戰。

8 與此同時，凱撒派使者送信到撒丁尼亞和其他鄰近的行省去，叫他們一見到信就設法派援軍、給養和糧食來給他。他又空出一部分戰艦，派拉比里烏斯・波斯圖穆斯(Rabirius Postumus)帶到西西里去，把第二批人馬裝運過來。他命令瓦提尼烏斯帶十隻戰艦出去搜尋其餘迷途的運輸船隻，同時維持海上的安寧，不讓敵人侵擾。同樣，他還命令司法官蓋尤斯・克里斯普斯・薩盧斯提烏斯①帶部分艦隻，趕到這時正在敵人占領下的克爾基那島(Cercina insula)去，聽說那邊有很多糧食。把這些指示布置給他們每一個人時，他用的是一種不讓他們可以用事情的成敗難料作為藉口而推諉拖拉的口氣。同時，他還從逃亡者和當地居民口中知道了西皮阿和他手下的一伙參加對自己作戰的人所訂立的協議，西皮阿簡直是在竭盡阿非利加行省的全部所有供應國王的騎兵。這些人竟會喪心病狂到寧願做國王的臣僕，也不願意在自己國裡、在自己的公民同胞中間平平安安地享受自己的產業的地步。

9 在一月二日，凱撒移動營寨。留下六個營由薩塞那(Saserna)帶領著守衛勒普提斯後，他自己帶

①蓋尤斯・克里斯普斯・薩盧斯提烏斯(Gaius Crispus Sallustius)（公元前八〇～三四？年）——即有名的歷史學家薩盧斯特，阿非利加戰爭後，被凱撒委派為新建立的努米底亞行省長官，但返回羅馬後即因搜刮罪被控告，僥倖獲釋後退居鄉間，以寫作自娛，現留下的完整作品有《卡提林陰謀》和《尤古塔戰爭》，其餘多不全。

著其餘的軍隊，重又返回前天離開那邊趕來的魯斯皮那。軍隊的行李被留在那邊，他自己帶著一支輕裝的部隊出去，周遊各農莊搜集糧食。他命令鎮上的居民讓他們的所有大車和牲口都跟了去。這樣，他在找到大批穀物之後，返回魯斯皮那。他回到這個市鎮來的目的，我想，是為了不讓這個沿海市鎮留在自己身背後空虛著，而是要用一支駐軍守牢它並且給它築好防禦工事，以備接納自己的艦隊。

10 因而，凱撒留下一個軍團交普布利烏斯·薩塞那——即他留在附近的市鎮勒普提斯的那個人的兄弟——指揮，並囑咐他把盡可能多的木材運到城裡來。他自己離開魯斯皮那，向它的港口趕去。他帶去了七個營，都是從老兵的軍團中抽出來的，都曾經和蘇爾皮基烏斯和瓦提尼烏斯一起在艦隊裡戰鬥過。一到離城二羅里的港口，他就在傍晚時刻帶著這支軍隊登上艦隻。軍中沒一個人知道這位統帥的計劃，只能相互探詢，不由得因為焦急、擔憂而激動不安。他們看到他帶到阿非利加來登陸的軍隊人數如此之少，又都是新兵，並且還沒有全部都登陸，對抗的卻是一個人數眾多、奸詐百出的民族，光只騎兵就不計其數，在目前的困境中，他們看不出有什麼可以使自己得到安慰的東西，在自伙裡盤算起來，也不見有什麼得救的希望。要說有，那就是統帥面容上的表情、充沛的精力和不同尋常的歡欣，因為他顯露出一副神采奕奕、一往無前的神情。正是在他身上，人們找到了安慰，他們都希望依靠他的知識、技術和智謀，能夠使樣樣事情化險為夷。

11 在他的船上度過一夜之後，正當天色微明，他試圖出航的時候，突然看到他所一心掛念的那部分艦隊，一路東漂西泊，正好摸索到這裡。一知道這事，凱撒迅速命令大家都離開船，在岸邊武裝戒備著，等待其餘的這批部隊到來。這樣，當這些船隻毫不耽擱地載著士兵和騎兵進入港口時，凱撒又再次回到魯斯皮那鎮，就在那邊紮下營寨。他自己帶著輕裝的三十個營出去收集糧食。這樣一來，人們終於了解了凱撒的計劃，原來他的打算是要帶著自己的艦隊去援助那些迷了路的運輸艦，但為了避免他的船隻湊巧在不知不覺之間碰上敵人的艦隊，所以他要瞞著敵人，他也不願意留在後面擔任守衛的自己士兵知道這項計劃，免得他們因為人數太少，敵人人多勢眾，在擔心受嚇的情況下，不能盡到職守。

12 同時，當凱撒走到離開營寨已經三羅里的時候，偵察人員和騎兵先頭部隊向他報告說，他們已經在不遠之外看到敵人的軍隊。真的，這報告還只剛剛到達，就已經可以開始看到大股煙塵。一聽到這事，凱撒迅速下令把當時在那邊的數目不很多的全部騎兵，以及少數弓箭手，都召出營來，軍團也一起部伍井然地跟著他緩緩前進。他自己帶著少數武裝人員走在前面。很快敵人就可以老遠看到。他命令士兵們都戴上頭盔，在平地上作好戰鬥準備，他們的總數包括三十個營，並有四百騎兵和一百五十名弓箭手。

13 同時，敵人由拉比努斯和帕基德尤斯(Pacidei)兩兄弟率領著，展開成為一橫列長得出奇的橫隊，緊緊擠在一起，但卻不是步兵而是騎兵，中間穿插著努米底亞的輕裝兵和步行的弓箭手，陣列緊密得使凱撒的部下最初老遠一看到還以為他們是步兵。左右兩側翼都有許多騎兵隊在加強它們。同時，凱撒也盡可能把他那支單薄的隊伍布成一列單行。並把弓箭手安放在隊伍前方，騎兵布列在左右兩翼。他特別指示他們要留神不要讓人多勢眾的敵人騎兵包圍住，他認為陣勢雖布置好了，戰鬥卻將光只由步兵進行。

14 這時，雙方都在引領以待。凱撒靜立不動，他認為以自己這樣少的人，和敵人龐大的兵力作戰，主要應該鬥智而不應該鬥力。突然敵人的騎兵開始伸展開來，向兩側擴散，把丘陵也都包圍進去，使凱撒的騎兵也不得不跟著伸展得更加稀疏，而且開始準備形成圓形。凱撒的騎兵因為對方人多，感到難於應付。在雙方陣列的中央部分互相接觸時，夾在敵人密集的騎兵中間一起前進的努米底亞輕裝步兵突然快步衝出來，向我軍團的步兵投擲武器。這時，凱撒的部隊向他們發動攻擊，對方的騎兵逃走了，步兵則仍守在自己的陣地上，直到騎兵重新驅馬趕來，支持自己的步兵。

15 在這種新奇的作戰方式之中，凱撒看到每逢自己的隊伍在向前追擊，就要引起混亂，因為步兵在追逐對方的騎兵時，跑得離開隊伍一遠，側翼就不免要暴露出來，靠近的努米底亞人就可以用投槍殺傷人，而敵人的騎兵卻很容易靠飛馬奔馳避開我軍的輕矛。於是他逐行逐列傳下令去，禁止任何士兵跑到離開連隊的標幟四步以外去。同時，拉比努斯的騎兵自恃人多，試圖把凱撒單薄的部隊包圍起來。凱撒的那支小小的騎兵被大批敵人弄得筋疲力竭，馬匹也受了傷，稍稍向後退了一些，敵人卻愈逼愈緊。這樣，一時之間，所有軍團士兵都被敵人的騎兵包圍起來，使凱撒的部下被壓縮得成為一個圓圈，大家好像是被圈在一重圍欄裡進行戰鬥似的。

16 拉比努斯光著頭，騎馬在戰陣的最前列跑來跑去，在鼓勵自己的部下同時，偶爾也用這樣話和凱撒的軍團士兵搭腔：「喂，新兵，怎麼樣？瞧你們那股狠勁！你們也都被他的話迷住心竅了吧？天知道他已經把你們推進到多麼危險的絕境裡去了，我真替你們難過！」一個士兵回答他說：「拉比努斯，我不是新兵，我是第十軍團的老兵。」拉比努斯接上去說：「我認不出第十軍團的旗幟。」那士兵又說：「我馬上就會讓你認出我是誰來。」他一面說，一面把頭盔從頭上脫下，以便對方認出他，並且把他的輕矛對準拉比努斯用盡全力投過去，重重的一下正好戳進他的馬腹。他說：「讓你知道一下，拉比努斯，這就是第十軍團士兵給你嘗的厲害。」雖說如此，所有的士兵卻都很驚慌，特別是新兵們，只能眼睜睜地盯著凱撒，除了躲避敵人投來的武器以外，什麼都不管了。

17 一旦凱撒識破敵人的計謀，就命令把行列盡可能伸得愈長愈好，而且每隔一個營即有一個營轉過身去，使一個營背向著軍旗、下一個營面向著軍旗，這樣一來，連同他的左翼和右翼，就把包圍成圓圈的敵軍從中分割成為兩半。用他的騎兵把這一半和那一半隔開之後，再用他的步兵從內線向它發動攻擊，一陣陣投擲矢矛把他們驅走。我軍追去只不遠一段路，因為怕有埋伏，重又回到自己人這邊。凱撒的另一半騎兵和步兵也這樣做。任務完成後，敵人被驅逐到很遠的地方去，傷亡很重大。凱撒的部下仍保持著戰鬥的隊列，開始退回自己的駐地去。

18 與此同時，馬爾庫斯・佩特雷尤斯和格涅尤斯・皮索帶著一千六百名精選的努米底亞騎兵和同一族的一支相當龐大的步兵來到。他們一到就來支援自己人。同時，敵人從慌亂中定下心來之後，再次振作精神，把他們的騎兵掉過頭來攻擊我軍正在撤回的軍團的後隊，開始扭撓他們，不讓他們退進營寨。看到這點，凱撒下令回過身去，在平原中間重新戰鬥起來。敵人屢次採用同樣的戰術，就只不再手接手近戰，而凱撒的騎兵則因為他們的馬匹剛剛經過暈船、口渴、疲勞，以及在眾寡懸殊的鬥爭中受了傷，已經困乏得難於再堅持不捨地追逐敵人，而且白天留下來的時間也已經不多，凱撒鼓勵那些被圍攻的步兵和騎兵，叫他們奮力一擊，不到把敵人逐到最遠處的山嶺以外、把那處山嶺占領下來，不要罷手。這樣，當他看到敵人已經沒精打采，投擲起武器來也心不在焉時，突然一聲令下，縱使他的步兵和騎兵隊向前衝擊，不用多少時間就毫不費力地把敵人逐出那片平原，趕到山嶺後面去。凱撒的部下占領了那處地方，在那邊停留了一會兒，仍按戰鬥的隊列，慢慢回到自己的防禦工事。他們的敵人也同樣在挨了這一頓揍之後回到自己的駐地去。

19同時，經過這次較量，戰鬥停下來之後，敵人陣營中有許多人逃到凱撒這裡來，各式各樣人都有，加之還有不少步兵和騎兵被我俘虜，從這些人口中得知了敵人的計劃。他們原來是存心想用新奇、陌生的戰術，把凱撒新徵集來的、人數又不多的軍團士兵嚇得心慌意亂，然後像在庫里奧那時那樣，用騎兵包圍加以殲滅。拉比努斯在大會上就曾經說：他要給凱撒的對方提供千千萬萬同盟軍，即使凱撒的部下勝利了，光是砍殺這些人也是累得他們手酸力竭，這就將使他們轉勝為敗，被他自己的部下擊潰。事實上，就算沒這些同盟軍幫助，拉比努斯也很自信，首先他聽到在羅馬，老兵軍團拒不執行命令，不肯到阿非利加來①；次之，他在阿非利加統率這支部隊已經三年，已使這些人習慣成自然地效忠於他。加之，他還有作為同盟軍的大量努米底亞騎兵和輕裝兵。此外，他又有在龐培的軍隊戰敗潰散後他從布特羅圖姆隨身帶著渡海過來的那些日耳曼族和高盧族騎兵，以及後來在阿非利加從混血族中、從釋放人和奴隸中徵召來的一些已經被他武裝起來、訓練成為鞍馬嫻熟的騎兵的人。他又有尤巴國王派來作為援軍的一百二十頭戰象和無數騎兵。最後，他還有從各式各樣人中徵集來的一萬二千軍團士兵。就是這種希望和這一股勁頭，在鼓舞著拉比努斯，使他能帶著這一支一千六百名高盧

①公元前四七年，凱撒在亞歷山卓作戰，由安東尼到希臘去把參加過法爾薩盧斯之役的那些軍團帶回義大利，在那邊等候凱撒在戰爭中答應給他們的土地和金錢。在整個亞歷山卓戰爭的過程中，他們在義大利越等越不耐煩，軍紀大為鬆弛，發生了搶劫平民、圍攻軍官等行為。當凱撒結束了在埃及的戰事，想把他們帶到阿非利加去作戰時，軍隊嘩變起來，連凱撒所最信任的第十軍團也參加進去，他們幾乎打死凱撒派去叫他們趕到西西里去集合渡海的軍官，要求立刻允許他們解散，並把過去答應給他們的錢和土地給他們。凱撒仍以他那種一貫的潑辣大膽作風，親身趕到現場，三言兩語就解決了問題，使這些軍團仍跟他到阿非利加去作戰。這裡所說的軍隊不服從命令指此。

和日耳曼騎兵、八千不用鞍的努米底亞騎兵和趕來增援的佩特雷尤斯的一千六百騎兵，以及四倍於此的步兵和輕裝兵，再加上大量弓箭手、射石手和馬上弓箭手，在一月四日，即凱撒到達阿非利加後的第五天，在一片極為平坦、一望無際的平原上，作了一次從白天第五刻時一直繼續到日落的戰鬥。在這場戰鬥中，佩特雷尤斯受了很重的傷，退出戰場。

20 同時，凱撒更加仔細地給自己的營寨築好防禦工事，以更大的兵力加強它的守備力量，又從魯斯皮那城開始，築一道壁壘，一直通到海邊，另外又再築一條同樣的從自己的營寨通到海邊的壁壘，以便給養和援軍可以毫無危險地彼此往來。他把矢矛和作戰機械從船上搬運到營寨裡，並把一部分高盧人和羅得島人划手和船員從船上召到營裡來，加以武裝，以便在可能時，也像對方那樣，把輕裝兵安插到自己的騎兵裡去。他還把所有船上的弓箭手，包括伊提雷人(Ityrei)、敘利亞人，以及其他許多族人，都召到營裡來，使他的部隊裡一時充滿了這些人，因為他在這場戰鬥後的第二天就聽到說，西皮阿正在把他那支據說有八個軍團和三千騎兵的部隊，帶過來跟拉比努斯和佩特雷尤斯會師。他同時又設法開了許多鐵作坊，生產大量的箭和矛，此外還熔鑄鉛球、準備木樁，並派使者送信到西西里去，叫那邊為他收集木柵和做撞錘用的木材——因為阿非利加很缺乏木材——尤其是要給他送鐵和鉛來。另外，他考慮到在阿非利加，他沒有糧食可供食用，除非從外面運進來，因為這裡的農民都是向羅馬納貢的臣屬，須要服兵役，已經被他的敵人徵召入伍去了，所以去年沒有收成。再加他的敵人已經把所有阿非利加的糧食運送到少數幾個防禦工程築得很好的城鎮裡去，全阿非利加各地已經到處沒有糧食，除了少數他們能用駐軍守住的城鎮之外，其餘的都毀掉或廢棄了。它們的居民也都被強迫遷移到設防的據點裡面去，田地都被廢置和荒蕪了。

21 凱撒處在這種緊急狀態之下，不得不用好言好語向一些私人情商，收集起一些穀物運到自己的駐地來，十分儉省地使用它。同時，他每天要親身到工事上去巡視一番，而且因為敵人的數目實在太大，所以用加倍的營擔任值崗工作。拉比努斯下令，叫把他手下數目很多的傷兵包紮以後，用車子送到哈德魯墨圖姆去。同時，凱撒的一些運輸艦迷了航程，到處漂泊，既認不清路，又不知道他們的營寨在哪裡，它們一隻一隻地分別受到敵人的大批艦艇襲擊，被縱火燒掉或捉了去。這事報告給了凱撒後，他在島嶼和港口周圍都布置下艦隊，以便運輸給養給他時可以安全一些。

22 就在這時候，正在烏提卡負責守衛的馬爾庫斯·加圖，不斷用又長又嚕囌的話責備格涅尤斯·龐培的兒子小格涅尤斯·龐培，說：你父親像你這樣的年紀時，看到國家被傷天害理、為非作歹的壞人踐踏①，正派人不是被殺就是被流放，許多人連祖國和公民權也都被剝奪掉，因此，激於自己的抱負和雄才大略，儘管是私人，而且是個青年，他就收拾起他父親的殘餘部隊②，正當義大利和羅馬城在受到蹂躪和破壞的時候，解放了它們。同時，他還利用武力，迅速得異乎尋常地收復西西里、阿非利加、努米底亞和毛里塔尼亞。由於這些成就，他為自己掙得了舉世無雙的煊赫、崇高的地位，儘管

---

①公元前八七年，蘇拉到東方去和彌特里達特作戰，民主派趁機發動武裝政變，占領羅馬和義大利，由凱撒的姑丈馬略和岳父秦那出任公元前八六年的執政官，他們殺死了許多著名的保守派領袖。馬略和秦那先後死去後，又由凱撒的表兄小馬略和卡爾博等人繼續掌握政權，直到公元前八二年蘇拉從東方回來，經過血腥的內戰重新占領義大利和羅馬為止。

②龐培的父親格涅尤斯·龐培·斯特拉波，曾任公元前八九年執政官，在公元前八七年，馬略所領導的民主派部隊進攻羅馬時，他帶著軍隊趕去後援沒有成功，連吃了幾次敗仗後，於公元前八七年死去。

是私人，而且只是個羅馬騎士，就舉行了凱旋式①。而他，他的父親並沒像你的父親那樣幹過出色的事業，沒有從他的先人那裡繼承到任何尊榮的地位，他出來參加政治活動時也沒有那麼多的門客故舊，那樣響亮的聲名。而你卻不但承襲了你父親的崇高的地位和聲望，而且自己本人也有足夠的英雄氣概和勤勉精神，難道你就不該闖出去，到你父親的那些門客故舊那邊去，為你自己、為國家，以及為每一個正正派派的人要求些幫助嗎？

23 這些出自一個具有至高無上威信的人口中的話，刺激了這個青年，他帶起三十艘各式各樣的小船，其中少數裝有鐵嘴，從烏提卡出發，去入侵毛里塔尼亞和博古斯的王國。他帶著一支由二千奴隸和釋放人組成的輕裝部隊，有的沒有武器，有的有武器，開始向阿斯庫魯姆(Ascurum)城趕去。這個城裡駐有國王的守軍，當小龐培趕來時，城裡的居民聽憑他走得愈來愈近，一直等他走到城門和城牆下面時，才突然來一次衝擊，逼得小龐培的部下驚慌潰退，一敗塗地，一直逃到海邊船上。經過這次出師不利，小龐培就掉轉船頭，離開那邊，以後不再靠岸，一直向巴勒阿里群島(Baleares insulae)航去。

24 與此同時，西皮阿在烏提卡留下很大一支駐軍後，帶著我們不久前講過的軍隊出發，首先在哈

①根據共和時代的一向習慣，只有持有軍政大權(imperium)的統帥，才有資格舉行凱旋式，因此這是只有獨裁官、執政官、司法官、代行執政官和代行司法官能享受的榮譽。龐培在二十多歲時就一直在他父親的軍中效力，他父親死後，他雖然帶領著一支由他父親的殘部、自己的門客和釋奴等人組成的軍隊，但還不是國家的官吏。公元前八二年，他奉蘇拉的命令到西西里去追擊失敗了的民主派首領卡爾博，明年，又到阿非利加去肅清在那邊的民主派殘餘，回國後，他要求蘇拉答應他舉行凱旋式，蘇拉不得已答應了他。這時龐培還只是一個普通的騎士。

德魯墨圖姆紮下營。後來在那邊停息了不多幾天以後，又以夜行軍趕去和拉比努斯和佩特雷尤斯的軍隊聯合起來，而且把營寨併為一座，駐紮在離凱撒的營寨約三羅里的地方。同時，他們的騎兵專門圍繞著凱撒的防禦工事打轉，把那些為了採牧或取水跑出壁壘去的人，都捉了去。這樣，就把對方統統圈禁在工事之內。這種情況使得凱撒的部下因為缺糧而感到十分苦惱。為的是一方面給養還沒能從西西里和撒丁尼亞運來給他，另一方面因為季節關係，艦隊在來去航行時，還不得不遭受危險。再加他所占有的這塊阿非利加的土地，長闊四至，最多不過六羅里，牧草不足也使他感到壓力。軍團和騎兵中的那些老兵，都是在陸上和海上身經百戰過的，而且是經常受這種危險和困乏折磨的，在這種緊迫關頭，都趕到海邊去採集海藻，用淡水沖洗一下就餵給飢餓的牲口吃，以延長它們的壽命。

25 當這些事情正在發生時，國王尤巴知道了凱撒的困難和他的兵力微弱，認為最好不要讓他有恢復元氣和增加兵力的間歇機會，因而，在集中了大量騎兵和步兵之後，迅速離開自己的王國，趕來援助自己這方面的人。正在這時候，普布利烏斯・西提烏斯①和博庫斯(Bochus)國王已經把他們的兵力聯合起來，一知道尤巴國王離開，就把自己的軍隊向他的王國開去，並動手進攻這個王國最富庶的一個城市基爾塔(Cirta)。經過不多幾天攻擊就占有了它，此外還攻下了兩個蓋圖利人(Gaetuli)的市鎮。

①普布利烏斯・西提烏斯(Publius Sittius)，原本是羅馬的一個騎士，曾經參與過卡提林陰謀案，後來在投機買賣中蕩盡家產，遂離開義大利到西班牙、阿非利加等地，過冒險家的生活。他一會兒經商，一會兒當傭兵隊長，插手毛里塔尼亞等地的內爭，因之和那一帶的各國君長都有聯繫。在凱撒進軍阿非利加時，他已經成為一支相當可觀的獨立的武裝隊伍的首領，這位過去的卡提林派當然倒向凱撒的一面。阿非利加戰爭結束後，凱撒把努米底亞王國的領土劃給他很大一塊，包括尤巴的首都基爾塔在內，作為他的獨立領地。

當他向蓋圖利人提出條件叫他們撤出市鎮，把市鎮空出來給他的時候，他們拒絕了，從而，他攻下了它，把這些人都殺死。他又從那邊再出發，不停地騷擾鄉村和城鎮。當尤巴聽到這個消息時，他已經離西皮阿和他那些領袖們一點路，他終於認識到趕去援助自己和自己的王國，總比趕去幫助別人，讓自己被逐出本國、甚至兩頭都失敗為妙。就這樣，由於擔心他本人和自己的事業，他又轉過身去，並且還從西皮阿那邊抽回了自己的援軍，只留下三十頭戰象，便趕去救援自己的領土和城鎮了。

26 同時，是不是凱撒自己來了，在行省裡引起了懷疑，沒有人相信凱撒真的會親身趕來，帶軍隊到阿非利加來的也許只是他的某一個副將。他寫信到全行省所有各地去，把他的親身來臨通知他們。同時就有許多顯要的人物逃出他們自己的城鎮，來到凱撒的營寨，訴說敵人的殘酷和暴虐。他們的痛哭和控訴，使凱撒十分激動。雖然他原先是決定等到夏天開始才把他的全部軍隊和騎兵從永久性營地裡召出來集中，和敵人作戰的，但他現在決定冬天就行動。他立刻寫信給在西西里的阿利努斯和拉比里烏斯・波斯圖穆斯，用一隻小交通艇送去，叫他們不要耽擱，也不要以冬天風不利為藉口，盡可能快地把軍隊送到他這裡來，說阿非利加行省要完蛋了，要被他的敵人徹底毀滅掉了，除非很快來給這些同盟救援，阿非利加在這班無惡不作、陰險毒辣的敵人手裡，快就要弄得除這塊土地以外，連一個讓他們容身的屋頂都不留了。凱撒真是心急如焚，望眼欲穿，在剛剛派人送信到西西里去的第二天，就抱怨艦隊和軍隊拖延時間，日夜眼睛盯著海、心裡想著海。這也難怪，因為他看到農莊被燒毀，田地被荒廢，牲口也被擄去屠殺，城鎮和砦堡則被摧毀和廢棄，公民中的領袖人物不是被殺死就是在鏈條上鎖著，他們的孩子，都以人質的名義被硬搶去受奴役。但是，他卻因為自己的人馬太少，對於這些因為自己的苦惱，趕到他這裡來請求保護的人，没法給予幫助。就在這同時，他讓他的士兵一直繼續勞動，作為鍛煉，不停的給營寨構築防禦工事，建造塔樓和碉堡，還修建伸出海裡的長堤。

27 在這同時，西皮阿正在著手用下列方法教練象群。他布下兩列戰陣，一列射石手面對著象，他們扮演敵人，朝著對面列成戰陣的象群，發射小石子，次之，他把象群排成一行之後，在它們後面又再把自己的軍隊也列成一行，這樣，當敵人開始向象群發射石子，象群驚嚇之餘，轉身向自己這邊退去時，他自己的人就向它們投擲石塊，迫使它們再轉過身去面向敵人。儘管這樣訓練，進展卻很困難、很緩慢，因為象是笨拙不靈的動物，不管多少年的教導和長期訓練，也難於把它們完全教好，一旦引到戰場上去時，往往對雙方有同樣的危險。

28 當雙方領袖正在魯斯皮那作這些安排時，主管沿海市鎮塔普蘇斯(Thapsus)的前司法官蓋尤斯·維吉利烏斯(Gaius Vergilius)看到運送凱撒部隊的船隻，都是一隻隻單獨走的，因為不熟悉那地方，又不知道自己的營寨在哪裡，所以在海上摸索著前進，因而他抓緊機會，把在他那邊的一艘快艇裝上士兵和弓箭手，此外，他再加上幾隻船上用的小划子，就用這些船隻出發去追逐凱撒的單隻的船。他接連攻擊了幾隻船，但每次都被擊敗後逃走，於是離開了那一帶。不過他仍不死心，還要再試試運氣，恰巧遇上一隻船，船上有兩個西班牙人青年兄弟，名叫提提烏斯(Titius)，都是第五軍團的指揮官，他們的父親是凱撒讓他當選到元老院裡去的。另外還有一個提圖斯·薩利努斯(Titus Salienus)，是同一軍團的百夫長，曾經在墨薩那圍攻凱撒的副將馬爾庫斯·墨薩拉·瓦勒里烏斯(Marcus Messalla Valerius)的房子，而且當著他的面説過一些極端露骨的目無法紀的話①，也就是這個人，把留下來準備凱

①這是凱撒的軍團在義大利嘩變時發生的一件事情，已見前第十九節注，詳細情況不明。

撒舉行凱旋式用的金錢和飾物，硬扣留著不交出來，為了這些事情，他本人也很為自己擔心。這種自覺有罪的想法，使他說服這兩個青年人停止抵抗，自動向維吉利烏斯投降。因而他們被維吉利烏斯派警衛送到西皮阿那邊去，兩天以後都被殺死。當他們被帶去處死時，大的那個提提烏斯向行刑的那個百夫長要求先殺死他，再殺他的兄弟，這要求很容易就獲允了，他們就這樣被殺掉。

29 同時，慣常在壁壘前擔任警衛工作的那些騎兵隊，天天都在不斷的和敵人發生小接觸。但也有時候雙方在提出保證之後，拉比努斯的日耳曼和高盧騎兵和凱撒的騎兵彼此進行交談。就在這時候，拉比努斯率領他的部分騎兵攻打由薩塞那帶著六個營在防守的勒普提斯，試圖硬衝進去，但由於那個市鎮的極好的防禦工事和大量作戰機械，守衛的人很容易就守住了它，而且毫無危險。在拉比努斯的騎兵反覆不停地來進攻時，有一隊騎兵正好密集在城門前，從弩機上發出去的一支箭，極準確地射中他們的首領，而且一下子把他釘在馬上，嚇得其餘的人趕緊都飛奔逃回自己的營寨裡去。從此以後不敢再來嘗試進攻這個市鎮。

30 同時，幾乎每天西皮阿都把他的部隊在離開自己的營寨大約不過三百步的地方，布下陣列，把一天的大部分時間消磨在那邊，然後返回營寨。西皮阿由於經常在這樣做，從來看不到有人從凱撒營裡出來或走近他的軍隊，他就對凱撒和凱撒的軍隊所表現的忍耐輕視起來，把自己的全部軍隊都領了出來，三十頭戰象也身背射塔，布列在陣線前面，一邊推進的同時，一邊把他那支騎兵和步兵合成的數目龐大的部隊，向兩側伸展得盡可能的寬，在距凱撒的營寨不遠的平地上停駐下來。

31 凱撒知道了這事，下令叫那些跑到工事外面去的人，不問是去採牧的、伐木材的，還是到工事上去工作的，或者是去收集木樁和修築壁壘要用的那些材料的，統統都退回營裡來，並且站到工事上去，但要逐漸地、平靜地退，不要喧嘩和驚惶。他又指出正在輪值站崗的騎兵繼續守在不久前布置給他們的崗位上，直到敵人的箭能射到他們為止，如果敵人逼得更近，他們就應該盡可能不失體面地退回到工事裡來。其餘的騎兵，他也給了指示，叫他們各人都留在自己的位置上，武裝戒備著。這些命令並不是他在壁壘上看過形勢之後親自到場發下去的，由於他掌握有非凡的作戰知識和技能，他只是坐在帥帳裡，通過偵察人員和傳令員們，把要別人做的事情傳達下去。他了解敵人雖然倚仗人多勢眾，但他們卻正在那些一再被他擊潰和趕跑、心膽俱裂人，也正是一再被他饒赦性命和寬恕罪惡的人，在這種情況下，這些萎靡不振、於心有愧的人，決不會相信自己能取勝，膽敢來攻打營寨。再則，他的聲名和威望，也已經使對方軍隊的很大一部分喪失了勇氣。何況這營寨有不同尋常的防禦工事，壁壘之高，壕塹之深，以及壁壘外以巧妙的方式隱藏著的尖樁等等，即使沒人守護，也可以阻止敵人接近。至於發射弩矢和石塊的機械，以及其他種種守城常備的作戰武器，他都有很多。這些東西都是因為他考慮到自己的軍隊人數少，而且又是新兵，事先預備下的。因而，他絕不是因為看到敵人的兵力強大，自己感到膽怯，才做出一付使敵人感到他忍氣吞聲、怕這怕那的樣子的。儘管他的部隊人數少、沒有作戰經驗。他不把他們帶到戰場上去的理由卻並不是對他們能否得勝沒有信心，他認為至關重要的乃是究竟他取得的勝利，將是什麼樣的勝利。因為他認為，在他完成了這麼多功業，打垮了這麼龐大的敵軍，獲得了這麼多次數的光輝勝利之後，人們一定會認為這次勝利，只不過是對他敵人從敗兵中湊集起來的一些殘部的一次血腥勝利，對他說來，未免是一個恥辱。因而，他決定忍受他們的那種不可一世的耀武揚威，等到第二批船隊把他的一部分老兵軍團運送過來之後再說。

32 同時，像我前面說過的那樣，西皮阿在那地方耽擱了一陣子，讓人家看看他對凱撒多麼輕視之後，慢慢地又把他的部隊拉回到營裡去。他召開了一次士兵大會，在會上，他把他們在對方心中引起的恐怖和凱撒士兵的絕望處境誇耀了一番，而且鼓勵他的士兵，答應他們說，他將在很短的一段時間之內，讓他們贏得一場永久性的勝利。凱撒藉口修築工事，命令他的士兵重新回到工事上去，他總是要使他的新兵們勞動到筋疲力竭為止。與此同時，努米底亞人和蓋圖利人每天都有人從西皮阿營裡逃走，一部分人逃回自己王國裡去，一部分人因為他們的先輩曾經受過蓋尤斯・馬略(Gaius Marius)的恩惠，聽說凱撒是馬略的親戚①，就都逃到凱撒的營裡來，一批一批不斷。在這些人中間，凱撒選了一些比較有聲望的人，給他們信叫他們帶給自己的同胞，鼓勵他們拉起武裝隊伍來，保衛自己和自己的同胞，免得俯首聽命於自己的冤家對頭。然後遣他們離去。

33 當這些事情正在魯斯皮那發生時，有使者從一個免納貢賦的自由城市阿基拉(Acylla)來到凱撒這裡，說他們已經準備好執行任何凱撒的命令，他們只懇切要求凱撒給他們派一支駐軍去，這樣，他們就能夠更加安全地執行他的命令，不怕危險了，還說：為了大家的共同安全，他們願意拿糧食和一切必要的東西來支持他。凱撒欣然答應了這些請求，派給他們一支駐軍，命令一度擔任過營造官的蓋尤斯・墨西烏斯(Gaius Messius)趕到阿基拉去。一知道這事，正帶著兩個軍團和七百騎兵在鎮守哈德魯墨圖姆的孔西狄烏斯・隆古斯，在當地留下一部分駐軍之後，帶著八個營迅速朝阿基拉趕來。墨西烏

---

①指曾經在羅馬進行重大軍事改革、並擊退從高盧侵入義大利北部的金布里人和條頓人的蓋尤斯・馬略。他曾在公元前一〇九～一〇六年在非洲和努米底亞國王尤古塔作戰，但蓋圖利人什麼時候和他發生過關係，史籍不見記錄，可能蓋圖利人當時曾以同盟軍的身份在馬略手下作戰過。馬略是凱撒的姑丈，因此蓋圖利人認為他們和凱撒有上一代的舊交。

斯走得比較快，首先帶著幾個營到達阿基拉，當孔西狄烏斯帶著軍隊到達該城時，看到凱撒已經有駐軍在那邊，儘管他的兵力強大，卻不敢使他的部下冒險，於是一事無成地返回哈德魯墨圖姆。後來，過了不多幾天之後，他從拉比努斯那邊弄來了一部分騎兵，又再次來到阿基拉，紮下營來，開始圍攻它。

34 就在這段時間裡，我們前面提到過幾天以前凱撒派他帶著艦隊出去的蓋尤斯・克里斯普斯・薩盧斯提烏斯，到達克爾基那。前司法官蓋尤斯・德基彌烏斯(Gaius Decimius)，正由自己的一大幫奴隸保護著，在那邊主持給養供應工作，一聽到他來，馬上找來一條小船，登上去逃走。同時，司法官薩盧斯提烏斯被克爾基那人迎接進去。他發現了大批糧食，而且在那邊還有足夠多的運輸艦，他就用船裝了糧食，送到營裡交給凱撒。同時，在利呂拜烏姆，代行執政官阿利努斯把第十三軍團和十四軍團、八百名高盧騎兵、一千名射石手和弓箭手載上運輸艦，作為第二批船隊，送到阿非利加去給凱撒。這些船乘著順風，在三天之後平安到達魯斯皮那港口，凱撒的營寨就在這個鎮上。這一來，凱撒真是雙喜臨門，一時之間，既有了糧食，又來了援軍，他的部下都很高興，糧食的緊張情況得到了緩和，他的憂慮也解除了。他下令軍團和騎兵都離船登岸，先恢復一下疲勞和暈船，然後把他們分配到各處堡壘和工事中去。

35 所有這些，都使西皮阿和跟他在一起的同伙又驚奇又詫異，蓋尤斯・凱撒一向的習慣都是主動進攻，力求一戰的，現在突然改變作風，他們懷疑背後一定隱藏著重大的計謀，因而，凱撒的忍耐使他們陷入很大的驚恐。他們在蓋圖利人中找到兩個人，認為他們是對自己的事業極為關切的人，在給了他們大量報酬和慷慨的諾言之後，叫他們假裝叛逃，到凱撒的營裡來偵察情況。當他們被領到凱撒面前的時候，他們要求凱撒允許他們可以暢所欲言，不必擔心危險。一得到允許時，他們說：「統帥，我們蓋圖利人中有許多人都是蓋尤斯・馬略的門客，我們，以及差不多所有在第四、第六兩個軍團中的羅馬公民，都在想要逃到你們營裡來，但努米底亞的騎兵守衛在阻止我們這樣做，使我們非冒很大的危險不能脫身。現在，機會給了我們，我們就迫不及待地趕到你這裡來了。我們是西皮阿派來做間諜來偵察營寨前面和壁壘門口有沒有對付象群的壕溝和陷阱，同時了解一下你們應付這些畜牲的措施以及你對戰鬥的部署，然後回去報告給他們的。」凱撒表揚了他們，還發給他們錢，又把他們帶到其他逃來的人那邊去。他們的說法很快得到了證實，第二天就有一批軍團士兵離開西皮阿，從蓋圖利人提到過的這兩個軍團裡逃到凱撒營裡來。

36 當這些事情正在魯斯皮那進行時，在烏提卡負責的馬爾庫斯・加圖，每天都在徵兵，釋放人、阿非利加人、以至奴隸，不管什麼樣人，只要年齡適於拿武器，統統都要，不斷把他們送到西皮阿營裡去，供他調遣。同時，有使者從提斯德拉(Thysdra)趕到凱撒這裡來。在這個鎮上，有義大利商人和農民積儲在那邊的三十萬麥斗小麥。使者們告訴凱撒他們那邊有多少穀物，同時要求派一支駐軍到那邊去，以便能更好地守衛糧食和他們的財富。凱撒當場先向他們表達了他的謝意，至於駐軍，他說，不久之後，他就會派去了。然後說了一些鼓勵的話，命他們回到自己的國裡去。與此同時，普布利烏斯・西提烏斯帶著他的部隊侵入努米底亞境內，奮力攻擊，占取了一座防禦工事築得很好的山頭要塞，尤巴為了要進行戰爭，把糧食和所有其他戰事需要的東西都集中在那邊。

37 凱撒從第二批船隊中使自己的軍隊得到兩個老兵軍團和騎兵、輕裝兵等增援之後，他命令那些卸空了的船，立刻航向利呂拜烏姆，再去把其餘的部隊運過來。在一月二十五日，大約在第一更時

候，他親自下令叫所有他的偵察人員和勤務人員都到他面前來聽候調遣。因而，在任何人都不知道、也不猜疑的情況下，在第三更天，他命令把全部軍團都領出營寨，跟隨著他，朝著他有一支駐軍在那邊的魯斯皮那趕去，這是第一個投靠到他這方面來的市鎮。於是，他領著軍團走下一片比較平緩的斜坡，在平原的左側，沿著海岸前進。這片平原異乎尋常地平坦，大約有十二羅里闊。從海邊開始，就有一系列不很高的丘陵環繞著它，使它在外形上看起來像是一座劇場。這一系列丘陵中也有不多幾座高山，它們每一座上面都有很古老的碉樓和瞭望塔，在其中的最末一座，西皮阿布置有守軍和哨崗。

38 在凱撒登上我所描述的這一系列丘陵，而且到過每一座山頭和碉樓之後，他開始建築堡壘，在不到半個刻時裡就把它們造好了。當他離開最後、距敵營也最近、即我說過上面有一支努米底亞守軍和哨崗的那座山頭和碉樓不遠時，他在那邊停息了片刻，觀察了那邊的地勢，然後，他把騎兵布置下去作為警衛，一面給各軍團分配了任務，命令他們沿著那一系列山丘的山腰，建築一道工事，從他當時到達的地方起，一直伸展到他從那邊出發的地方為止。西皮阿和拉比努斯看到了這事，他們把自己的全部騎兵都領出營來，按照作戰的陣勢排好，從他們的工事所在的地方推進了約一羅里，再又在距離他們的營寨不到四百步的地方，把他們的步兵列好，作為第二道陣線。

39 士兵在工作時，凱撒一直在鼓勵他們不要被敵軍驚動，當他看到敵人的行列和我軍的工事之間距離已不到一羅里半時，他看清楚敵人是為了想阻礙他的部下、迫使他們放棄工作，所以才逐步進逼過來的。他考慮到他現在不得不把軍團從工事上召回來了，就命令一隊西班牙騎兵迅速奔向最靠近敵營的這座山頭，驅走敵人的守軍，把那地方占領下來。同時他又叫一小隊輕裝兵跟去支援他們。派去的這些人很快攻擊了那些努米底亞人，把他們的一部分活捉過來，不少騎兵在奔逃中受了重傷，那陣

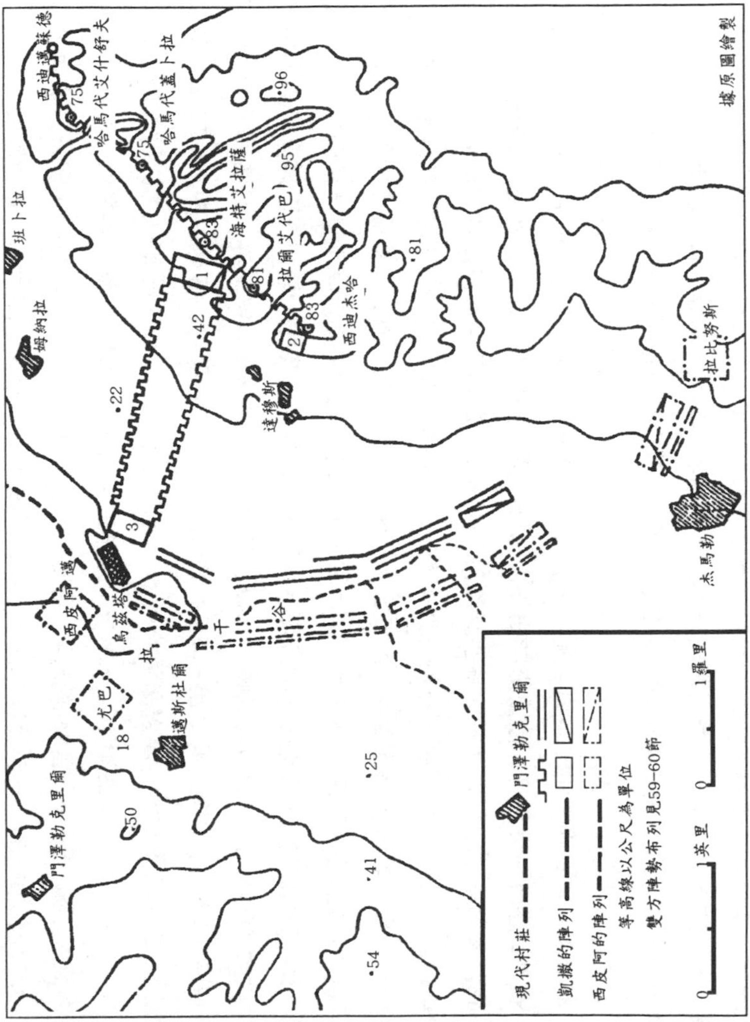

烏茲塔　（〈阿非利加戰記〉第37—66節）

地被奪了下來。拉比努斯一看到這個，為了可以更快地赴去支援自己的部下，他把張開著的騎兵陣線的整個右翼都轉向那邊，急急奔去支援自己潰敗下來的部隊。當凱撒看到拉比努斯這時已經離開他自己的部下有了很長一段路時，就命令騎兵的左翼向前推進，把敵人一截為兩。

40 在戰事進行的這片平原上，有一所很大的莊園，矗立著四座碉樓，它們阻礙了拉比努斯的視線，看不到自己已經被凱撒的騎兵切斷。因而，一直到自己部下的後隊被砍倒時才發現凱撒的騎兵隊。這樣一來，突然變成一片驚慌，努米底亞的騎兵竭力奔逃，直接向營寨逃去。高盧人和日耳曼人仍舊堅持在原地，被從高地上趕下來的人和從背後來的人四面圍住，他們雖然抵抗得很勇敢，但仍舊被全部殲滅。看到這事，西皮阿布列在營寨前的軍團一時心慌意亂，不知所措，開始從各個門裡飛奔逃進營裡。當西皮阿和他的軍隊被從平原上和從山頭上一掃而光，逐回到營裡去時，凱撒下令吹退軍號，讓全部騎兵退進自己的防禦工事。打掃戰場時，他注意到了高盧人和日耳曼人的使人觸目驚心的屍體。他們中有些人是懾於拉比努斯的威信，跟著他一起離開高盧的；另外一些是受獎酬和諾言的引誘，趕到他這裡來的；還有一些人是在庫里奧的那次戰役中被俘後被饒了性命的，他們急於要做給大家看，他們能以同樣生死不渝的忠貞來表明生死不渝的感激。這些體格健壯魁偉的人，都身帶刀傷，撲倒在地，東一個、西一個布滿整個平原。

41 發生了這些事情之後，凱撒在第二天把所有駐防地點的各營都帶出來，在平地上全軍布列下來。西皮阿因為自己的部隊受了挫折，死傷了許多人，開始把部隊關在工事裡不讓他們出來。凱撒張開戰陣，沿著那條山嶺的山腳，慢慢地迫近西皮阿的工事。這時，凱撒的軍團已經離開在西皮阿控制下的市鎮烏茲塔(Uzitta)不到一羅里，西皮阿因為自己的軍隊一向是靠這個鎮上的水和其他物資供應的，深恐失掉它，就也把他的全部軍隊帶了出來。這些軍隊都照他自己的習慣列成四行，第一行用排好的一大隊一大隊騎兵組成，背著射塔帶著武裝人員的戰象就穿插在他們中間。他這樣布列開之後，急忙趕來援救這個城市。凱撒看到時，認為西皮阿已經準備好決戰，這次是下定決心來的，於是就在我們前面剛剛提到過的市鎮前的那片地方停駐下來。西皮阿把自己戰陣的中央部分放置在這個市鎮的後面，由它掩蔽著，把他的左翼和右翼正面朝著凱撒這邊布列開來，他的象群也放置在那邊。

42 凱撒一直等著，直到太陽差不多已經落山，還看不出西皮阿有離開自己停駐的地方、向他這面推進的意思，估計如果不到萬不得已，西皮阿寧願就利用該處地地形作為自己的保障，決不敢走到平原上來，進行手接手近戰。然而，他自己如果這一天再向那個市鎮推進，也不是上策。因為他知道城裡有一支龐大的努米底亞守軍，敵人陣線的中央部分就藉它作為屏障，他要進攻，就得一面在攻擊這個市鎮的同時，一面再在極不利的地形和敵人的左右兩翼戰鬥，加之士兵們又都是從早晨到現在一直是空著肚子、執著武器站在這裡的，一定十分疲倦了。因而就把他的軍隊帶回營寨，決定明天把自己的工事延伸到敵人的陣地那邊去。

43 同時，孔西狄烏斯帶著八個營和一些努米底亞人和蓋圖利人雇傭軍，圍攻阿基拉，蓋尤斯・墨西烏斯正帶著三個營在那邊坐鎮。他用各種各樣方法試攻了很長一段時期，而且一再把大規模的圍困工事一直伸展到城下來，但鎮上人把這些東西都縱火燒掉了，使他毫無進展。當那場騎兵戰鬥的消息突然傳到他們這裡的時候，他非常震動，把營裡儲存的大宗糧食放火燒掉，把油、酒和其他準備過日子用的東西全部毀掉，放棄正在進攻的阿基拉，然後引軍經過尤巴的王國，把一部分軍隊分給西皮阿後，退回哈德魯墨圖姆。

44同時，在阿利努斯從西西里派出來的第二批船隊中，有一條船，上面載有昆圖斯・科彌尼烏斯(Quintus Cominius)和一個叫盧基烏斯・提基達(Lucius Ticida)的羅馬騎士，它迷失航向，離開了其餘的艦隊，被風吹送到塔普蘇斯去。他們被維吉利烏斯手下的輕艇和小划船截獲，押送到港口。同是這個船隊的另一條三列槳艦，同樣也迷航了，被一陣狂風吹向埃吉穆魯斯(Aegimurus)，被瓦魯斯和馬爾庫斯・屋大維的艦隊捕獲。這艘船上有一些老兵，還有一位百夫長和一些新兵。瓦魯斯把他們看押起來，但並沒侮辱他們，而是把他們送到西皮阿那邊。當他們來到西皮阿面前，立在他的公座前時，西皮阿說：「我的的確確相信，你們不是出於自願，而是在你們那凶惡的統帥脅迫和命令之下，才來傷天害理地迫害公民和正派人的，既然命運讓你們落到我手裡來了，如果你們願意從此走上正路，跟正派人一起來保衛共和國，我一定會饒了你們的性命，還將給你們賞金。現在，表表你們的心意吧！」

45說了這番話，西皮阿認為這些人一定毫無疑問會對他這番恩典表示感激涕零，因而給了他們說話的機會。在這些人中，有一個第十四軍團的百夫長，說：「對於你這番大恩大德，西皮阿——我不想把你稱做統帥——我表示感激。你允許把生命和安全給像我這樣根據戰爭的權利做了你俘虜的人。要不是它附帶有惡毒的條件，也許我本來可以接受你這番好心的。難道我能夠武裝著站到敵人一方面去，對抗我自己的統帥、我在他手下指揮過隊伍的凱撒嗎？難道我還能夠對抗他的軍隊、即我為了它的威名和勝利奮戰過三十六年的那支軍隊嗎？不，我不會這樣做，而且我要竭力勸告你放棄這種妄想。如果你以前沒有看出來，現在你有機會可以了解一下你在對抗的是誰的部隊了，把你部隊裡面的你認為最堅強的營抽出一個來，讓他們跟我面對面交一下手試試吧，我只要也從現在落在你手裡的弟兄們手中挑出不超過十個人來，從我們的勇敢上面，你就會明白你自己的軍隊會有什麼樣的下場了。」

46 當西皮阿聽了這位百夫長這樣勇敢地、出乎自己意料地說了這番話之後，使他感到極為氣憤，內心又十分懊喪，他向自己的百夫長們點了一點頭，把自己要他們做的事情示意給他們，這個百夫長就在他面前被殺死。他命令把其餘的老兵和新兵分開，「把這些傢伙帶走，他們都沾上了神人共憤的罪惡，公民們的鮮血餵肥了他們。」這些老兵就被帶到壁壘外面殘酷處死。他命令把那些新兵都分配到各個軍團裡去。至於科彌尼烏斯和提基達這兩個人，他連面也不願見。這件事情使凱撒很為激動，他處罰了那些他命令帶著戰艦停泊在塔普蘇斯以外的海面守望、以保護自己的運輸艦和戰艦的人，由於他們玩忽職守，他把他們都革逐出軍隊，而且發布了很嚴厲的譴責他們的通告。

47 差不多就在那個時期，一件聽來令人難於置信的事情落到凱撒的軍隊頭上。雖說天空的七姊妹星座已經落下去①，大約已經是夜裡第二更，突然落起傾盆大雨來，還夾雜著大塊冰雹。使事情變得更為糟糕的是，凱撒沒有按照以前的慣例，把士兵全都安置在冬令營中，而是每隔三四天就向前推進得更靠近敵人一些，再造一座營寨，重新構築工事，因而，士兵們很少有照顧一下自己的機會。外加他在西西里讓士兵們下船時，除了他們本人和武器之外，任何行李、任何奴隸、任何士兵們習慣用的東西，一概不准帶到船上去。加之，到了阿非利加，他們不但沒有能為自己購置或準備什麼東西，由於糧食價格高，使他們連以前的一些積蓄也都花光了。所以在這些惱人的情況中，只有少數人才有一

---

①七姊妹星座即昴宿。據洛布本的編者說，它在十一月初落下去時，通常都伴有風雨。但凱撒這時大約已在公元前四七年的十二月（即曆法未經校正前的四六年二月），事情有些反常。

個真正的帳篷可供睡覺，其餘的人就在用布頭做的、或用蘆葦、樹枝等編成的棚子裡安身。因而，當暴雨突然來臨，接著又跟來了冰雹時，他們的帳篷經不起重量，壓塌下來，或者被水流捲起沖走，在深夜裡，暴風雨使火種都熄滅了，所有他們恃以生活的東西全部損失殆盡，他們只能用盾掩蓋著自己的頭部，在營寨中茫然失措地徘徊著。同是這一夜，第五軍團戰士的矛頭自己燃燒起來。

48 與此同時，尤巴國王得知了西皮阿的騎兵戰鬥的消息，並聽從他的來信召喚，留下薩布拉帶一部分軍隊對付西提烏斯，自己離開王國趕來支援西皮阿。為要給西皮阿的軍隊增加些聲勢，並且使凱撒的軍隊產生恐慌，他帶來三個軍團，八百有鞍子的騎兵，大量沒鞍子的努米底亞騎兵和輕裝步兵，還有三十頭戰象。當他一到西皮阿處時，他把自己的御營以及我上面說過的這支軍隊，分開駐紮在離西皮阿的營寨不遠的地方。在這以前，凱撒的營中很為惴惴不安，在尤巴沒有到來的時候，他的軍隊心裡都牽掛著國王的那支龐大的部隊，很有些提心吊膽，但當國王真的一旦跟他們自己面對面紮下營來時，他們又輕視這支軍隊起來，一切恐懼之心都已置之腦後，這樣一來，他過去不在的時候所具有的一切威望，現在他親身一到，反而煙消雲散了。但大家都很容易看出來，國王的到來，已經使西皮阿大大增加了勇氣和信心，因為在次日，他就把他自己的和國王的全部軍隊，包括六十頭象，都帶出營寨來布下陣勢，盡可能地張大聲勢，然後，在推進到離開他的工事比平常更遠一些的地方之後，就在那邊停留了一會，再退回營寨。

49 凱撒在看到西皮阿正在盼望的援軍差不多都已經到齊，再沒什麼能使他拖延作戰時，他開始帶著自己的部隊沿山脊前進，把他的工事支線一直延伸向前，並修築有防禦工事的碉堡，還竭力爭取先下手搶占靠近西皮阿營寨的一處山頭，以免敵人自恃人多，占領了這座靠近他們的山頭之後，使我軍再沒向前推進的機會。但拉比努斯也已經打定主意去占領這座山頭，由於他離開它較近，因而使他能夠很快就先占有了它。

50 那邊有一條很寬廣的山谷，山壁很高峻陡峭，許多地方都有像是挖出來的那種洞穴，凱撒必須先穿過那邊，才能到達他想去占領的山頭。在這條山谷的另一頭，有一片古老而又極茂密的橄欖樹林。拉比努斯利用自己對這一帶地方熟悉，知道如果凱撒要去占領那地方，必須先穿過這個山谷和這片橄欖樹林，就帶著他的部分騎兵和輕裝兵埋伏在那邊。此外，他還在山嶺之外，隱藏下另一支騎兵，以便當他自己出其不意地攻擊軍團士兵時，這支騎兵可以從山背後出來兩面夾擊凱撒和他的部隊，使他們既沒後退的可能，也沒前進的機會，勢必在驚慌失措中被包圍殲滅。凱撒不知道有這起埋伏，派了一支騎兵在前面先行，在他們到達這地點時，拉比努斯的部隊不知是誤會了，還是忘掉了他的指示，也許可能是害怕被騎兵踏死在壕塹裡，他們一小批一小批地、甚至一個一個地從懸崖後面奔出來，向山頂上逃去。凱撒的騎兵追逐他們，殺死一部分，另外又活捉了一部分，然後迅速地一直奔上山頭，把拉比努斯的守軍逐走後，很快占領了它。拉比努斯和他的部分騎兵全靠飛奔逃走，才勉強得到安全。

51 經過騎兵的這次戰鬥之後，凱撒即在占領到的那座山頭上構築有防禦工事的營寨，他把這任務分配給各個軍團。然後又從自己的大營起，築起兩條工事，通過平原的中央，一直向那個市鎮烏玆塔伸過去，分別伸到它的一左一右兩隻角。這個市鎮坐落在一片平地上，處在西皮阿的營寨和他自己的營寨之間，但卻在西皮阿的控制之下。他築這兩條工事的目的是想讓自己的部隊在向那市鎮推進、並開始攻打它時，兩側面有自己的工事掩護，不致被敵人的大批騎兵包圍，阻礙了攻城；加之，它還可以使雙方對話更加方便些，如果有人願意逃過來，也可以很方便地逃，絲毫用不著擔風險，這在過去是要冒很大的危險的。他還想知道，當他距離敵人愈來愈近時，他們是不是決心一戰了。在其他這些原因之外，還有一點，即那地方是一片低地，可以挖掘幾口水井，這時，水非常缺乏，而且要跑到很遠的地方去取來。當軍團士兵在建築上述這一防禦工事時，一部分軍隊布列在工事前面距敵人很近的地方，嚴陣以待。因為他們的蠻族騎兵和輕裝兵在和我軍不斷的進行近距離的小接觸。

52 當天色已經傍晚，凱撒正在把自己的部隊從工事上帶回營去的時候，尤巴、西皮阿和拉比努斯帶著全部騎兵和輕裝兵，迅速衝向我軍團士兵，猛烈攻擊。凱撒的騎兵在大量敵軍的突然全線猛攻下，頂不住這股衝力，略略後撤了一些。但情況發展得和敵人的預料不同，因為凱撒在半路上又領著他的軍隊回過頭來，幫助他的騎兵。軍團的到達使騎兵重新振作起精神，轉過身來向因為追逐他們而亂了隊伍的努米底亞騎兵發動攻擊，擊潰他們後，一直追到國王的御營還殺死他們中的許多人。要不是黑夜降臨，打斷了戰鬥，而且還因為大風捲起的塵土擋住了大家的視線，尤巴和拉比努斯也許可能被捉住，落到凱撒手裡來，他們的騎兵和輕裝兵也許全軍覆沒了。同時，西皮阿的第四、第六兩個軍團的士兵大量逃亡，數目之多，令人無法置信，一部分逃到凱撒營裡來，一部分逃到任何一處他們各人能逃去的地方。過去曾在庫里奧部下的騎兵，也對西皮阿和他的部隊失去信心，和許多人一起逃之夭夭了。

53 正當雙方間的領袖都在烏茲塔附近忙於這些事情時，從西西里乘運輸艦出發的第十和第九兩個軍團，正航到離魯斯皮那不遠的地方，他們看到凱撒布置在塔普蘇斯海面上戒備的那些船隻，懷疑這是敵人的船隻為了玩弄陰謀，故意耽擱在那邊的，深恐自己冒冒失失落入它們手中，就揚帆向大海上駛去。許多天以後，經過長期的風浪顛簸，既口渴，又困乏，終於航到凱撒這裡。

54 於是這兩個軍團離舟登岸。凱撒還記得這些軍隊過去在義大利的紀律敗壞，某些人甚至有劫掠行為①。他就抓住第十軍團的軍團指揮官蓋尤斯・阿維努斯(Gaius Avienus)的一件很小的事情作為藉口，發作起來。這位指揮在這次航程中占用了一條船，專門運載他自己的奴隸和馬匹，一個士兵也不從西西里運過來。次日，凱撒把各軍團的所有軍團指揮官和百夫長都召到自己的將壇下面來，對他們這樣說：「我極希望那些恣睢放縱、太過自由的人，能夠自己克制些，能夠認識到我的寬大、溫和和忍耐。只是，由於這些人始終不肯對自己有所檢點和約束，所以我只好自己來照軍隊中的慣例，把他們樹立起來作為一個榜樣，讓別人能不蹈他們的覆轍了。因而，你，蓋尤斯・阿維努斯，在義大利時曾經煽動羅馬公民的士兵起來反對共和國，而且曾經在幾個自治城鎮犯下過搶劫的罪行，你還是一個對我和對國家一無用處的人，你不把兵士帶上船，反而把你的家奴和牲口載在船上，正是由於你，在國家最需要士兵的時候，卻沒有士兵。為了這些緣故，我把你革職逐出我的軍隊，而且命令你今天愈快愈好地離開阿非利加。還有你，奧盧斯・豐特尤斯(Aulus Fonteius)，你是一個犯上作亂的軍團指揮官，一個不忠的公民，我開除你出我的軍隊。提圖斯・薩利努斯、馬爾庫斯・提羅(Marcus Tiro)和蓋尤斯・克盧西那斯(Gaius Clusinas)，你們之所以有今天的地位，不是因為你們自身的長處，而是因為我的恩典，但你們的表現是：在戰爭時不勇敢，在和平時不忠誠，而且也一無所長，你們熱心的是煽動士兵起來反抗你們的統帥，而不是守廉恥、講謙虛。我認為你們不配在我的軍隊裡帶兵，因此我開

---

①仍是指前面第十九節注中說的事情。

除你們，而且命令你們愈快愈好離開阿非利加。」就此，他把他們交給了百夫長們，每人都只指定給他們一個奴隸，分別把他們各人送上一條船去。

55 同時，那些我們說過被凱撒派他們帶著信件和指示回去的蓋圖利人逃亡者，回到自己本國人那邊，他們所代表的權威很容易的就把自己國人同胞拉了過來。這些人都被凱撒的聲名吸引住，毫不猶豫就拋棄了尤巴國王，很快一致拿起武器來反抗他。一聽到這種情況，尤巴出於無可奈何，不得不同時在三條戰線上分別作戰。他從領去對抗凱撒的這支軍隊中抽出六個營來，派回到自己的王國裡去作為應付蓋圖利人的駐防部隊。

56 凱撒這時已完成了他那兩條工事支線，把它們一直延伸到鎮上發出來的矢矛不能達到的地方，然後他築下一座營寨，把射石機和弩機密密層層排列在營寨面前，面向著市鎮，不斷地騷擾那些守護城牆的人。他還從原來的營寨裡派五個軍團到這裡來。有了這樣的機會，對方有些極有地位和名望的人，不斷要求會見自己的朋友和親戚，彼此間還談起話來。這種事情所能產生的效果，凱撒當然不會忽略。國王的騎兵中有些出身貴族的蓋圖利人，其中包括有他的騎兵司令官，利用黑夜已經點起燈來的時機，帶著馬和自己的營奴，大約有一千人左右，逃到坐落在平原上的靠近烏兹塔的凱撒營寨裡來。這位司令官的父親以前曾經在馬略的部下服役過，由於他的勳勞，被賞給過農莊和土地，只是後來蘇拉(Sulla)勝利後，才把他交給希姆普薩爾(Hiempsal)國王做了臣屬。

57 大約就在這時候，西皮阿和那些跟他在一起的人發覺了這些情況，正當這種嚴重的挫折使他們感到震動時，他們看到馬爾庫斯・阿奎努斯(Marcus Aquinus)在和蓋尤斯・薩塞那談話。西皮阿派人去傳話給阿奎努斯，告訴他犯不著和敵人談話。但他還是照樣講下去，使者帶回了他給西皮阿的答覆，說要等到他把自己要幹的事情幹好了再說。此外，尤巴也派一個傳令員到他那邊去，不管薩塞那也在聽著，開口就說：「國王禁止你談話。」這個通知使阿奎努斯害怕起來，馬上聽從國王的話走開了。一個羅馬公民，而且是從羅馬人民手中光榮地接受過官職的人，儘管自己的祖國安全無恙、自己的所有財產也安全無恙，卻還是寧願遵守尤巴這個野蠻人的命令，而不肯服從西皮阿的通知，寧願和自己的同黨一起被斬盡殺絕，卻不肯回到自己同胞這邊來，真是件不可思議的事情。而且，尤巴的傲慢自大，還不止表現在對待像阿奎努斯這樣一個出身寒族的起碼元老身上，就連對西皮阿這樣一個無論就門第、地位和榮譽來說都是高人一等的人，也都一樣。在國王未來之前，西皮阿一向是穿著紫色的帥袍的，據說，尤巴提出這件事情，說他不應該和自己穿同樣的衣服，這樣一來，為了服從尤巴這個極驕傲、極無能的人，西皮阿就從此改穿白色的衣服。

58 次日，敵人從所有營寨裡把他們的軍隊全都拉了出來，占據了距凱撒不遠處的一處小丘，把部隊布好陣勢後，停駐在那邊。凱撒也同樣把軍隊帶了出來，很快就在自己築在平原上的工事前面，把他們布列下來。他認為，敵人有這麼大的兵力，又有國王如此強有力的支援，過去就曾毫無顧忌地衝出來過，這次無疑一定會自動向他奔過來交鋒。在騎著馬兜了一個圈子鼓勵他的軍團之後，發下號令，靜候敵人上來。他自己不願意離開工事向前推進，不是沒有理由的，因為在西皮阿手中的那個烏玆塔駐有敵人的武裝部隊，這個市鎮正處在他的右翼，他深恐如果自己向前推進越過了它，敵人會從鎮上突然衝出來，向他的側翼發動猛攻。除此之外，還有一個理由使他停步不前，原來在西皮阿的陣線前面，有一片很崎嶇的地方，他認為這不利於自己的部下主動上前進攻。

59 雙方軍隊在陣地上是怎樣布列的，我認為不應該略過。西皮阿的陣線是這樣布置的：放在正前方的，是他自己的和尤巴的軍團，它們後面是努米底亞人組成的後備軍，他們的陣列拉得非常稀疏，但卻伸得很長，以至遠處的人看上去似乎它的中央部分單只是由一列軍團士兵構成的。他把他的戰象隔著相等的距離，一隻一隻地分開布置在左翼和右翼，戰象後面安置著輕裝兵和努米底亞同盟軍，作為後援。他把自己的全部乘鞍的騎兵都放置在右翼，因為他的左翼有烏茲塔這個市鎮在掩護，而且那邊也根本沒有地方足以布列得下騎兵。此外，他還把一些努米底亞人和不計其數的輕裝兵布置在陣線的右側作為掩護，相距至少有一羅里，他們一直伸展到山腳下面的一個距敵人和自己的部隊都很遠的地方。他之所以這樣做，是因為他認為在兩軍的戰陣互相逼近，戰鬥即將開始時，他的騎兵只要繼續從側翼伸長出去一點路，就可以靠他們人多，使凱撒的軍隊在不知不覺中陷入包圍，在矢石交加之下，亂成一片，這就是西皮阿給這天的戰鬥定下的計劃。

60 另一方面，凱撒的陣線是這樣布列的。我從他的左翼開始，依次數向他的右翼：在左翼的是第十、第九軍團；在中央部分是第二十五、二十九、十三、十四、二十八、二十六軍團。至於右翼本身，他在那邊布列了從老兵軍團中抽出來的一些營，此外還有從新兵軍團中抽出來的一些營。他把他的第三列集中放置在左翼，一直伸展到布列在中央部分的軍團那邊。這種隊形布置使得他的左翼成為由三層隊伍組成的。他之所以要這樣做，為的是他的右翼有防禦工事在給以支援，而他的左翼卻面對著敵人的龐大騎兵，應付極為困難，所以他把自己的全部騎兵也都布置在這一面。就這樣，他對它們的信心還是不夠，又把第五軍團派去支援這些騎兵，外加再選一些輕裝兵去穿插在騎兵中間。他把弓箭手三三兩兩分別布置在戰線的各處地方，主要是兩側翼。

61 雙方軍隊就這樣拉開陣勢，中間相隔不到三百步，過去在這種形勢之下，也許從來沒有一次不

是以一戰結束的，但現在他們卻從清晨一直堅持到第十刻時。正當凱撒把他的部隊帶回到自己的工事裡去時，敵人在較遠處的全部努米底亞人和蓋圖利人的無鞍騎兵，突然在右方行動起來，向在高地上的凱撒營地靠攏。拉比努斯的用鞍的騎兵則仍堅持在陣地上，牽制住軍團。這時，凱撒的一部分騎兵和輕裝兵，既沒奉到命令，也沒好好思考，冒冒失失地向蓋圖利人衝去，越過了沼澤，跑到很遠的地方，但因為騎兵人數太少，實在敵不過人數眾多的敵人，被迫丟掉輕裝兵，敗退回到自己人這面來，損失了一名騎兵，很多馬受了傷，輕裝兵陣亡了二十七人。這場順利的騎兵戰鬥使西皮阿很高興，晚上才把軍隊領回營去。但命運之神決心不把永無止境的歡樂賞給參與戰爭的人，因為在次日，當凱撒為了取得糧食，派自己的一部分騎兵到勒普提斯去時，路上正好逢到一百名在行動的努米底亞人和蓋圖利人騎兵，在他們猝不及防之際攻擊了他們，除殺死一部分之外，把其餘的都活捉過來。同時，凱撒每天都把軍團帶到平原上去，並且不停地構築工事，把他的壁壘和壕塹一直延伸開去，橫貫這片平原的中部，以阻止敵人的突然出擊。西皮阿也同樣建造與之相對峙的工事，急急忙忙地興工，免得被凱撒把他和那座山嶺隔斷。這樣，雙方的領袖都把全力放在建築工事上，但彼此之間的騎兵戰鬥仍然每天不斷。

62 同時，先前為了息冬，把艦隊拖在烏提卡海灘上的瓦魯斯，一聽到第七和第八軍團正在從西西里趕來，很快就在那邊把蓋圖利人槳手和船員裝上艦隊，帶著五十五隻船，從烏提卡出發，航到哈德魯墨圖姆，想設下羅網掩捕他們。凱撒並不知道瓦魯斯來到，派盧基烏斯·基斯皮烏斯(Lucius Cispius)帶著一支二十七條船隻的艦隊到塔普蘇斯附近去，停駐在那邊海面上警戒，保護自己的運輸隊。同時，為了同一目的，他又派昆圖斯·阿奎拉(Quintus Aquila)帶十三艘戰艦，航到哈德魯墨圖姆去。

基斯皮烏斯很快就趕到派他去的地方，阿奎拉卻因為風浪顛簸，無法繞過海岬，在找到一處可以躲避風浪的小港灣後，讓他和他的艦隊銷聲匿跡地隱藏在裡面。凱撒其餘的艦隊都停泊在勒普提斯以外的海面上，槳手們在岸上到處閒蕩，有的人則到鎮上去為自己採購食物，船上一個守衛的人都沒留下。瓦魯斯從逃亡者口中得知此事，抓住這個機會，在第二更帶著他的全部艦隊從哈德魯墨圖姆的內港裡出來，一清早就到達勒普提斯，把停泊在距港口一段路以外的深海上、沒人守衛的運輸艦全部燒光，還不經戰鬥就捕獲了兩艘五列槳艦。

63 同時，信使很快把這件消息送到營裡來報告凱撒，這時他正在自己的防禦工事上巡視，距那港口有六羅里。他把一切工作都擱置下來，快馬加鞭，迅即向勒普提斯趕去，在那邊，他鼓勵所有的船隻都跟隨著他出去。他自己登上一艘小船，航行途中，正好遇上因敵艦眾多感到驚慌失措、一籌莫展的阿奎拉，凱撒接過他的艦隊就向敵艦追去。這時，瓦魯斯對凱撒的行動迅速、潑辣大膽，感到震動，帶著他的全部艦隊掉轉頭去，急急向哈德魯墨圖姆逃去。凱撒在追了四羅里之後，收復了一艘五列槳艦，艦上除了它原來的全部船員以外，還有敵方的一百三十名監守人員。此外，他還捕獲到一艘在近處的敵人在戰鬥中掉隊的三列槳艦，連帶它的全部划手和船員。敵方其餘的艦隻繞過海岬，全部躲進哈德魯墨圖姆，但凱撒卻沒能乘著那同一陣風繞過海岬，就在那邊海上拋錨度過一夜，次日天色剛破曉時，趕到哈德魯墨圖姆，把在那邊內港外面的運輸艦全部付之一炬。由於其餘的船隻不是被敵人拖在岸上，就是蟄伏在內港，他在那邊只稍稍停留了一會，看看有沒有什麼機會可以海戰，就又重新返回營寨。

64 在那隻軍艦上被捉到的俘虜中，有一個羅馬騎士普布利烏斯・維斯特里烏斯(Publius Vestrius)和一個人叫普布利烏斯・利伽里烏斯(Publius Ligarius)，這人本來是阿弗拉尼烏斯的一個黨徒，在西班牙曾經和其他一些人一起被凱撒釋放，後來他又趕到龐培那邊去，法爾薩盧斯戰役後再從那邊逃出來，到達阿非利加的瓦魯斯這裡。因為他背棄誓言、反覆無常，凱撒下令把他處死。普布利烏斯・維斯特里烏斯得到了凱撒的寬恕，因為他的兄弟在羅馬為他付出了規定數目的贖金，而且維斯特里烏斯本人的陳訴，也使凱撒感到滿意，他說他是被那西狄烏斯的艦隊俘虜的，正要被處死時，瓦魯斯好心救了他，此後一直沒讓他有來投奔的機會。

65 阿非利加的居民有一個習慣，無論在田野裡還是在幾乎每一所農舍裡，都有秘密的地下暗室，作積儲糧食之用，為的是防備戰爭和突然而來的敵人。凱撒從告發的人那裡得知這種情況，就在第三更派兩個軍團隨同騎兵跑出離他的營寨十羅里之外去，他們從那邊帶著大量糧食返回營寨。拉比努斯知道了這件事，他趕出自己的營寨七羅里，越過凱撒前一天經過的那片山地，讓兩個軍團在那邊紮下營。他認為凱撒會經常走這同一條路去收集糧食，每天都帶著一大批騎兵和輕裝兵埋伏在合適的地點守候他。

66 同時，凱撒從逃亡來歸的人口中得知了拉比努斯的詭計，他在那邊耽擱了幾天，讓敵人因為每天都反覆做同樣的工作，逐漸漫不經心起來。然後，在一天早晨，他突然下令三個老兵軍團和一部分騎兵跟他一起從後營門出去。然後，派騎兵走在前面，出其不意地突然襲擊隱藏在山谷裡的伏兵，殺死了輕裝兵中的大約五百人，使其餘的人極可恥地四散奔逃。這時，拉比努斯帶著全部騎兵趕上來援救自己的潰散下來的士兵。敵人的巨大兵力使人數很少的凱撒騎兵無法抵擋，凱撒就把自己列好戰陣的軍團帶到敵人能看到的地方來，這才使拉比努斯感到驚慌，停下步來。凱撒毫無損失地接回自己的騎兵。次日，尤巴國王把那些擅自離開陣地、逃回自己營寨的努米底亞人，統統都釘死在十字架上。

67 凱撒這時候正因為缺乏糧食，感到不安，他把全軍都領出營寨，在給勒普提斯、魯斯皮那和阿基拉留下了守軍之後，又把他的艦隊交給基斯皮烏斯和阿奎拉，叫他們一個在哈德魯墨圖姆、一個在塔普蘇斯，從事海上封鎖。然後，他縱火燒掉自己的營寨，在晚上第四更時，排列好戰陣，把輜重集中在左翼，撤出那地方，來到阿伽爾(Aggar)。這個市鎮在前一個時期經常受到蓋圖利人的攻擊，只有鎮上的居民在竭盡全力守衛它。他在那邊平原上築起一座單一的營寨，然後帶著部分軍隊出去，到周圍的農莊去收集糧秣，發現了大量大麥、油、酒、無花果和少許小麥，讓士兵們受用了一番之後，返回營寨。同時，西皮阿得知凱撒離開，也開始帶著全部軍隊跟著他越過山嶺，在距凱撒的營寨六羅里之外停駐下來，把他的軍隊分別安置在三座營寨裡。

68 離開西皮阿只十羅里，有一座市鎮叫澤塔(Zeta)，正坐落在他安營這一面的地區之內，離凱撒的營寨卻較遠，有十四羅里。西皮阿派兩個軍團到這個鎮上去收集糧秣，當凱撒從一個逃亡來歸的人口中得知這一消息時，他把自己的營寨從平原移到山上一處比較安全的地點去，在那邊留下一支守衛部隊之後，在第四更帶著軍隊出發，越過敵軍的營寨，趕去占領了這坐市鎮。他發現西皮阿的軍團正在離開較遠的田裡採牧，他正要向他們那邊趕去時，看到已經有敵人的部隊在趕去支援那些軍團，這就使他放棄了去攻打他們的念頭。在捉住了該鎮的負責人羅馬騎士、西皮阿的密友蓋尤斯・雷吉努斯・彌努基烏斯(Gaius Reginus Minucius)和另一個羅馬騎士、烏提卡市元老院成員普布利烏斯・阿特里烏斯(Publius Atrius)，同時還俘獲了國王的二十二隻駱駝之後，他把副將奧皮烏斯(Oppius)和一支駐軍留在那邊，自己開始返回營寨。

69他回去不得不經過西皮阿的營寨，當他走到離開那邊不遠的地方時，拉比努斯和阿弗拉尼烏斯帶著他們埋伏在附近山裡的全部騎兵和輕裝兵現身出來，攻擊他的後軍。凱撒看到後，命令騎兵頂住敵人的衝擊，一面叫軍團士兵把隨身帶的行李堆在一起之後，也迅速轉過身來面向敵人。行動還只剛剛開始，軍團士兵的第一陣攻勢，就毫不費勁地把敵人的騎兵和輕裝兵驅逐回去，而且把他們趕下山去。但當凱撒剛剛認為敵人已被打敗，正在膽戰心驚，不會再來攻擊，重新又開始趕路時，他們又從附近的山裡飛快地衝出來，再用前面已經說過的那種方法，向凱撒的軍團進攻。一向穿插在騎兵中作戰的努米底亞人和輕裝兵也行動迅速得出奇，和騎兵用同一速度前進或後退。他們一再採用這種方法作戰，在凱撒的軍隊進行時出來追逐，在對方站定下來時，又轉身逃走，但他們絕不向前靠近，單用一種奇特的方式作戰，即認為只要用投槍刺傷對方的馬就夠了。凱撒看出了他們的計劃，知道他們不過是想把他逼到一處一滴水都沒有的地方去紮營，好讓他那支從夜裡第四更到白天第十刻時一直沒吃過東西、餓著肚子的軍隊，連人帶馬都渴死。

70這時差不多已經太陽落山，在四時刻時裡一共只走了不到一百步路。看到騎兵的馬遭到殺傷，凱撒就把他們從後軍調到前面來，改把軍團調到後面去代替他們。這樣，軍團士兵在平靜而又緩慢地前進的時候，抵禦敵人的衝擊要方便得多。同樣，努米底亞人的騎兵隊伍搶在前面，沿著山嶺不斷地忽左忽右奔馳，企圖倚恃人多，結成圓圈，把凱撒的軍隊包圍起來，還有一部分在背後追逐凱撒的後軍。同時，在凱撒的這面，只要有三四個老兵轉過身去，揮起矛盾來奮力向侵擾自己的努米底亞人投過去，他們哪怕有二千以上的人，也都會轉過背去逃走，一個都不剩。然而，他們又會掉過馬頭來，四面八方湊合到一起，結成隊形，隔著一段距離追逐，向軍團士兵投擲重矛。就這樣，一會兒前進，一會兒停下來抵抗，拖拖拉拉地行軍，終於走完全程，到夜間第一刻時，所有他的部下都返回營寨，一個人也沒損失，只受傷了十個人。拉比努斯也退回自己人那邊，除了追得筋疲力竭以外，還損失了大約三百人，很多人受了傷。西皮阿本來已經把軍隊和象群一起帶了出來，在營寨前當著凱撒的面列成戰鬥的行列，想以此引起對方的驚恐，這時也退進營裡去。

71 面對著這樣的敵人，凱撒開始著手訓練自己的部隊，但並不像是一個統帥在訓練一支久經沙場、屢建奇功的老部隊，而是像一個角鬥教練在訓練自己的新角鬥士，教他們從敵人那邊退回來該退多少步，回轉身來面對敵人時應該用什麼方式，對敵人的抵抗應該在幾步之內，怎麼時而前進、時而後退，佯作攻擊，以至連在什麼地方、用什麼方式擲出輕矛都得教給他們。敵人的輕裝兵在我軍的騎兵中引起的焦急和不安，真是難於形容，因為他們常常用投槍殺死我軍的馬，這就使得我軍的騎兵在進入戰鬥時，害怕馬被殺死，畏縮不前，他們還用極快的速度使得我軍團士兵疲於奔命。每當我軍的一個武裝沈重的士兵在他們的追逐之下立停下來，向他們發動攻擊時，他們由於步履輕捷，很容易就能躲過危險。

72 這些事情使凱撒感到極大的不安，因為他看到每當一次戰鬥發生，如果沒有軍團士兵的支援，他的騎兵總不是敵人騎兵和輕裝步兵的對手。還有另外使他擔憂的事情，即對方的軍團戰鬥力究竟怎樣，他仍舊絲毫不了解，如果對方的騎兵和神出鬼沒的輕裝兵一旦也有軍團在支援，不知是不是還能夠再擋得住他們。此外還有一個原因使他焦慮，即那些戰象，它們的身軀之大、數目之多，使得士兵們全神貫注在它們身上，惴惴不安。但他給這個問題找到了解決辦法。他命令到義大利去越海運幾隻象來，使士兵認識它們，了解這些牲畜的外形和性能，它身軀的哪一部分容易被矢矛傷害，當一頭象披掛了飾物和甲胄時，它身體的哪一部分沒有遮掩，裸露在外面，他們的矢矛可以投向那邊去。特別是，他要使戰馬能從此習慣於這些動物的氣味、吼聲和形狀，不再感到驚惶。從這些訓練上凱撒得到很大的收穫，因為士兵們能用手去摸它們了，也了解了它們的遲笨不靈，騎兵們練習著用鈍頭的輕矛投擲它們，這種畜牲的馴良使得戰馬也習以為常，見怪不怪了。

73 為了我前面提過的那些原因，凱撒很為擔心，就一反他過去作戰時的那種速戰速決的老習慣，轉而遲疑、慎重起來。這並不奇怪，他手頭的這支軍隊原來是習慣於在高盧的平原上對高盧人作戰的，對方都是胸懷坦白、很少玩弄陰謀詭計的人，他們一般都靠勇敢而不靠狡詐作戰，現在他卻竭盡心力使士兵們習慣於敵人的種種花招、詭計和策略，使他們能懂得什麼方法不妨採用，什麼方法應該避免。從而，為了加速完成他們的訓練，他盡力設法使軍團不停留在一個地方，而是借採牧為名，讓他們不停地從一處地方轉到另一處地方，因為他還知道敵人決不會不跟蹤而來。兩天以後，他把軍隊部伍嚴整地帶出營來，從敵人的營寨旁邊經過，到一處平地上向他們挑戰。他看到敵人畏縮不出來應戰時，在傍晚時把軍團領回去。

74 同時，有使者從和澤塔——我們已經說過它在凱撒手中——毗鄰的一個市鎮瓦伽(Vaga)趕來，他們懇切要求派一支援軍到他們那邊去，說他們願意把許多戰爭中要用的東西支援凱撒。就在這時候，由於神靈的意旨和垂愛，一個逃亡來歸的人告訴自己本國的人說：尤巴國王已經帶著軍隊迅速向這個市鎮趕來，想跑在凱撒的駐軍到來之前，先趕到那邊，一到就用大軍把它包圍起來，再在攻占了它之後，把鎮上的居民全部殺死，把這個市鎮交給自己的軍隊劫掠和毀滅。

75 同時，凱撒在三月二十一日為他的軍隊舉行袚除不祥的祀典。次日，他把他的全部軍隊帶了出來，走到離開他營寨五羅里的地方，按戰鬥的陣列布置下來，距西皮阿的營寨約兩羅里。後來看到儘管自己對敵人的挑戰已經很頻繁，時間也已經很長，他們仍不出來應戰，他就把軍隊重領回營去。次日，他移營向薩爾蘇拉(Sarsura)趕去，西皮阿在那邊有一支努米底亞駐軍，而且把他的糧食積儲在那邊。拉比努斯看到這事時，帶著騎兵和輕裝兵趕來撓擾凱撒的後軍，而且把用車子載著貨物的隨營小販和商人們的輜重截了去。這使他更加增了勇氣，敢於更靠近、更大膽地進逼我方的軍團了。他認為我軍的士兵身負重荷、行李累贅，都已經很疲勞，不會再發生戰鬥。這事並沒出凱撒所料，他早已下令每個軍團必須有三百個人輕裝前進。這時，他下令派這些人上去對付拉比努斯的騎兵，支援自己的騎兵隊。於是，拉比努斯一看到連隊的標幟，心慌起來，馬上把騎兵調回頭去，灰溜溜地逃走。他們中有很多人被殺死，還有不少人受了傷。我軍團士兵返回到自己的隊伍那邊，重新開始上路。拉比努斯不肯放棄追趕，仍舊隔著一段路，在我軍的右側沿著叢山峻嶺跟隨我軍前進。

76 當凱撒到達薩爾蘇拉時，他殺掉了西皮阿的那些守衛，敵人差不多就在旁邊看著，但卻不敢上來援救自己方面的人。在那邊負責的是西皮阿的一個留用老兵普布利烏斯・科涅利烏斯(Publius Cornelius)，他英勇地作了一番抵抗，但在大批人圍攻之下被殺死，市鎮被攻占下來。就在那邊，凱撒把糧食分給了士兵，次日趕到提斯德拉。這時，孔西狄烏斯正帶著一支龐大的駐軍和由他自己的角鬥士組成的衛隊駐在那邊。凱撒觀察了該地的地勢，由於那邊的飲水不足，使他不能對它發動進攻，他馬上就從那邊出發，在離開水源約四羅里的地方紮下一座營，在第四更時又再從那邊出發，回到他在阿伽爾的那座營寨。西皮阿也採取同樣的行動，把自己的部隊帶回原來的那座舊營。

77 同時，處在尤巴的王國的最邊遠沿海地區、而且一向習慣遵從他的法令和統治的塔貝那

(Thabena)人，殺掉國王的守軍，派使者來見凱撒，把他們自己已經做了的事情報告他，懇切要求羅馬人民看在他們為羅馬人出的力份上，在這生死攸關的時候，出手幫助他們。凱撒表示讚賞他們的做法，派馬爾基烏斯・克里斯普斯(Marcius Crispus)帶三個營、一些弓箭手和許多作戰機械到塔貝那去擔任駐防工作。就在這時候，所有各軍團中過去因為生病沒能來，或請假離開隊伍的全部士兵，這時都在一次航程中渡海到阿非利加凱撒處來了，計有四千士兵、四百騎兵、上千的射石手和弓箭手。因而，他把這些部隊和他的全部軍團都拉出來，在一處離開他自己的營寨五羅里、離開西皮阿的營寨真正只有兩羅里的平原上，按戰鬥的陣列布置下來。

78 在西皮阿的營寨下方，有一座叫特格亞(Tegea)的市鎮，他經常在那邊駐有一支約二千名騎兵的守衛隊。這時，他把這支騎兵在這座市鎮的左右兩側一線布列開來，他自己又把軍團領出營來，前進了距自己的防禦工事至多不過一羅里的樣子，在一座山的山坡下布下陣來。過了一會，西皮阿還是留在原處一動不動。凱撒看到白天將在一無所為中白白浪費過去時，就命令自己的騎兵隊去進攻在市鎮旁邊守衛的敵人騎兵，還派一些輕裝兵、弓箭手和射石手去支援他們。當進攻開始，凱撒的騎兵策馬飛奔，竭力衝擊時，帕基德尤斯一面把他的騎兵向兩側伸長展開，以便有機會把凱撒的騎兵隊包圍起來，一面仍舊極勇猛、極激烈地戰鬥。凱撒看到敵人的戰鬥方法，就命令正列陣站在離開這場戰鬥最近的那個軍團，把軍團裡一向輕裝著的三百名士兵抽出來，上去支援騎兵。同一時刻，拉比努斯也派騎兵上去支援自己的騎兵，讓那些沒受過傷、精力充沛的騎兵把受傷和疲勞的替換下來。後來凱撒的四百騎兵抵擋不住數達四千人的敵軍的壓力，還被努米底亞的輕裝兵傷了一些人，就稍稍後退了一些。凱撒又派另一翼的騎兵迅速去支援那些應付不過來的人。這就鼓舞了他的部下，他們合力向敵人衝去，使他們四散潰逃，把敵人殺死許多人，傷的也不少，一直追出三羅里，把他們逐到山上，才退回自己的陣地。凱撒直停留到第十刻時，然後列著戰陣，一無損失地退回自己營裡。在這一役中，帕基德尤斯被一支重矛穿透頭盔，頭上受了重傷。敵人的一些領袖和所有他們最勇敢的人，不是被殺，就是受了傷。

79 凱撒看到，隨便用什麼辦法也不能把敵人引到平地上來，使他們冒險把軍團投入戰鬥，同時由於缺乏飲水，也不能把自己的營寨推進到離開敵人更近一些的地方去，再加還看到敵人的敢於輕視他，並不是因為他們自恃勇敢，只是欺他缺水。他就在四月四日第三更時，離開阿伽爾。在夜裡行軍了十六羅里之後，在靠近塔普蘇斯的地方紮下營。維吉利烏斯正統率著一支很龐大的軍隊駐在那邊。就在同一天，凱撒開始圍攻這座市鎮，並在許多合適方便的地方布置下防守的部隊，使敵人不能闖進來接近他，或者占領在包圍圈裡的地方。西皮阿知道了凱撒的計劃，為了避免喪失最忠於他的塔普蘇斯人和維吉利烏斯這樣的奇恥大辱，他迫不得已只能出於一戰了，因而立刻沿著高地，跟隨著凱撒前進，在距塔普蘇斯八羅里之外，築兩座營寨停駐下來。

80 那邊有一片鹽池，在它和大海之間，隔有一條不到一羅里半的狹窄陸地，西皮阿企圖進入這條狹窄的走廊地帶，從這裡趕去援助塔普蘇斯人。但將要發生什麼事情瞞不過凱撒的眼睛，前一天他就已經在那地方造起一座碉堡，還留下三個營在那邊擔任守衛。他自己則帶著其餘的部隊建造起一座新月形的營寨，並且用一系列的圍困工事包圍了塔普蘇斯。同時，西皮阿的打算落空後，他從北面繞過這個鹽池，經過第二天一天一夜行軍，天色破曉時，在距上面所說的營寨和工事不遠的地方紮下營，並築好工事，離開海岸約一羅里半。當這事報告給了凱撒時，他把軍隊從正在勞動的工事上抽了回

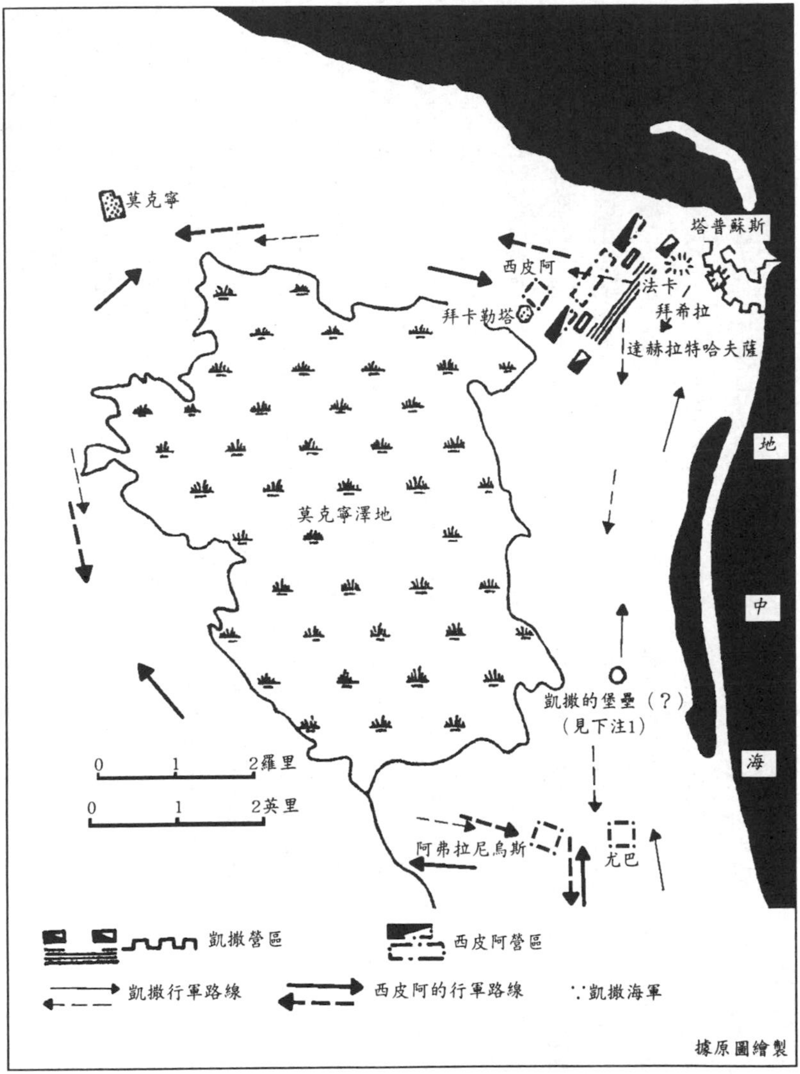

塔普蘇斯
（〈阿非利加戰記〉第79—86節）

來，留下兩個軍團交給代行執政官阿斯普雷那斯(Asprenas)守衛營寨，他自己帶著輕裝的部隊，迅速向那地方趕去。他把艦隊也留一部分在塔普蘇斯海上，命令其餘的艦隊都航行到敵人背後去，盡量靠近海岸，等待凱撒發出的號令，要他們等到號令一發出時就出其不意地在敵人背後突然大聲吶喊，使敵人嚇一大跳，不得不驚慌失措、狼狽不堪地回顧背後。

81 凱撒到達那邊，看到西皮阿的戰陣就布列在自己的壁壘前面，戰象分別布置在左右兩翼，但仍舊有一部分士兵在毫不怠慢地修築工事。凱撒把自己的軍隊布列成三列，第十、第七兩個軍團放在右翼，第八和第九兩個軍團放在左翼，再在這兩翼各放置第五軍團的五個營，作為第四列，用以對付戰象，他的弓箭手和射石手都布置在兩翼，輕裝兵則穿插在騎兵中間。凱撒自己匆忙地徒步在士兵們的周圍巡轉，提醒老兵們不要忘記過去戰鬥中的勇敢，用鼓舞人心的話來激勵他們的鬥志。對於新兵，因為他們從來没在正式的戰鬥中交鋒過，他鼓勵他們模仿老兵的勇敢，要竭力爭取一場勝利來使自己在榮譽上、地位上、聲名上和他們比美。

82 凱撒正在軍隊四周到處巡轉時，注意到在壁壘附近的敵人非常激動不安，他們驚惶地一會兒這裡、一會兒那裡亂跑，忽而退進營門裡去，忽而又亂七八糟地一哄而出。當別的一些人也開始注意到這一點時，凱撒的副將們和留用老兵們馬上都要求他立刻發出號令去，不要再猶豫，說這是不朽之神在預示要給他一場決定性的勝利。凱撒還在遲疑，反對他們這股熱情和幹勁，反覆聲明他不喜歡用突然出擊的辦法開始戰鬥，而且一而再、再而三地壓住自己的陣腳不讓亂動。但在右翼，一個號手在大家的迫促之下，不經凱撒的命令就突然開始吹起進攻號來。這一下，每個營都開始向敵人衝去，儘管百夫長們在前面迎頭攔住，竭力阻止士兵們，叫他們不要在統帥没命令時衝上去，但毫無用處。

83 當凱撒知道士兵們的激動心情已經不再可能壓制時，就用「祝你勝利」作為信號發出去，一面摧動自己的馬，急速向敵人的第一列衝去。同時在右翼，射石手和弓箭手集中大量矢石，向象群發射過去。這一來，這些畜牲被投射過去的飛石、石塊、鉛球發出來的噓噓響聲嚇得回頭就跑，從密密集合在它們背後的大批自己的部隊和管養人員身上踐踏過去，迅速朝著只完成了一半的壁壘大門衝進去。和象群布列在同一翼的毛里人騎兵，一看到自己仗以掩護的象逃走了，就也跟著潰走。象群被迅速地趕走之後，軍團士兵占據了敵人的壁壘，少數在那邊激烈抵抗的人都被殺死，其餘的飛奔逃向前一天他們從那邊出發來的那座營寨裡去。

84 我認為不應該把第五軍的一個老兵的英勇事跡略去不提。右翼有一頭象受了傷，痛得狂怒起來，衝向一個赤手空拳的隨營勤雜人員，用腳把他踩倒在地上，再又用膝跪在他身上，豎起它的長鼻子，東搖西晃，大聲嘶吼著，想用自己的重量把他壓死。這種情況使這個士兵看不下去，他就全身披掛著挺身奔向那畜牲。當那頭象看到他手裡拿著武器迎面趕來時，它放掉了那屍體，用它的鼻子把這個士兵捲了起來，舉到空中。這個士兵看到在這種巨大的危險之中只有自己採取堅定果敢的行動，才有希望得救，就用劍竭盡自己的力量不停地砍那捲住自己的長鼻子。陣陣劇痛使那象丟下這個士兵，大聲吼叫著轉過身去，逃回到其餘的畜牲那裡去。

85 同時，在塔普蘇斯擔任守衛的那些人，不知是想去援助自己人，還是想放棄這個市鎮，逃出去自尋生路，他們從面向著海的那個城門突圍出來，然後，在水深沒到肚臍的海中涉水走了一段路之後，再登陸到岸上來。但是他們被在營中的奴隸和侍役投擲的石塊和投槍阻擋住不讓近岸，因而，他們又回到市鎮裡去。同時，西皮阿的軍隊已經被打得一敗塗地，在戰場上到處潰不成軍，飛奔逃走，凱撒的軍團緊緊跟在後面追逐，不讓他們有聚集攏來的時機。當他們逃到自己奔去的營寨，想在那邊略事喘息後再一次進行自衛的時候，他們希望能找到一個領袖，準備找到之後在他的領導和指揮下進行戰鬥。但是，他們發現那邊已沒有一個人在從事守衛，他們馬上又擲掉武器，向國王的營寨裡逃去。當他們到達那邊時，發現它也已經在凱撒的軍隊手裡。在一切得救的希望都落空之後，他們在一座山上停駐下來，按照軍隊中敬禮的方式，把武器低垂下來。他們這樣做，心裡也許是夠痛苦的了，但還是救不了他們。因為凱撒的老兵們胸中燃燒著憤怒和痛恨，激動得不顧一切，不但不肯接受勸導，饒恕敵人，甚至還殺掉或弄傷自己隊伍裡的幾個有身份的羅馬人，罵他們是「帶頭出壞主意的人」，其中有擔任過財務官的圖利烏斯・魯孚斯(Tullius Rufus)，他被一個士兵故意地用一支輕矛戳死；同樣還有一個龐培・魯孚斯(Pompeius Rufus)，他的一隻手臂被劍砍傷，要不是他急忙奔到凱撒身邊，幾乎被當場殺死。這種事情一發生，許多羅馬騎士和元老都害怕起來，紛紛退出戰鬥，免得也被這些士兵殺掉，這些人正因為已經得到輝煌的勝利而在肆無忌憚，自以為無論犯什麼罪行都會看到巨大的成功面上得到寬恕。因而，雖然所有這些西皮阿的士兵都在要求凱撒接受他們投誠，雖然凱撒自己也在一旁看著，要求士兵們寬恕他們，但他們一個人都沒留下。

86 凱撒占領了三座營寨，殺死一萬敵人，而且擊潰了一支龐大的軍隊，然後返回營寨，自己只損失五十名士兵，受傷了少數人。他立刻一路趕去，在塔普蘇斯城前停駐下來，然後把他俘獲的六十四頭全身披掛、帶著射塔和各式裝飾品的戰象，在市鎮前一字排開，他這樣做的目的是要看看維吉利烏斯和那些和他一起被圍困在城裡的人，在看到這些他們同黨失敗的證據時，是不是能停止頑抗。然後，他本人也向維吉利烏斯作了呼籲，向他提到了自己的寬大和仁慈，要求他投降。後來，當他看到

對方不給自己答覆時，即離開那個市鎮。次日，在向神獻祭了之後，他在城裡人望得見的地方召開了士兵大會，他表揚了士兵們，獎賞了全部老兵，當場就在將壇上給那些最為勇敢的人和有卓越功績的人發了獎酬。於是，他立刻離開那邊，派代行執政官雷比盧斯・卡尼尼烏斯(Rebilus Caninius)帶三個軍團留下來圍攻塔普蘇斯，格涅尤斯・多彌提烏斯帶兩個軍團留下來圍攻孔西狄烏斯在主持的提斯德拉，然後又派馬爾庫斯・墨薩拉・瓦勒里烏斯帶著騎兵先行，奔向烏提卡，他自己也急急向那邊趕去。

87 同時，西皮阿的那些從戰鬥中逃生出來的騎兵，向烏提卡的方向逃去，到達帕拉達(Parada)。這時，凱撒勝利的消息已經先傳到鎮上，因此居民拒絕他們進城。他們用武力攻下了它，在市場中心積起一堆木柴，把鎮上人的所有財產都放在上面，點火燒起來，然後把市鎮裡的居民也都捆起，不問地位貴賤，不問年紀大小，統統活生生的往火中投去，讓他們受這種殘酷的懲罰。然後，他們一直向烏提卡奔去。前一段時間，馬爾庫斯・加圖認為這些烏提卡人曾經從凱撒的尤利烏斯法①中得到過好處，所以只是半心半意地支持他，因而，他把城裡的平民赤手空拳的趕到城外，就在貝利加門外築了一座營寨，也有小小的壕塹防護著，周圍都布置了守衛，強迫他們住在裡面。然而該城長老會議人員他卻扣押著不放。西皮阿的這些騎兵開始攻打這座營寨，因為他們知道這些居民都偏袒著凱撒這一方，如果能殺死他們，就可以藉他們的毀滅來消除自己的心頭之恨。但那些烏提卡人已經從凱撒的勝利中得到鼓舞，他們用石塊和棍棒擊退了這些騎兵。這樣，當這些騎兵發現沒法占領這座營寨時，他們

①此處所說的使烏提卡人得到好處的尤利烏斯法，不知是那一條法律，想必是在公元前五九年凱撒任執政官時建議通過的。

就衝進烏提卡城，在那邊殺死了許多居民，攻打和搶劫他們的房子。加圖沒有絲毫辦法能說服這些人和自己合作守衛這座城市，停止屠殺和搶劫，他知道他們的來意，就每人發給他們一百塞斯特斯，以平息他們的貪欲。福斯圖斯・蘇拉(Faustus Sulla)也同樣地做，把自己的錢拿出一部分來送給他們，然後跟他們一起離開烏提卡，到尤巴的王國裡去。

88 同時，許多人從逃亡途中來到烏提卡。加圖把所有這些人，連帶捐錢給西皮阿作戰的那三百個人①，都召了來，鼓勵他們釋放奴隸，守衛城市。當他知道其中一部分人同意他，另外一部分人已經心慌意亂，打算逃跑時，他就不再多談這件事情，只是把船隻分配給他們，好讓他們想到什麼地方去就動身去。在把一切事情都仔細安排好之後，他又把自己的孩子託付給這時正在擔任他的財務官的盧基烏斯・凱撒，然後進入自己的寢室，面容和談吐都和往常一樣，使人毫不懷疑。他暗暗帶了一把匕首到他床上，就用它自殺。當他倒了下來，但還沒斷氣時，他的醫生和奴隸們因為疑心出了事情，闖進寢室，包紮好他的傷口，制止了流血。但是，他又自己動手極狠心地扯開傷口，堅決結束了自己的生命。儘管從黨派的角度出發，烏提卡人痛恨他，但因為他那種少有出奇的正直、因為他那種完全不同於其他領袖的表現，而且還因為他給烏提卡建築了出色的防禦工事，增加了碉樓等等，所以他們仍舊依禮安葬了他。加圖自殺後，盧基烏斯・凱撒認為這件事情可以給自己撈到點好處，他把人民召集起來開一個大會，鼓勵大家把所有的城門都打開，說他對蓋尤斯・凱撒的仁慈很有信心。因而，城門打開了，他自己跑出烏提卡，趕來迎接統帥凱撒。墨薩拉正奉命來到烏提卡，就在所有各個城門都布

①實際上這是烏提卡的一個由三百人組成的城市議會的長老。

置下守衛。

89 同時，凱撒從塔普蘇斯出發，到達烏斯塞塔(Usseta)，西皮阿在這裡積儲了大量糧食、武器、矢矛和其他物資，只有少數人在守衛。他一到那邊就占有了這批東西，馬上又向哈德魯墨圖姆趕去。他絲毫未遇抵抗就進入該城。他察看了那邊的武器、糧食和金錢，並饒赦了這時正在那邊的昆圖斯・利伽里烏斯(Quintus Ligarius)和蓋尤斯・孔西狄烏斯——前面提到過的孔西狄烏斯的兒子——的性命。然而就在同一天，他離開哈德魯墨圖姆，留下利維涅尤斯・雷古盧斯(Livineius Regulus)帶一個軍團在那邊守衛，自己急匆匆的向烏提卡趕去。在路上，盧基烏斯・凱撒遇上了他，立刻跪在凱撒腳下，求他單只要開恩饒了自己的性命，此外別無它求。凱撒一則出於自己的本性，再則根據一向的原則，很爽快地一口答應了他。同樣，他還像平常習慣的那樣，饒恕了凱基那(Caecina)、蓋尤斯・阿特尤斯(Gaius Ateius)、普布利烏斯・阿特里烏斯、盧基烏斯・克爾拉(Lucius Cella)父子、馬爾庫斯・厄皮烏斯(Marcus Eppius)、馬爾庫斯・阿奎努斯，並且還有加圖的兒子和達馬西普斯的孩子們，他於是在大約掌燈的時候到達烏提卡，就在城外度過當夜。

90 次日清晨，他進入烏提卡，召集了一次大會，他向烏提卡的居民們講了一番鼓勵的話，對他們對自己的一片熱忱表示了謝意。對於在那邊經營事業的羅馬公民，以及那三百人院中捐錢給瓦魯斯和西皮阿過的人，他說了許多指摘他們的話，而且詳盡地敘述了他們的罪狀，但最後還是告訴他們盡可以出來露面，不用害怕，無論如何他將饒了他們的性命，只是他要把他們的財產拿出來出售，至於他們中間如果有人想把自己的財產仍舊買回去，他就將把這筆財產作為已出售入帳，而且把收入的錢記入罰款項下，以便他們今後可以安全無恙地保有它們。這些嚇得面容慘白的人考慮到自己的所作所為，正擔心自己的性命難保，這時突然得到了活命的機會，高興萬分地接受了這些條件，要求凱撒定出一個數目，由這三百人用集體的名義來償付。因而，他要求他們付給羅馬人民兩億塞斯特斯，在三年裡分六次付清。他們毫不推諉地接受了，還欣然向凱撒表示感謝，說這是他們重新做人的一天。

91 同時，國王尤巴和佩特雷尤斯一起逃出戰場，白天隱藏在農舍裡，晚上趕路，最後終於趕到自己的王國，來到扎馬(Zama)。這裡有他的住所，他的妻妾們和孩子們也都住在這裡。他還從全王國各地把所有錢財和珍貴的東西都集中在這裡，而且從戰爭一開始就築起強大的工事來防守它。但鎮上的居民事先已經聽到盼望已久的關於凱撒勝利的消息，為此他們關起城門，不讓他進去，原因是這樣的，原來國王在剛開始和羅馬人為敵時，就收集了大量木柴，在扎馬的市場中心積成一個大堆，如果不巧戰爭失敗，他就準備把自己所有的東西都堆放上去，然後殺掉全部公民，都丟進去，點起火來，最後他本人也爬到頂上去自殺，和他的子女、妻妾、人民和全部皇室財寶，同歸於盡。尤巴在城門前逗留了很長一段時間，起初是擺出國王的架勢來威脅扎馬人民，後來知道這沒有用，改為懇求他們讓他進自己的家宅，當他看到對方已經下定決心，不管威脅還是懇求都不能更成功地打動他們接受他進去時，他最後只能要求他們把自己的妻妾子女還給他，好讓他帶走。後來看到鎮裡的人還是完全不答理他，他只好一無所得地離開扎馬，帶著馬爾庫斯・佩特雷尤斯和少數騎兵趕到他的一座鄉間別墅裡去。

92 於是，扎馬人派使者到烏提卡來見凱撒，要求他在國王還沒集合起一支兵力來進攻他們之前，派援軍去給他們，還說，他們已經準備好了，只要一息尚存，就會把那座城市和他們自己為凱撒保存下來。凱撒表揚了使者，打發他們先回去報告，說自己跟著就來。他在次日帶著騎兵離開烏提卡，迅速進入國王境內。一路上有國王部隊裡的許多首領趕到凱撒這裡來，請求他饒恕自己。他寬恕了這些懇求的人，然後進入扎馬。同時，有關他的寬厚、仁慈的消息，已經傳到各地，差不多所有這個王國的騎士都趕到扎馬來看凱撒，他消除了他們感到的恐懼和威脅。

93當這些事情在雙方間進行時，正帶著自己的奴隸、角鬥士和一批蓋圖利人在負責守衛提斯德拉的孔西狄烏斯，聽到自己的同黨被殲，還聽到多彌提烏斯和軍團已經來到，使他心驚膽戰，感到安全已經絕望，就放棄了這座市鎮，偷偷帶著少數蠻族部隊和大批金錢，迅速逃到尤巴的國境裡去。在路上，伴隨著他的那些蓋圖利人貪圖他的財富，把他殺死後分頭奔向各自能去的地方去了。同時，蓋尤斯・維吉利烏斯知道陸路和海路都已被封閉，無法再利用，同時還知道，自己的同黨不是已被殺死就是逃走了；馬爾庫斯・加圖已經在烏提卡自己結束了自己的生命；國王已經被自己的國人拋棄，受到大家蔑視，正在到處流浪；薩布拉和他的軍隊已經被西提烏斯殲滅；凱撒已經一無阻礙地進入烏提卡；而且過去的那支龐大的軍隊，現在已經不復存在。他只好接受了正在圍困他的代行執政官卡尼尼烏斯對他和他的子女提出的保證，把自己和自己的一切，以及這座城鎮都交給了這位代行執政官。

94同時，所有城鎮都閉門不納的國王尤巴，對自己的安全感到絕望。最後，為要使人們看起來他們死得很勇敢，在和佩特雷尤斯歡宴了一番之後，兩人用劍決鬥起來，比較強悍的尤巴很容易地一劍刺死了比較文弱的佩特雷尤斯，然後，尤巴竭力想用劍刺進自己的胸膛，但沒有成功，他要他的一個奴隸把他殺死，終於達到目的。

95當時，普布利烏斯・西提烏斯已經擊潰尤巴的總管薩布拉的軍隊，並且殺死了薩布拉本人，這時他帶著少數軍隊，通過毛里塔尼亞，在趕到凱撒這裡來，路上恰好遇到福斯圖斯・蘇拉和阿弗拉尼

烏斯。這兩個人正帶領著搶劫烏提卡的那支軍隊，大約有一千人，在向西班牙趕去。西提烏斯在夜間迅速布置好埋伏，於天色黎明時向他們發動攻擊。只少數走在前面的騎兵逃掉，其餘的不是被殺，就是投降了。西提烏斯活捉了阿弗拉尼烏斯和福斯圖斯，以及福斯圖斯的妻子兒女①。不多幾天以後，軍隊中發生了爭執，福斯圖斯和阿弗拉尼烏斯都被殺死。至於龐培婭(Pompeia)，以及她和福斯圖斯生的孩子，凱撒饒了他們的性命，還允許他們保留自己的財物。

96 同時，西皮阿、達馬西普斯、托夸圖斯・曼利烏斯(Torguatus Manlius)和普萊托里烏斯・魯斯提安努斯(Plaetorius Rustianus)，正乘著幾條戰艦想航到西班牙去，經過長時期的風浪顛簸，他們漂泊到王家希波(Hippo regis)②。西提烏斯的艦隊這時正停泊在那邊，西皮阿的這少數幾條船馬上被西提烏斯的多得多的艦隻包圍擊沈。西皮阿和上面剛提到名字的那些人，都同歸於盡。

97 同時，凱撒在扎馬拍賣了王家的財產，還把那些雖是羅馬公民、卻以武力對抗羅馬人民的人的財產也賣了出去。他把獎酬發給了倡議把國王關在城外的那些扎馬居民，並把王家的稅收包了出去，還把這個王國改成一個行省。然後，把蓋尤斯・薩盧斯提烏斯留在那邊，以代行執政官的頭銜掌握軍政大權之後，他離開扎馬返回烏提卡。在那邊，他把在尤巴和佩特雷尤斯手下統帶軍隊的人的財產全部出售。而且，作為罰款，他向塔普蘇斯人索取二百萬塞斯特斯，向他們的僑民組織索取三百萬，同樣向哈德魯墨圖姆人也索取三百萬，向他們的僑民組織索取五百萬。但他卻保護他們的城市和財產不

---

①福斯圖斯・蘇拉是獨裁者蘇拉的兒子，他的妻子龐培婭是龐培的女兒，已見〈內戰記〉卷一第六節注。

②王家希波——努米底亞王國的一個重要海港，在現在的阿爾及利亞境內。

受侵犯和劫掠。至於勒普提斯人，他們的產業幾年前曾經遭到過尤巴的劫奪，但在他們派代表們到元老院去提出控訴後，通過元老院指定的仲裁人，已把這些產業還給了他們。凱撒這次叫他們每年交付三百萬羅磅①橄欖油，因為在這次動亂開始時，由於他們的領袖們之間的互相傾軋，曾經和尤巴締結了同盟，用武器、軍隊和金錢支援過他。至於那些提斯德拉人，則因為他們這個城鎮境況不佳，被罰了一筆糧食。

98 作好這些安排後，他於六月十三日在烏提卡登上自己的艦隊，兩天以後到達撒丁尼亞的卡拉利斯。在那邊，他因為蘇爾基(Sulci)人曾經接納過那西狄烏斯和他的艦隊，還提供給他過軍隊，他命令他們交出十萬塞斯特斯罰款，還罰他們把過去交的什一稅改為交納八分之一，他並且出售了少數人的產業。然後他在六月二十七日登船離開卡拉利斯，沿著海岸航去，風浪使他在幾個港口作了耽擱，二十七天以後才到達羅馬城。

①一羅磅(libra)等於〇・三二七四五公斤。

西班牙戰記

內容提要

節數	
1	西班牙戰爭開始。
2	凱撒進軍攻擊科爾杜巴。
3	同時他派救兵突入正在被龐培圍攻的烏利亞。
4	對科爾杜巴的攻擊，迫使龐培停止圍攻烏利亞。
5	龐培趕來援救科爾杜巴。凱撒攻擊阿特瓜，龐培也跟到那邊。
7	雙方都在山嶺地區難於接近的地方築壘自守。
9	龐培攻打凱撒的一處堡壘，被擊退。
10	凱撒繼續圍困阿特瓜。
11	擊退鎮上衝出來的一次突圍。
12	兩軍間各式各樣的小戰鬥。
15	鎮上居民的暴行。
16	凱撒擊退他們的第二次突圍。
17	圖利烏斯和凱撒談判投降。
18	繼續圍攻阿特瓜。

19 該鎮投降。

20 龐培移營向烏庫比趕去。

21 烏爾紹人的行為。

23 凱撒和龐培都在烏庫比駐營，在那邊發生一些小戰鬥。

25 圖皮奧和尼格爾兩人對鬥。

26 大批敵人投奔凱撒；獲截了龐培的一些信札。

27 雙方軍隊都在蒙達駐紮下來。

28 一場大戰隨之而來。

31 在戰鬥中，龐培全師潰敗。

32 凱撒圍攻逃在蒙達城裡的敗兵。

33 進攻和占領科爾杜巴。

35 同樣也攻占希斯帕利斯，但又失掉它，重新占領。蒙達城裡的人假作投降，企圖偷襲我軍。他們都被殺掉。

37 卡爾特亞向凱撒投降。龐培逃走。

39 但被殺死。

40 凱撒的一些船隻被焚。

41 凱撒的部下占領蒙達，隨又圍攻烏庫比。

42 凱撒對希斯帕利斯人發表談話。

西班牙戰記

1 法爾那西斯已經征服，阿非利加已經收復，至於戰場上和小格涅尤斯・龐培一起逃出去的那些人……他乘凱撒為了舉辦演出耽擱在義大利的時候①，占據了遠西班牙……為了便於集合起一支守衛部隊來從事抵抗，龐培②開始向所有這些邦的忠誠呼籲，請求援助。這樣，部分靠懇求，部分靠強制，使他能夠湊集起一支很大的兵力，蹂躪起行省來。在這種情況之下，有一些邦自動派援兵去給他，同時又有一些邦對他關上城門。在這些邦中，如果有一個城鎮被他用武力硬攻下來時，城裡的一些富翁，儘管他們過去曾經為老格涅尤斯・龐培③出過力，但由於他們擁有巨額財富，因而還是被尋

①凱撒在公元前四六年七月底結束阿非利加戰爭後返回羅馬，於八月中連續舉行了四天大規模凱旋式。由於羅馬人和羅馬人自相殘殺一向都不舉行凱旋式，所以凱撒在這四天的凱旋式中，第一天慶祝他在高盧獲得的勝利，第二天慶祝他征服埃及，第三天慶祝他戰勝法爾那西斯，第四天慶祝他擊敗尤巴。這四天凱旋式盛況空前，據阿庇安說，在遊行中公開展覽的金銀達六萬五千塔倫，一些城鎮和君主奉獻給他的金冠達二千八百二十二頂。凱旋式後，凱撒頒發大宗獎金給他的軍團士兵和軍官，還設宴二萬二千席招待羅馬公民。角鬥、鬥獸、賽車、戲劇等大規模演出，一直到九月裡才結束。

②指龐培的長子格涅尤斯・龐培，本篇自始至終畢稱他為龐培，只偶爾兩三次稱他小格涅尤斯・龐培，他的弟弟則連名字稱作塞克斯圖斯・龐培。提到他們的父親時，稱老格涅尤斯・龐培。

③〈亞歷山卓戰記〉只說到特雷博尼烏斯到西班牙來繼卡西烏斯・隆吉努斯任西班牙行省長官，接管他的行省和軍團，再沒提下文，但本篇一開頭就說格涅尤斯・龐培在西班牙湊集起大批軍隊，下文又說到特雷博尼烏斯的軍團也叛變了參加進行，中間經過怎樣，幾部戰記因不是出於一人之手，互相不銜接，都沒有提到。

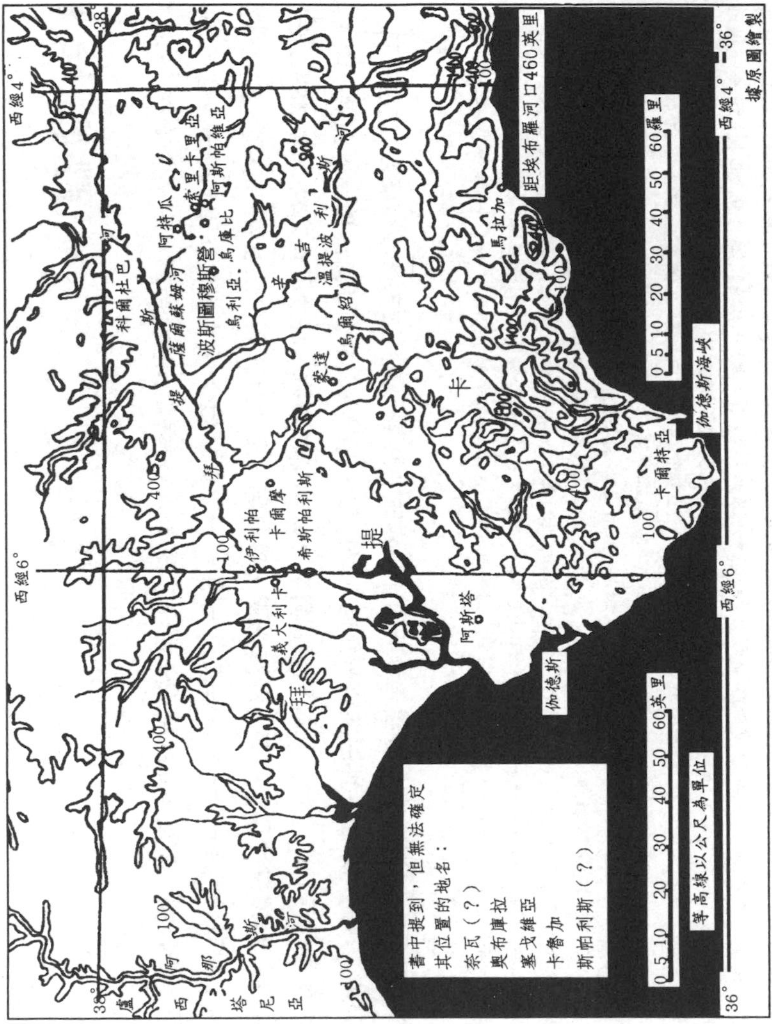

遠西班牙（拜提卡）（〈西班牙戰記〉、〈亞歷山卓戰記〉）

出這樣那樣理由來，置之死地，好把他的錢拿出來讓這些強徒分贓。這種做法使少數人從敵人身上弄到了好處，他們的資產大大增加，但卻使反對龐培的那些邦更加頻繁地派使者到義大利來為自己求救兵。

2 這時，正在第三次擔任獨裁官、而且已經預定擔任第四次的蓋尤斯・凱撒，在動身出發之前，先已完成了許多工作。現在，為了很快結束戰爭，他馬上迅速向西班牙趕去。背棄龐培的那些科爾杜巴人派來的使者，正好逢上凱撒。他們報告凱撒說：科爾杜巴城可以在夜間攻下來，因為龐培本來就是乘對方出其不意的時候占領行省的，加之，龐培已經在所有各地都布置下信使，以便把凱撒到來的消息報告給他，從這上面就可以看出他對凱撒到來懷有的恐懼。他們此外還講了許多娓娓動聽的理由。為此，凱撒就把他們到來通知原先就在那邊統率軍隊的兩位副將昆圖斯・佩狄烏斯和昆圖斯・馬克西穆斯・法比烏斯(Quintus Maximus Fabius)，並且命他們用在本省徵集起來的騎兵來支援他。但他到達他們那邊時，迅速得出於他們的預料之外，因而他所希望要的騎兵支援，沒有能得到。

3 在那時候，小龐培的弟弟塞克斯提烏斯・龐培，正帶著一支駐軍在駐守被認為是行省首府的科爾杜巴，小格涅尤斯・龐培自己則在攻打烏利亞，已經差不多在那邊耽擱了好幾個月。一聽到凱撒到來，使者們瞞過格涅尤斯・龐培的哨崗，偷偷趕到凱撒這裡，要求他盡快派援軍到他們那邊去。因為這個城鎮一向對羅馬人十分忠誠，凱撒很快就下令六個營和一部分騎兵在第二更出發，同時派一個在這個行省很有名、對這個行省也很熟悉的人盧基烏斯・帕基埃庫斯・維比烏斯(Lucius Paciaecus Vibius)統率著這支部隊前去。當他趕到格涅尤斯・龐培的哨崗那邊時，正好逢到暴雨夾著狂風迎面逼來，風雨使天變成漆黑一團，不但進入鎮上去的通路無法辨認，簡直就連近在身邊的人也都無法看見。但這些困難卻給了他們極大的方便，他們在這種情況下到達那邊時，維比烏斯命令騎兵們兩個兩個一同前進，迅速穿過對方的崗哨，直向市鎮奔去。正當他們從敵人的防哨中穿過去時，有人問他們是誰，我軍中有一個人回答，叫他不要作聲，說他們這時正在趕去試登敵人的城牆，奪下這個市鎮。這些崗哨一則是由於風雨交加，無法謹慎地執行自己的警戒任務，再則也由於給這個答覆蒙住了。當到達城門時，他們發出暗號，被鎮上的人接了進去。一部分步兵就留在城裡布置開，騎兵則一聲發喊衝出城來，奔殺敵人的營寨。這一突如其來的襲擊完全出乎敵人意料，使得在這個營寨中的大部分人都以為自己已經落入對方手裡。

4 給烏利亞派出這支援軍後，凱撒為了促使龐培放棄攻打該鎮，他自己也迅速向科爾杜巴趕去。在行軍途中，他派一些勇敢的重裝兵陪同著騎兵在前面先走，在走到城裡的人已經能望得到他們的地方，這些人就退藏到馬隊中去，這種行動，科爾杜巴人是無法看見的。當他們走近城牆時，大批軍隊從城裡趕出來，想擊潰我軍的騎兵，我們上面說的這些重裝兵跳下馬來，大戰一場，因而，在多得不計其數的敵人中，只有極少數逃回城去。這場挫折使塞克斯提烏斯・龐培非常驚嚇，派人送信去給他的兄長，叫他趕快來援助自己，千萬別讓凱撒趕在他到來之前先把科爾杜巴占了去。因而，格涅尤斯・龐培被他弟弟的信弄得坐立不安，就在幾乎快要攻下烏利亞的時候，開始帶著軍隊一路向科爾杜巴趕去。

5 凱撒來到拜提斯河時，因為河水很深，無法渡過，他用裝滿石塊的籮筐沉入河中，在它們的頂上再架上柱木，就這樣築起一座橋，把他的軍隊帶過河去，進入分成三部分的營寨。他駐營的地方就在橋的近旁，正好面對著那座市鎮，正如我們上面所說的分為三個部分。當龐培帶著他的軍隊來到那邊時，他照凱撒的樣子，也在他對面安下營來。凱撒為了要把龐培和那座市鎮，以及他們彼此間的交通往來切斷，開始築一道工事，向橋梁那邊伸過去。龐培也採取同一做法。這樣，這兩個首領之間開展了一場看誰先占有這座橋梁的競賽。就在這場競賽中，每天都有小規模的戰鬥發生，有時以這方占上風、有時以那方占上風告結束。當這種小接觸發展為大規模戰鬥，雙方開始短兵相接時，由於大家都急於要守住自己的陣地，寸步不讓，在橋邊擠成一團，在他們擠向河邊時，一失足便跌到河裡去。在這方面，雙方勢均力敵，不僅死者相繼，一批接一批，而且屍體枕藉，一堆又一堆。這樣，一連度過了好幾天。凱撒急於要把對方引到平地上來，不管用什麼辦法，盡可能快地作一次決戰。

6 看到他的敵人根本不願意出來作戰，凱撒把他的軍隊領過河去，並且命令在晚上把火點得通明，就像過去引對方離開烏利亞那樣，這次想再把他們引到平原上來。他就這樣向龐培最堅固的一個據點阿特瓜(Ategua)趕去。當龐培從逃亡去的人口中得知此事時，趕緊在當天抓緊時機，離開山間的隘徑，帶著一大批車輛和滿載的牲口，退到科爾杜巴。凱撒開始用一道工事和一系列封鎖工程圍攻阿特瓜。這時，人們給他送來了關於龐培的消息，說他就在那天出發了，為了對他的來臨作好防禦的準備，凱撒占據了幾處碉堡，其中有幾處可以布置騎兵，有幾處可以布置步兵，作為據點和哨崗，保衛自己的營寨。誰知龐培到來時正值清晨，大霧瀰漫，在一片朦朧中間，龐培用幾個步兵營和幾隊騎兵包圍了凱撒的騎兵，大肆斬殺，幾乎只有很少人逃出這場屠殺。

7 次日晚上，龐培燒掉他的營寨，渡過薩爾蘇姆河(Salsum flumen)，穿過山谷，在阿特瓜和烏庫比(Ucubi)這兩個市鎮之間的一處山上紮下營。這時，凱撒已經完成圍困工程和其他攻城所需的工事，著手建築壁壘和盾車。那地區有很多山，天然地勢不利於軍事行動，它被一條平原即薩爾蘇姆河盆地一分為兩，但這條河還是距阿特瓜比較近些，約為兩羅里，就是在這個市鎮一面的一座山上，龐培紮下他的營寨，這兩個市鎮同樣可以望到它。但他不敢去救他的同黨。他擁有十三個軍團的鷹幟和旗號，在這中間，他認為最為堅持地支持他的是從特雷博尼烏斯手下叛變過去的兩個本地軍團，另一個是從住在本地區的羅馬殖民中徵集起來的，第四個是他從阿非利加帶過來的原屬阿弗拉尼烏斯的軍團。其餘的都是由逃亡者或同盟軍組成的。至於輕裝兵和騎兵，則無論就勇敢而論還是就數目而論，我軍都要比他們強得多。

8 此外，還有別的原因在促使龐培把戰事長期拖下去。那地方是一片高地，極適合給軍營布設防禦工事，再加因為差不多整個遠西班牙地區都是很肥沃的地方，水源很充沛，所以要圍困它是一件徒勞無功和極為困難的事情。而且由於那邊常常發生蠻族入侵的事，因之在距離市鎮較遠的所有地方，都有碉樓和防禦工事扼守著，就像在阿非利加的那樣，它們頂上蓋的是泥灰而不是瓦。同時它們上面還有瞭望塔，因為它們處在很高的地方，所以四面八方都一望可及。再加，這個行省的大多數市鎮幾乎都建立在地勢很高峻的地方，受到山嶺的保護，要接近它就得攀登很困難的道路。正是由於這種天設地造的形勢，才阻止了別人的進攻，使得西班牙的這些城鎮不易被敵人占領，在這次戰爭中也是這樣。這時，龐培的營寨紮在上述的兩座鎮阿特瓜和烏庫比之間、這兩座市鎮上都可以望得到的地方。距離凱撒的營寨大約四羅里，有一座天然隆起的小丘，叫做波斯圖穆斯營地(castra Postumiana)，凱撒在那邊築起一座堡壘，以資防守。

9 龐培注意到這個受天然地形掩護的堡壘，正和他處在同一條山嶺上，而且離開凱撒的營寨還有一段距離。他又看到，凱撒和它之間隔著一條薩爾蘇姆河，他認為地形這樣崎嶇難行，凱撒決不會以

為自己應該派軍隊去支援它。他對自己的這種想法深信不疑，在第三更時，開始趕去攻打這座堡壘。他們一到那邊，突然發出一陣喊聲，開始投擲大量輕矛，使我軍大部分人受了傷。正當我軍在營寨裡展開反擊，消息已被帶到大營裡去給凱撒，他帶著三個軍團出發，來援助正在勉強支持的我軍。他趕到他們那邊時，敵人非常驚慌，紛紛潰散，很多人被殺死，還有一些人被俘，包括兩個百夫長。此外又有許多人拋棄自己的武器，飛奔逃走。我軍撿回他們的盾牌有八十面。

10 接著下一天，阿圭提烏斯(Arguetius)從義大利帶著騎兵來到。他帶來五面薩貢提亞人(Saguntini)的軍旗，這是他從這個鎮上的居民那裡奪取過來的。我沒有在前面該提的地方提到還有一支騎兵，已經由阿斯普雷那斯率領著趕來凱撒這裡。就在那一夜，龐培燒掉自己的營寨，開始向科爾杜巴趕去。一名叫因多(Indo)的國王，當時正領著自己的軍隊和騎兵一起行動，在追逐敵軍隊伍時，追得過分熱心了些，路上被本地軍團捉住並殺死。

11 次日，我軍騎兵朝著科爾杜巴的方向追出很遠，追的是鎮上運送給養去給龐培的運輸隊。他們中有五十個人被俘虜，連他們的載運牲口一起被帶回我軍營寨。這一天，龐培方面的一個軍團指揮官昆圖斯・馬爾基烏斯(Quintus Marcius)投奔到我們這邊來。晚上第三更，鎮上發生了激烈的戰鬥，投擲了許多火種。就在這個時間以前，一個羅馬騎士叫蓋尤斯・豐達尼烏斯(Gaius Fundanius)的，從敵人營寨裡投奔到我們這邊來。①

---

①西班牙的幾個重要市鎮如阿特瓜、科爾杜巴、烏庫比和希斯帕利斯等城內都有親龐培和親凱撒的兩派，當凱撒和龐培的正規軍團在為爭奪城鎮鬥爭時，城內兩派也往往展開激鬥，這裡和後面十三、十五，以及二十二、三十七諸節說的都是這種居民中的內部鬥爭。

12 在次日，本地軍團中的兩個士兵被我軍的騎兵捉了來，他們自稱是奴隸。但他們一到就被一些過去曾經在法比烏斯和佩狄烏斯部下、後來又背棄了特雷博尼烏斯的士兵們辨認出來。這次再沒饒恕的機會輪到他們，他們馬上被我軍殺死。在同一時期，還截獲幾個信差，他們都是從科爾杜巴派出來，趕到龐培那邊去的，但走錯了路，跑到我軍的營寨裡來了。把他們的手砍掉後放走。在第二更，敵人還是和往常的習慣一樣，從市鎮裡投出大量火種和矢石，經過很長一段時期，傷了我們許多人。黑夜過去時，他們又趁第六軍團正在忙於修築工事時，突然衝出城來攻擊他們，開始了劇烈的戰鬥。但儘管有鎮裡的人居高臨下在支援他們，他們的衝擊還是被我軍頂住了。當他們開始突圍出來時，我軍雖然處在很不利的低處，仍能靠自己的英勇逐退敵人，使他們遭到很大的傷亡後退進城裡去。

13 次日，龐培開始從他的營寨起，築一道工事支線，通到薩爾蘇姆河。當正在值崗的少數我軍騎兵被人數較多的敵人發現了時，被他們從崗位上趕走，其中有三個人被殺死。就在那一天，一個元老的兒子奧盧斯・瓦爾吉烏斯(Aulus Valgius)，因為他的兄弟現在龐培營中，拋掉自己的東西，騎馬逃走。龐培那邊的第二軍團的一個間諜，被我軍捉到後殺死。同時，有鉛球射出來，上面有文字說：「如果哪一天你們來攻城，我將把盾放下。」①這引起了許多人的希望，他們相信自己可以毫無危險地爬上城去占領這個市鎮了。就在次日，他們動手構築一道通到城牆的工事，把該城的外牆拆掉一大

①「我將把盾放下」，這句話意思不太明確，也許是說，他將把盾放下來作為一個記號，也可能是說他將不抵抗。

段……①這樣，他們被鎮上人看做是自己方面的人，保全了性命……他們要求凱撒把龐培為了守衛城市而布置在那邊的重裝兵除掉。凱撒回答說：他一向都是只向人家提條件，而不接受人家的條件的。當他們帶著這個答覆回到鎮上去時，居民們發出一片吶喊聲，發射了各式各樣武器，沿著整個城牆開始搏鬥起來。這就使得我們營中的大部分人堅決相信他們要在這天突圍了。於是，那座市鎮被團團圍住，戰鬥很激烈地進行了一段時間。就在這段時間裡，我軍的一架重弩機的一次發射，把敵人的一座碉樓掀翻，有五個敵兵和一個通常看管弩機的僕役，在這座碉樓裡斃命。

14 就在這天的早些時候，龐培渡過薩爾蘇姆河來建立了一座堡壘，沒遇到我軍抵抗，這就使他誤以為自己很了不起，好像已經在我們的地區裡占到了一塊地方似的。同樣，在次日，他還是用這種老辦法，再向前伸進一些，伸到我軍騎兵布置有哨崗的地方。我軍的幾隊騎兵和一些輕裝兵被逐出陣地，而且由於人數太少，一起被夾在敵人的大隊騎兵中間擊潰。這一次戰役是在雙方營寨都看得見的地方進行的，龐培一方更加得意洋洋地自吹自擂起來，認為我軍已經越來越後退，自己已越來越跟進。然而，一當退到地勢有利的地方時，我軍重新像一向習慣的那樣，極勇敢地接戰時，他們又光只是大聲吶喊，避免交鋒。

15 幾乎在所有的軍隊中，逢到騎兵戰鬥時，總是會發生這種情況：即當騎兵跳下馬來和步兵交鋒時，從來都敵不過對方。但在這次戰鬥中發生的情況卻與之相反，在敵人精選的輕裝步兵出其不意地

①下面原手抄本殘缺，失去的部分顯然是說凱撒的軍隊衝進城去，但沒有得手，有些人被鎮上居民保全下來，後來又派使者送他們回到凱撒這裡來，一面向凱撒提出投降條件。

進逼我軍騎兵時，我軍騎兵在戰鬥中一看到這種情況，就有很多人跳下馬來，於是在很短一段時間內，騎兵開始作步戰，他們甚至能夠一直追到壁壘邊去大肆斬殺。在這次戰鬥中，對方一面死去一百二十三人，有不少人武器被奪走，還有許多人受傷退回營寨。我軍三人被殺，步兵十二人和騎兵五人受傷。就在這一天晚些時候，按照老習慣，又開始沿著城牆戰鬥起來。敵人向我軍守衛人員投擲了大量輕矛和火種之後，竟當著我軍的面，幹起最最傷天害理、慘無人道的暴行來，他們動手屠殺城裡的一些讓他寄居的主人，把他們從城上直接拋下來，就好像在野蠻人中那樣，這在人類的記憶中是從未發生過的。

16 在這天最後的一段時間裡，龐培一方的人瞞住了我們，派一個信使來叫他們在晚上第三更時縱火焚燒我軍的塔樓和工事，突圍出來。於是，在投擲了大量火種和武器，費掉大半夜時間以後，他們打開了面向龐培的營寨、彼此一望可及的那道城門，用全部兵力突圍出來。他們還隨身帶著樹枝和木柵，用來填沒壕塹，同時還帶著撓鉤，用來拆毀和焚燒我軍為了過冬而造的草頂棚屋；此外他們又帶了一些銀器和衣服，想趁我軍忙於擄掠這些東西的時候，他們可以放手斬殺，然後退到龐培營裡去。龐培因為相信他們這次嘗試能成功，正趕到薩爾蘇姆河的對面一邊，通宵嚴陣以待。這一行動雖然對我軍士兵來說完全是件意外之事，他們還是能夠依靠自己的勇敢，擊退了敵人，並傷了他們許多人，把他們驅逐回城裡去，他們的財物和武器也被我軍奪了過來，並且活捉到一些人，第二天都處死了。就在同一時期，一個從鎮上逃亡來的人說：在對鎮上的居民大屠殺以後，在坑道中的尤尼烏斯(Iunius)①

①這個尤尼烏斯只此一見，不知何許人。

責怪他們說，對鎮上居民的屠殺，是他們這方面犯下的傷天害理、絶滅人性的罪行，這些居民把他們接進自己的家宅，完全沒有什麼對不起他們的地方，需要他們用這種殘酷的刑罰來對待，用這種殘暴手段來玷污賓主之誼的乃是他們自己。此外，尤尼烏斯還說了許多別的話，他的話很使這幫人驚愕，因而停止了屠殺。

17 因此在明天，提比里烏斯·圖利烏斯(Tiberius Tullius)作為使者，陪著加圖和安東尼一同前來。他對凱撒說了這樣一些話：「如果不朽的神們讓我做了你的戰士、而不是龐培的戰士，使我的這種不折不撓的勇氣能在你的勝利中表現、而不是在他的災難中表現，該有多好；現在，經過重重憂患，他的聲望已經如此一落千丈，使得我們這些羅馬公民不但需要別人救援，而且由於國家的悲慘的災禍，已經落到處於敵人的地位了。我們不管是在最初他軍事上一帆風順的時候，還是後來一蹶不振的時候，都没得到什麼好處，反而受到軍團的一次次攻擊，無論在白天還是黑夜的戰鬥中，我們都要挨刀劍砍、挨矢矛射，龐培既把我們丢在一邊，不屑一顧，你們的英勇又使我們一敗塗地。現在，我們為了自己的安全向你的仁慈懇求，請你饒了我們的性命。」凱撒回答他們說：「我過去對外族人是怎樣的，今後對投降了的公民同胞當然也會這樣。」

18 使者們這時被打發回去。在他們到達城門口時，提比里烏斯·圖利烏斯跑了進去，當加圖也在進去，安東尼卻没跟著他時，加圖回到城門口一把抓住他。提比里烏斯看到這種情況，馬上拔出匕首，一刀刺在加圖手上。因而他們逃回到凱撒這裡來。①就在這時候，第一軍團的鷹幟手投奔到我們

①上面的一段敘述，作者沒有說明阿特瓜的使者何以要在回到自己城門口時發生爭論，以至動起刀子來。而且由於作者在敘述一件事情的過程時，常常不用明確的主語，讀者只能從拉丁動詞的詞尾變化來看出是第幾人

這邊來，因而得悉在騎兵戰鬥的那一天，他的那個連隊死掉三十五個人，但在龐培的營中卻不准報導這種事，也不准談論有人死掉的事情。有一個奴隸，他的主人在凱撒營中，自己的妻子兒女都在城裡，他殺害了這個主人，然後偷偷瞞過凱撒的哨崗，逃到龐培的營裡去了。……送來寫在一顆鉛球上的一項通知，把市鎮裡正在採取的防衛措施報告凱撒。因而，當這項通知已經收到，而且這個常常發射這種帶有文字的鉛球的人已經回到市鎮裡去了之後……在後來，有兩個盧西塔尼亞人兄弟投奔過來，報告了龐培在會上的一次講話，說既然他無法趕去援救那個市鎮，他們必須在晚上朝大海的方向退去，退到敵人看不到的地方。據說有一個人回答他說，他們寧願決一死戰，總比偃旗息鼓地逃給人家看好。說這番話的人馬上被殺死。就在那時，有些龐培的信使在他們到鎮上去的路上被捉到。凱撒把他們的信件投入城裡，並且命令這些乞求饒命的人去焚燒一座鎮上的木塔，說如果做到了這個，他

稱、單數還是複數、主動還是被動，如遇到的參與活動的人都是第三人稱單數，就弄不清說的是誰。這一段，按手抄本原文，阿特瓜的使者只有兩人，德國出版的托伊布納爾叢書《內戰記》的編者克羅茲，在原文中增減了個別單字後，把原文解釋如下：

「使者們被打發回去，到達城門口時，提比里烏斯・圖利烏斯停下步來，當加圖在跑進去，提比里烏斯不跟著他時，加圖回到城門口來，抓住這個人。看到他的行動，提比里烏斯立刻抽出一把匕首來，一刀戳在對方手上。於是，他們逃回到凱撒這裡來。」

正如洛布本的編者 **A. G. Way** 所說的那樣，這段文字裡有兩點難於解釋：⑴兩個使者之間既已發生衝突，而且用上了匕首，決不會一同逃回到凱撒這裡來。⑵加圖既已一把抓住提比里烏斯，提比里烏斯就是直接接受這一行動的人，不可能再說他「看到他的行動」，這句話一定是說的一個在場的第三者。據此，他認為本節的原文有錯誤脫漏的地方，經過他校正補充，便成為這裡所譯的樣子，加圖後來進城去了，另外兩個人逃來凱撒這裡。但這樣，這裡雖然容易講得通了，後來第十九節中所說的「即前次來過這裡的那幾個人」又難解釋了，既然三個使者中的兩個已逃來凱撒這裡，怎麼還會是複數呢？

就一切都答應他們。誰要去燒掉這樣一座木塔而不冒生命危險是件很困難的工作，當他們中的任何一個人腿上繫著繩子跑近它時，都被鎮上人殺掉。在同一天晚上，一個逃亡來的人報告說：小龐培和拉比努斯對屠殺鎮上人這件事都十分憤怒。

19 在第二更天，由於大量矢矛攻擊，屬於我軍的一座木塔，從底層至第二層、第三層，都受到破壞。同在這時候，沿城牆發生了激烈戰鬥，鎮上人乘著順風，像上面說過的那樣，把我們的木塔縱火焚燒起來。次日，一位家庭主婦跳下城牆，溜到我們這邊來，說她和她的全家已經準備一起逃到凱撒這裡來，但她家裡的人都被捉住殺死了。也就是在這時候，一封信從城上投下來，發現它裡面寫的是：「盧基烏斯・穆那提烏斯致意凱撒：反正我現在已被格涅尤斯・龐培拋棄，如果你能饒我性命，我就保證把過去用在他身上的那種勇敢和堅貞，來為你效勞。」與此同時，鎮上人的使者，即前次來過這裡的那幾個人，又來到凱撒這裡，說如果饒了他們的性命，他們將在次日獻出市鎮。他回答他們說：他是凱撒，說話是算數的。因而在二月十九日，他占有了這座市鎮，被歡呼奉為「英佩拉托」。

20 當龐培從逃去的人口中得知該鎮已被獻出時，他移營向烏庫比而去，環繞著那地方築起一座座碉堡，自己開始閉守在防禦工事裡不出來。凱撒也移營向他的營寨靠近。就在同一時刻，一個本地軍團中的重裝兵，早晨逃到我們這面來，報告說：龐培召集了烏庫比的居民，命令他們要仔細地考察，識別出哪些人是指望他這一邊勝利、哪些人是指望對方一邊勝利的。就在這個時間以前，在剛攻克的這個市鎮的一處坑道裡①，抓到了前面說的那個殺害主人的奴隸，他被活活燒死了。同一時間，八個

---

①剛攻克的這個市鎮指阿特瓜，奴隸殺害主人的事見第十八節。

重裝兵的百夫長，從本地軍團逃到凱撒這裡來。我軍的騎兵和敵人的騎兵發生了遭遇戰，我軍的一些輕裝兵負傷後死去。那天晚上，幾個偵察人員被我軍捉住，其中三個奴隸，一個是本地軍團的士兵，奴隸釘了十字架，士兵砍了頭。

21 次日，有一些騎兵和輕裝兵從敵人營裡投奔到我們這裡來。就在這時候，大約有四十名騎兵衝出來襲擊我軍的取水的人，一些人被殺死，其他的被活捉了去，這些騎兵中有八人被我軍俘虜。次日，龐培殺掉了七十四名據說是指望凱撒得勝的人，他命令把其餘的人重新帶回鎮裡去。但他們中卻有一百二十人逃出來，投奔到凱撒這裡。

22 剛好在這時間以前，在阿特瓜捉到的由烏爾紹(Ursao)派來的使者，在我方的幾個人陪同下，出發回家，去向烏爾紹的人民報告已經發生的事情，並且詢問他們對格涅尤斯・龐培還能抱有什麼幻想，難道他們不看到這些被人家當做救兵接到城裡去的人，反而屠殺了本地的主人，並且還犯下了其他許多罪行嗎？當這些人走到烏爾紹時，除了那些本城人以外，我方人員——都是一些羅馬騎士和元老——不敢輕易進入該鎮，雙方就以往來傳話來交換意見。當使者們返回到城外我方人員的地方時，鎮上人帶著一批部隊在後面跟上來，殺害了我方的使者。他們中只有兩個人活著逃出來，把發生的事情報告凱撒……他們派偵察人員到阿特瓜去，當他們了解使者們的報告的確是真的，事實經過正如他們所報告的那樣時，馬上就有一批鎮上的居民聚集起來，開始向那個殺死使者的人投擲石塊，並且開始動手打他，因為他幹的事情給自己惹來了殺身之禍。這個人好不容易才脫出危險，他向鎮上人要求允許他到凱撒那邊去擔任使者，說他能讓凱撒滿意。當他們給了他這個機會時，他離開那邊，到外面去集合武裝力量，等他湊起了相當大的兵力，他就利用陰謀，在晚上被接到城裡去，在城裡發動大規模的屠殺，殺死了帶頭反對他的那些人，把市鎮奪到自己手裡。就在這段時間以前，有逃亡來的奴隸報告說：鎮上人的財產在被出售，除了不束腰帶的人之外，禁止人們走出壁壘①；因為自從阿特瓜被攻克的那天以來，已經有許多人在驚慌中逃到拜圖里亞(Baeturia)去，他們認為已經沒有成功的希望了；如果有人從我們這裡叛逃到他們那邊去，就被硬編到輕裝兵裡去，一天賺不到十七阿斯。②

23 在接著來的這段時間裡，凱撒把營寨移近去了一些，築一條工事支線，伸向薩爾蘇姆河。正當我軍在全神貫注地工作時，有許多敵人從高處奔下來衝向他們，趁我軍無法抽身之際，發射大量矢矛，傷了我軍不少人。這就正像恩尼烏斯所說的那樣：「我軍辟易數式」。③因而，當我軍看到自己已經退得超過往常的習慣時，就有第五軍團的兩個百夫長跑過河去，重新整頓了陣容。當他們正以非

---

①只有不束腰帶的人才可出壁壘，是為了有人把武器和財物藏在衣服下偷偷溜到凱撒營裡來。

②原文是 **non amplius XVII accipere**（收入不到十七），一般人都把它理解為每天收入不到十七阿斯。但作者在這裡顯然是想以此來說明凱撒部下逃過去的人，不問是正式的軍團士兵還是別的什麼，一律被編入低於軍團士兵一等的輕裝兵，賺的錢很少。因此，如果這裡的 XVII 是說每天賺十七阿斯，一年以三百六十日計就將達六千一百二十阿斯，即六百一十二德那里烏斯，而在凱撒軍中，雖然凱撒已經把軍團士兵的餉給提高至六千塞斯特斯即二百二十五德那里烏斯，還是遠低於此數。因此把 XVII 作為每天十七阿斯，肯定說不通。克羅茲認為這裡的 XVII 是※VII 之誤，※是德那里烏斯的縮寫記號，把它解釋為每月收入不到七個德那里烏斯，即每年不到八十四個德那里烏斯，似乎比較合理些。

③昆圖斯·恩尼烏斯(Quintus Ennius, 239—169B.C.)——義大利卡拉布里亞人，一生創作了大量史詩、悲劇和雜體詩，許多都是模仿或翻譯改編希臘前代作家的作品，對當時和後世的拉丁文學產生了很大的影響，所以有「羅馬詩歌之父」之稱。由於他的作品在羅馬上層社會的廣泛流傳，同時還由於他和當時的權勢人物如《田園雜事》的作者老加圖、打敗漢尼拔的老西皮阿·阿非利加努斯等人的交遊，使他獲得羅馬公民權。他的作品絕大部分已經散失，所以這裡和下面第三十一節所引的幾句詩，已無法知道出於哪一首詩。

凡的英勇激烈搏鬥，迫使大批敵人退走時，兩個人中的一個被從高地上發射下來的大量矢矛殺死。他的那個同伴這時正在開始作眾寡懸殊的鬥爭，當他發現自己已經被敵人四周團團圍住，想往後退時，失足跌倒。這個英勇的百夫長陣亡時，許多敵人搶上來檢取他的飾物，但我軍的騎兵都已經趕過河去，把敵人從較低的地方一直趕到他們的壁壘那邊去。他們過分熱心地衝到對方的工事裡去殺敵，但卻被敵人的騎兵和輕裝兵截斷後路。要不是他們勇敢絕倫，可能就此被活捉了去，因為他們緊緊擠在防禦工事裡，騎兵簡直沒有一點活動餘地可以保衛自己。無論在步兵還是騎兵的戰鬥中，都殺傷了許多人，其中還包括克勞狄烏斯・阿奎提烏斯(Clodius Arquitius)。雖然雙方的戰鬥是如此緊挨著進行的，但我軍卻除了這兩位光榮犧牲的百夫長外，一個人都沒損失。

24 次日，雙方部隊一起集中到索里卡里亞(Soricaria)。我軍開始建築防線。當龐培看到他自己到距烏庫比約五羅里的一個叫阿斯帕維亞(Aspavia)的堡壘去的通路，將被我軍切斷，他迫於無可奈何，不得不出來應戰。但他還是不肯給自己的敵人在有利的地形和他們作戰的機會，他從一個小土墩上跑下來，趕去搶占一處高坡，想逼使凱撒在毫無辦法的情況下只能在下面不利的地方和他作戰。這樣一來，雙方部隊便都搶著去占據那個高坡，先登上去的我軍把他們阻攔住，並驅逐他們回到平地上去。這一著使我軍贏得到了一場勝利，對方到處敗退，我軍往來斬殺，殺死他們很大一部分人。使敵人得救的是山嶺而不是他們的勇敢，而且要不是暮色降臨，儘管我軍人數少，他們會連這些被當做救星的山嶺也都守不牢。就這樣，他們還是死去了三百二十三名輕裝兵，一百三十八名軍團士兵，至於那些丟掉武器和裝備的還不在其內。這樣，昨天兩位百夫長的死亡，就由敵人受到的這場懲罰彌補過來。

25 次日，小龐培的軍隊照老樣子來到原來那地方，仍使用他們的那一套老戰術，因為除了騎兵以外，即使在有利的地方，他們的部隊也不敢交鋒。當我軍正在工事上工作時，他們的騎兵開始衝上來進攻，同時他們那些平常總是跟在騎兵後面的軍團士兵也大聲喧嚷，要求讓他們一顯身手，為的是想使我軍相信他們已經完全準備好一戰了。我軍從低窪的谷地向前挺進了很長一段路，在平原上地勢比較有利的地方停駐下來，然而，毫無疑問，他們誰也不敢跑到平地上來和我軍作戰，只有一個叫安提斯提烏斯・圖皮奧(Antistius Turpio)的人，他自信自己勇力過人，開始嘲諷我軍沒有人可以和他相比。於是就像傳說中的阿基勒斯(Achilles)和門農(Memnon)交鋒那樣，義大利卡的一個羅馬騎士昆圖斯・尼格爾・龐培(Quintus Niger Pompeius)從我軍的陣地裡跑出去，上前和他對鬥。安提斯提烏斯是這樣的殺氣騰騰，使所有人的注意力都從工程上轉移到搏鬥場面上去，雙方的陣列也面對面拉了開來。因為在戰鬥的兩個人之間，彼此勢均力敵，勝利誰屬無從逆料，所以一時看起來好像這兩個人的決鬥，就是戰事的最後分曉和結局那樣。大家心裡充滿著焦急和期望，每個人都被自己這邊的戰士和助威者的熱情所激動。這兩個戰士都意氣風發，一直趕到平地上來戰鬥，他們盾上的象徵自己的英雄業績的雕飾閃閃發光……要不是上面提到的這些敵人騎兵的進攻，他們的交鋒本來也許真的可以結束這場戰鬥……凱撒曾在距工事不遠的地方布置下一些輕裝兵作為掩護，當我軍的騎兵在撤退中退到營寨，敵人放肆地跟蹤追來時，這些輕裝兵便到處發出一片吶喊聲，衝向他們。這在敵人中引起了一陣驚慌，在向他們自己的營寨潰退途中，損失了許多人。

26 為了表揚卡西烏斯①的騎兵隊勇敢，凱撒獎給他們三千德那里烏斯，獎給他們的指揮官五只金

---

①卡西烏斯——即〈亞歷山卓戰記〉四十八～六十四諸節所說的前西班牙代行司法官隆吉努斯・卡西烏斯。

項圈，還獎給輕裝兵二千德那里烏斯。就在這天，阿斯塔(Asta)的羅馬騎士奧盧斯・拜比烏斯(Aulus Baebius)、蓋尤斯・弗拉維烏斯(Gaius Flavius)和奧盧斯・特雷貝利烏斯(Aulus Trebellius)，逃來投奔凱撒。他們的馬上幾乎鋪滿了白銀。他們報告說：龐培營裡的全部羅馬騎士都已經設下盟誓，要逃奔過來，由於一個奴隸告密，因而統統被關了起來，他們自己本身也在其中，但找到機會逃了出來。同樣也是在這天，截獲一封格涅尤斯・龐培送到烏爾紹去的信，上面寫著：「S.V.G.E.V.」①：

「雖然我們至今一直運氣很好，能夠要想把敵人趕走就趕走，但如果他們肯讓我有在有利的地方作戰的機會，我一定能把戰爭結束得比你們想像的更快些。但是，他們不敢把他們沒有經驗的新軍開到戰場上來，以此至今被我軍釘牢在這裡，戰事也就此拖延下去。他們一個城鎮一個城鎮地圍攻，從這些城鎮裡為自己取得給養，因而，我不但將保護我們這面的這些市鎮，而且要一遇機會就結束戰爭。我想派給你……幾個營。一旦我們出戰，斷絕他們的給養，他們就不得不出來一戰了。」

27 後來，當我軍正忙於修築工事，無暇它顧時，在橄欖林中收集木材的一些騎兵被敵人殺死。有些奴隸逃到我們這裡來，報告說：從三月五日即在索里卡里亞發生戰鬥的那一天以來，對方驚慌萬分，阿提烏斯・瓦魯斯在負責外圍的堡壘。就在這天，龐培移營到正對斯帕利斯(Spalis)的一處橄欖林中去，在那邊停駐下來。凱撒也出發向那地方趕去，事先觀察月亮，大約是第六時刻時。龐培在這樣移營他去時，命令留下來的駐防部隊縱火焚燒烏庫比，他們等燒掉這個市鎮之後，才退到大營裡去。

---

① S.V.G.E.V——全文是 Si valetis gaudeo, ego valeo。意思是：「如果你很好，我就高興了，我很好。」這是羅馬人寫信時常用的問安套語，當時人寫信，大部分用這兩句套語開頭，而且只用縮寫。

後來凱撒趕去攻打溫提波(Ventipo)城，該城投降後，他又趕去卡魯加(Carruca)，正對著龐培的營寨安下營來。龐培因為這個市鎮閉門不納他的駐軍，把它燒掉了。一個在營寨裡殺掉自己兄弟的士兵，被我軍捉住，用棍子打死。凱撒從這個地區進入蒙達(Munda)平原，他一到那邊，就面對龐培築起營寨。

28 在第二天，凱撒正要帶著軍隊上路時，偵察人員帶消息來說，龐培從第三更時起就列好了戰陣。聽到這報告，凱撒升起作為戰鬥記號的帥旗。龐培之所以把部隊帶出來，是因為他過去曾經派人送信到他的支持者烏爾紹人那邊去，說凱撒不願意走下山谷來，因為他的大部分軍隊都是沒經驗的新兵。這封信大大鼓舞了該鎮居民的士氣，而且龐培自己也倚恃著這種想法，認為自己能隨心所欲，萬無一失。因為他安營的地方，不僅受到天然地形的掩護，同時還受到那城鎮本身的工事保障。正像我們前面指出的那樣，這是一片平原地帶，有連亙不斷的山嶺環繞著，只間或插有幾片平原。這就是當時所處的形勢。

29 介於這兩座營寨之間的乃是一片長約五羅里的平原，因而，龐培的部隊就有著雙重的保障，一是那座市鎮，二是那高峻的地勢。那片平原從最靠近市鎮的地方平坦地伸展開去，一直伸到前面有一條河流的地方，使得凱撒的軍隊要趕到龐培的軍隊那邊去時，一路上十分困難，因為河流的右面有許多沼澤和泥坑。因而，當凱撒看到對方的陳列已經布好時，他還一心以為敵人會跑上前來，到平原的中間來作戰，這是雙方都可以一眼看到的地方，加之，平原是那麼平坦，天氣又是那麼晴朗，對騎兵尤其有誘惑力，真是進行戰鬥的一個求之不得的天賜良機。我軍很為高興，但不免也有些人惴惴不安，他們想到的是他們每個人的事業和命運，現在已經臨到這樣的一個緊要關頭，誰也不敢確定一個刻時以後，會讓他們得到什麼結果。當我軍就這樣趕上去戰鬥時，心裡都以為敵人也會這樣做。但相反，他們卻不敢跑到離開市鎮工事比較遠的地方來，光只是停駐在緊靠城牆的地方。於是我軍向前推進。儘管有利的地形不時引誘敵人，促使他們想利用這種有利的地形一舉取得勝利，然而，他們仍按照自己的老辦法，既不離開高地，也不離開市鎮。當我軍緩步前進了一段路，趕到靠近那河流的地方時，對方仍堅守在那片陡峭的地方，不肯離開。

30 他們的戰線由十三個軍團組成，兩側由騎兵和六千輕裝兵掩護，此外還得加上數目大致相仿的同盟軍。我軍包括八十個營和八千騎兵。然而，當我軍一直挺進到平原邊緣地勢崎嶇的地方時，敵人卻在高地上以逸待勞，使我軍繼續前進登向高處，成為一件非常危險的事情。凱撒看到這一點，他開始給這次行動劃定一個範圍，免得他們冒冒失失闖出亂子來。但當這一指示傳到人們耳朵裡去時，他們都認為一決勝負的機會又被耽擱了，感到十分不耐煩和憤懣。這一拖延卻使敵人活躍起來，他們認為阻礙凱撒的軍隊上來決戰的不是別的而是膽怯。於是，他們向崎嶇的地方挺進了一些，似乎想給我軍戰鬥的機會，然而，我軍仍舊要冒很大的危險才能達到他們那邊。在我們這一面，第十軍團的人還耽擱在右翼的老地方，第三和第五這兩個軍團的人，以及其他同盟軍和騎兵在左翼。喊聲一起，戰鬥就展開了。

31 雖然我軍在勇敢方面領先，對方卻利用居高臨下的地勢竭力抵抗。雙方的吶喊聲如此猛烈，衝擊時發射的矢石如此驟密，使我軍對勝利簡直喪失了信心。實質上在衝擊和吶喊這兩樁使敵人喪膽的主要手段上彼此可以說是旗鼓相當的。雖然雙方都是同樣勇敢地利用這兩種手段進入戰鬥的，但卻有大量敵人被我軍投出去的輕矛擊中，成堆地死去。正如我們已經說過的那樣，守在我軍右翼的是第十軍團的士兵，人數雖然很少，由於他們的勇敢，仍能以他們的戰績來使敵人心慌意亂，他們開始猛烈地壓向這邊的敵人，把他們從他們的陣地上趕走，使敵人擔心這一翼會被我軍占領下來，開始把另一個軍團從右翼調過來支援。當這個軍團剛要移動時，凱撒的騎兵也向敵人的左翼進迫，因而，不管他們怎樣極其勇悍地搏鬥，始終沒有趕到這邊戰線上來支援的機會。這時衝進人們耳朵的，乃是混成一起的一片呼喊聲、呻吟聲和刀劍鏗鏘聲，正像恩尼烏斯所說的「腳尖踩著腳尖，刀槍擦著刀槍。」在敵人的頑強戰鬥中，我軍開始迫使他們後退，那市鎮正好給了他們掩護。這樣，恰恰是在利貝爾神的節日那天①，我軍戰敗和擊潰了敵人，要不是他們逃回到原來出發的地方，很可能全軍覆沒了。在這次戰鬥中，敵人死去約三萬人——只會多，不會少——外加還有拉比努斯和阿提烏斯·瓦魯斯，這兩個人都埋葬在他們死去的地方，此外有三千羅馬騎士，一部分是首都來的，一部分是行省的。我方損失了三千人，部分是騎兵，部分是步兵，受傷的為五百人。敵人的十三架鷹幟被俘獲，此外還得到許多連隊標幟的斧棒。

32 ……那些逃出去的人，把蒙達作為他們的退守據點，我軍不得已開展對它的圍攻。從敵人武器中撿來的盾牌和輕矛被插起來當作柵欄，屍體被堆起來當作壁壘，列在它們頂上的是插在劍端上的割下來的人頭，面對城牆團團圍成一圈，這不僅用來作為圍困敵人的工事，而且作為表明我軍英勇的標誌，以引起敵人的恐慌。在用從敵人屍體那邊撿來的重矛和投槍把市鎮圍起之後，高盧人開始向它進

①利貝爾是義大利一位主管豐收的神，也主管釀酒，通常人們都把他和希臘神話中的狄俄尼索斯混為一談。祭祀他的節日稱為利貝爾節(Liberalia)，在三月十七日。

攻。小瓦勒里烏斯(Valerius)從這次戰鬥中逃出去，帶著少數騎兵逃到科爾杜巴，把經過情況報告給正在那邊的塞克斯提烏斯・龐培。得知了這些情況後，龐培把在他那邊的所有錢財都分給了身旁的騎兵，告訴鎮上的人說，他要趕去和凱撒談判和平，在第二更離開了該鎮。①在另一方面，格涅尤斯・龐培由少數騎兵和一些步兵陪著，急急趕向他的海軍要塞、距科爾杜巴一百七十羅里的一個市鎮卡爾特亞(Carteia)。當他走到距卡爾特亞八羅里處的里程碑時，過去受命主持龐培營寨的普布利烏斯・考基利烏斯(Publius Caucillius)派使者送去龐培的指示，說他感到不適，須要派一乘軟轎來抬他進城。轎夫被派了出去，把龐培抬進卡爾特亞。他的支持者們都集中到他被抬到的那所房子裡來，大家都認為他是秘密趕來的，想詢問他對戰事有什麼打算。等很多人來到時，龐培下了軟轎，求他們收留保護他。

33 戰鬥之後，凱撒用一圈圍困工事包圍住蒙達，自己趕向科爾杜巴。這次大屠殺中倖存下來逃到那邊的一些人占據了橋梁。當凱撒趕到那邊時，他們開始嘲罵我們，說：「我們從戰鬥中活著出來的人已經很少，難道還不讓我們有一個地方可以逃嗎？」於是他們就跑下橋來戰鬥。凱撒渡過河去，紮下營來。斯卡普拉(Scapula)是所有這些亂黨、奴隸和釋放人的首領，當他逃出戰鬥，來到科爾杜巴

---

①塞克斯提烏斯・龐培，本書只敘到這裡為止，他在凱撒離開後，又在遠西班牙繼續活動，重新湊起一支軍隊來，凱撒死後，他曾一度通過雷必達和安東尼談判，達成諒解，由元老院任命他擔任艦隊指揮。當安東尼和屋大維在義大利頒布「大抄斬令」，大規模清除政敵時，他又再起來反對後三頭統治，封鎖義大利。後來屋大維和安東尼在彌塞努姆會談劃分勢力範圍時，他也參加了，分到了西西里、撒丁尼亞和阿卡亞。但不久屋大維對他發動進攻，經過多次互有勝負的戰事後，他終於失敗逃到小亞細亞，被安東尼捉住殺死（公元前三五年）。

時，他召集起他的奴隸和釋奴，要他們為自己堆起一座火葬堆，然後命令為他準備好一席最最精美的酒席，鋪設上最最華麗的墊布，他又把金錢和銀器當場分送給他的奴隸們。到時他自己去飲酒作樂，而且不時用樹脂和甘松油塗抹自己，直到最後，他命令一個奴隸和一個釋放人——後者是他的妾——一個割斷他的喉管，一個點起火葬堆。

34 一到凱撒面對著這個市鎮紮下營來時，鎮上居民們中間的偏袒凱撒的一方和偏袒龐培的一方馬上開始爭吵起來，叫喊聲和吵罵聲一直傳到我們的營寨裡。市鎮中有從逃亡者中徵集起來的兩個軍團，其中一部分是鎮上人的奴隸，由塞克斯提烏斯・龐培釋放自由的。他們在凱撒一到時就開始紛紛逃走。第十三軍團著手防守城市。那些第九軍團的人則在戰鬥一開始時就占據了一部分塔樓和城牆，他們再次派使者來見凱撒，要求他派軍團進去支援他們。逃亡者知道了這件事，就動手縱火焚燒市鎮。但他們被我們擊敗，殺死的達二萬二千人，死在城外的還不在內。這樣，凱撒就占領了這座市鎮。當他耽擱在這裡時，我們前面說過被圍困在蒙達的那些戰後殘存的人作了一次突圍，很多人被殺死後，重又被驅逐回去。

35 在凱撒向希斯帕利斯趕去時，有使者趕到他這裡來乞求寬恕。因而，當他到達那個市鎮時，他派副將卡尼尼烏斯帶了一支駐軍進入鎮內，他自己則就在靠近該鎮的地方紮下營寨。這時，這個鎮上有很大一批龐培的支持者，他們對於事先沒讓一個叫菲洛(Philo)的人知道就接納駐軍進城這件事，非常氣憤。這個菲洛是龐培派的一個最最狂熱的擁護者，而且在整個盧西塔尼亞都很聞名。這時他瞞了我方的駐軍偷偷趕到盧西塔尼亞去。他在倫尼烏姆(Lennium)遇到一個擁有大批盧西塔尼亞軍隊的蠻族凱基利烏斯・尼格爾(Caecilius Niger)。他再次返回希斯帕利斯，在夜裡被接進城去，屠殺了駐軍和崗哨，堵住城門，重新恢復作戰。

36 正當這些事件在進行時，有使者從卡爾特亞趕來報告說：龐培已經落在他們手裡。因為他們過去曾經對凱撒閉門不納，這時想藉這一點功績來彌補自己的罪過。在希斯帕利斯的盧西塔尼亞人一刻不停地戰鬥。凱撒看到，如果他竭力攻占這個市鎮，這些陷於絕望的人就會縱火燒掉市鎮，搗毀城池。在討論之後，他故意給盧西塔尼亞人一次晚上突圍的機會，他們沒想到這是故意安排好的，因而突圍出來，路上還縱火焚燒了一些正泊在拜提斯河邊的船隻，趁我軍忙於救火，不暇它顧時，飛奔逃走，但他們仍舊全部被我軍騎兵殲滅。這樣一來，市鎮就被克復了。凱撒又再開始向阿斯塔趕去，這個市鎮裡有使者來他這裡投降。至於從戰鬥中逃出來躲進蒙達城的那些人，在長期的圍攻以後，有很多人投降了，當把他們編到一個軍團裡去時，他們又在自己人中間設下盟誓，約好晚上信號一發，在城裡的人就突圍衝出來，他們自己則在營寨裡面放手斬殺。這計劃被得知後，次日晚上第三更，一聲口令，他們全都被殺死在壁壘外面。

37 當凱撒正在一路進軍攻打其餘的城鎮時，卡爾特亞的居民已經為了龐培開始爭執，一派就是曾經派使者到凱撒那邊去過的，另一派則是龐培派的支持者，這就引起了內訌，城門被關上，大規模地流血。受了傷的龐培奪取了二十條戰艦逃走。消息一傳到正在伽德斯統率一支艦隊的狄狄烏斯(Didius)那邊，他立刻開始追趕。卡爾特亞方面同樣也有步兵和騎兵趕上去，一路迅速追逐。航行到第四天，由於從卡爾特亞出發時沒作好準備，龐培的飲水沒有了，只能向陸地靠攏。當他們正在取水時，狄狄烏斯的艦隊趕上來，一些艦隻被捉住，其餘的被燒掉。

38 龐培帶著少數人逃走，占據了一處地形險要可守的地方。被派去追他的騎兵和步兵營通過先遣的偵察人員知道了這事後，日夜兼程趕路。龐培的肩頭和左腿受傷很重，再加還扭傷了腳踝，大大妨礙了他的行動，因而到那邊時，只能用一乘軟轎把他抬進這處碉堡。按照軍事活動的慣例，從他的衛隊中派出一個盧西塔尼亞人去做偵察工作，被凱撒的部隊看到，騎兵和步兵很快就把他們包圍起來。這是一處很難接近的地方，龐培之所以要為自己選擇一處地勢險要的地方，為的也就是這個，這樣，不管帶來進攻的人有多少，只要幾個人居高臨下就足以守衛。我軍一到該地，剛靠近它時，就被輕矛擊退回來。在他們後退時，敵人很放肆地逼過來，使他們只能馬上停止前進。當這樣反覆重演了幾次之後，就可以看出這對我軍是一件很危險的事①。於是，雙方築起一圈防禦工事，我們這邊也迅速地沿著山脊匆忙拉起一道同樣的圍壁，以便能和對方勢均力敵地相抗。這些人一看到這個時，就想藉逃跑來保全自己。

39 正像我們上面指出的，小龐培受了傷，而且扭傷了腳踝，因而妨礙了他飛奔逃走，加之地形險隘，不論是騎馬還是用別的交通工具都不能幫助他逃脫，求得安全。我軍到處斬殺。小龐培被隔絕在工事外面，②又失掉了他的支持者，他逃進一處山谷，躲到一個地面受侵蝕形成的洞穴裡，要不是俘虜們招出來，我軍真不容易尋到他。這樣，他就在那邊被殺死。當凱撒還在伽德斯時，小龐培的首級在四月十二日被帶到希斯帕利斯，在那邊示眾。

---

①從下面開始至本節結束，都沒主語，下面兩句的「對方」和「我們這一邊」是譯者加的，因為最後一句「這些人一看到這個，就想借逃跑來保全自己」，顯然說的是小龐培一方，因此倒推上去，給這兩句補加了主語。

②「小龐培被隔絕（封閉）在工事外面……(exclusus munitione)。」原文如此，很費解，McDevitte 的英譯本為了讀起來通順，索性改為「他的堡壘被攻下了」。

40 殺死小格涅尤斯·龐培，使我們前面說過的狄狄烏斯十分欣喜，他退向附近的一個堡壘，還把一些船拖上岸來修理。①那些從戰鬥中逃出來的盧西塔尼亞人仍舊集合到自己的軍旗下面，而且聚起了很大一支兵力，回到狄狄烏斯處來。雖然狄狄烏斯並沒放鬆對船隻的守護工作，但他們的一次一次攻擊，有時也把他引得離開那堡壘。這樣，他們就在幾乎每天發生的戰鬥中，設下一個圈套，把自己的兵力分成三股，一股人準備好去燒船，另一股人在船燒起來時，驅逐趕來援救的人，這些人要布置在不被看到的地方；其餘的人則公開出面去作戰。因而，當狄狄烏斯帶著部隊從堡壘裡出來趕走敵人時，盧西塔尼亞人升起了信號旗，船隻被縱火燒起來，同時，從堡壘裡出來作戰的人正在追逐那些看到同一旗號轉身退走的匪徒時，被埋伏著人從背後出來包圍住。狄狄烏斯和很多人在英勇搏鬥中被殺。有不少人在戰鬥過程中奪到了停靠在岸邊的一些小艇，另外又有很多人游泳逃到停泊在深水中的船上，拔起錨來鼓槳向大海航去，救出了自己的性命。盧西塔尼亞人奪去了戰利品。凱撒離開伽德斯，急急趕回希斯帕利斯。

41 被留下來攻打蒙達的守軍的馬克西穆斯·法比烏斯，用一系列圍困工事晝夜不息地圍攻。被圍困在裡面的人，自伙裡開始動武起來，殺死了許多人之後，又再突圍出來。我軍沒有錯過收復該市鎮的機會，還把其餘的人都活捉過來，數達一萬三千之多。我軍出發向烏爾紹趕去。這個市鎮有巨大的防禦工事捍衛著，因而，不論是它的人工建造的工事還是自身的天然地形，都足以使它迎擊敵人。加

---

①許多舊手抄本下面多出「et quodvis essent bracchium ex utrisque partibus」七個字，不成句子，無法解釋，洛布叢書本沒有翻譯成英文。

之，這個市鎮除了在它城裡有一處水源之外，在城周圍大約八羅里之內，到處找不到水，這也是一件對鎮上居民極有利的事情。再則還有，構築防禦工事所需用的材料，如通常習慣用來築造塔樓和盾車的木材，在附近六羅里之內就無法找到。龐培為了市鎮受到圍攻時可以安全些，已經把該鎮周圍的所有木材都砍伐下來，集中到市鎮裡去。這樣，我軍出於不得已，只能到新近攻克的蒙達去運木材到這裡來。

42 當這些工作正在蒙達和烏爾紹進行時，凱撒離開伽德斯，返回希斯帕利斯。在他到達的第二天，他就召集了一次大會，提醒大家說：在他一開始擔任財務官時起①，這個行省就比之其他任何一個行省更特別得到他的關心，而且給了這個行省當時他力所能及的一切好處。在後來他晉升為司法官時，他曾經要求元老院取消墨特盧斯・皮烏斯・凱基利烏斯(Metellus Pius Caecilius)加徵的稅收，使行省得以免付該項稅款；同時他又自己擔起該省保護人的責任，許多該省的代表都是由他引進到元老院去的，為了替他們的公私事務辯護，他還結下了許多仇怨。同樣，在他的執政官任內，雖然他不在當地，他也在自己的職權範圍之內，頒給這個行省許多優惠待遇。但他知道，無論在這次戰爭中還是在過去這個時期，他們已經忘掉了所有這些恩惠，已經不再因此而感激他自己和羅馬人民。他繼續說：「你們是很懂得萬民法②和羅馬公民所樹立的陳例的，但你們仍然像野蠻人那樣一再粗暴地對待羅馬

①凱撒在公元前六八年擔任財務官，任滿後即至遠西班牙行省繼續擔任代行司法官的財務官。公元前六二年他擔任司法官，任滿後又到遠西班牙行省去擔任代行司法官。他擔任執政官在公元前五九年。

②萬民法(Ius gentium)——這個詞含有兩種意義：(1)它是規定戰爭時期與和平時期兩個獨立國家間相互關係的法規，類似我們現在的國際法。(2)它是隨著羅馬國家的擴張、羅馬人和外邦人間的交往愈來愈頻繁，而逐漸形成的一系列專門處理羅馬人和外國人、外國人和外國人關係的法令條例，特別是在契約法方面，襲用了許多外國的法規。

人民的神聖不可侵犯的官吏，而且在青天白日之下就在市場中心傷天害理地策劃殺害卡西烏斯。你們對和平是如此之仇視，使得這個行省一天都不能沒有羅馬人民的軍團；正是你們，把恩惠當做仇怨，仇怨當做恩惠；因而，也正是你們，從來也不會在和平時期保持和睦，在戰爭時期保持勇敢。正是你們，在小格涅尤斯・龐培逃亡時收容了他，聽憑他這樣一個私人僭用只有國家官員才能使用的斧棒和軍政大權，讓他殺害了許多公民，並且在你們的唆使之下，招兵買馬對抗羅馬人民，把行省的土地弄得殘破不堪。你們希望戰勝的是誰呢？難道你們沒有考慮過，即使毀滅了我，羅馬人民不但還是有軍團能夠對付你們，甚至連天都能夠拆坍下來嗎？由於他們的光輝績業和英勇……」①

①原文至此中斷。

編後記

外國人名、地名的譯名，由於中國地名委員會、新華社等單位的努力，制訂了五十種外語漢字譯音表和《外國地名譯名手册》和英、俄、德等語種的姓名譯名手册，已逐漸統一和規範化。但古希臘文、拉丁文的漢字譯寫還沒有統一的譯音表，古希臘、古羅馬人名、地名的譯名各出版社之間，即使同一出版社的不同書籍之間往往歧異百出，這對讀者造成很大的不便，甚至引起混亂。因此我們參照羅念生先生的希、拉漢譯音表並吸收了各方面的意見，制訂了《拉漢譯音表》，古羅馬的人、地名均據此翻譯。

本書的主要譯者任炳湘先生不幸於一九八一年患癌症去世，所以本書的人、地名譯名改訂工作完全由我們擔任。譯者原根據原書各篇編有獨立的索引。現在我們把四個索引合編成一個。羅馬人同姓名的人很多，合編中如發生錯誤，應由我們負責，並希讀者指正。

本書的人地名既經改訂，就會與任炳湘先生翻譯、且已出版的凱撒著《高盧戰記》有出入，讀者可查對書後索引中的原文來加以識別。

編輯部　一九八五年二月

人名、地名索引

說明：本索引是根據洛布叢書原文的四個索引綜合編譯後重依漢字筆畫排定的，只有很少地方作了更動。如⑴原本把專門名詞獨立使用時作為一欄，當作定語使用時又另作一欄（如本都、本都人、本都艦隊……），現已合併為一；⑵原本把一個人的姓名作一欄，又再把姓或名單獨作一欄，說明參看某條，現為節省篇幅，不再重列。所注羅馬數字表示〈內戰記〉中出現的卷數（其餘三篇不分卷），數字為各篇所在的節數，卷、節數字前的漢字，為各篇名的簡稱：

內＝〈內戰記〉，

亞＝〈亞歷山卓戰記〉，

阿＝〈阿非利加戰記〉，

西＝〈西班牙戰記〉。

三　畫

小亞美尼亞(Armenia Minor)——德奧塔魯斯的王國，在小亞細亞最東部，後被圖拉真改為行省。亞：34, 36, 66, 67

四　畫

不列顛(Britannia)——凱撒曾在 55, 54 B. C.兩次入侵，未獲多大成功。內：I 54

厄古斯(Egus)——阿洛布羅格斯族首領阿德布基盧斯的兒子。內：III59, 79

厄皮烏斯，馬爾庫斯(Eppius, Marcus)——龐培黨徒，得到凱撒饒恕。阿：89

厄皮達魯斯(Epidaurus)——達爾馬提亞沿海市鎮，受到屋大維圍攻。亞：44

厄利斯(Elis)——伯羅奔尼撒西部一個地區的名稱，該地區的一市鎮與此同名。內：III105

孔西狄烏斯，蓋尤斯·隆古斯（子）(Considius, Gaius Longus)——孔西狄烏斯的兒子，得到凱撒的寬恕。阿：89

孔西狄烏斯，蓋尤斯·隆古斯（父）(Considius, Gaius Longus)——先指揮龐培在哈德魯墨圖姆的駐軍，後指揮

五　畫

六　畫

七　畫

八　畫

亞半島東半部。內：I 39, 48；II 7, 17, 18, 21；III 73；亞：59, 63；西：59, 63

金古盧姆(Cingulum)——今欽古利(Cingoli)，皮克努姆的一個市鎮，在奧克西穆姆西南約十六英里。內：I 15

金伽河(Cinga flumen)——今辛卡河(Cinca)，塞格雷河的一條支流，後者又流入埃布羅河。內：I 48

門農(Memnon)——希臘神話中的英雄，埃塞俄比亞國王，被阿基勒斯殺死。西：25

阿卡那尼亞(Acarnania)——希臘北部一個地區，在埃托利亞之西。內：III 56, 58

阿卡亞(Achaia)——羅馬通用之稱他們的希臘行省，嚴格說來只包括伯羅奔尼撒的北部地區。內：III 3, 4, 56, 57, 106；亞：44

阿弗拉尼烏斯，盧基烏斯(Afranius, Lucius)——60B. C.執政官，龐培的副將，在西班牙戰爭中擔任主將，後在阿非利加戰爭中逃往西班牙途中被俘殺死。內：I 37—43, 46—49, 51, 53, 54, 60, 61, 63, 65, 67, 69, 70—76, 78, 83—87；II 17, 18；III 83, 88；阿：64, 69, 95；西：7

阿瓦里庫姆(Avaricum)——今法國布爾日，高盧比圖里格斯族的首府。內：III 47

阿圭提烏斯(Arguetius)——從義大利率領騎兵來凱撒處的將領。西：10

阿伽爾(Aggar)——阿非利加市鎮，位置無法確定，可能靠近薩夫堡(Ksour es Saf)，在塔普蘇斯以南十六羅里，阿：67, 76, 79

阿利努斯，奧盧斯(Alienus, Aulus)——司法官，西西里行省長官。阿：2, 26, 34, 44

阿利亞克蒙(Aliacmon)——今馬其頓的維斯特里扎河(Vistritza)，流入特爾曼灣(Therma)。內：III 36, 37

阿那斯河(Anas)——今分隔西班牙和葡萄牙的瓜迪亞納(Guadiana)。內：I 38

阿里亞拉特斯(Ariarathes)——卡帕多基亞國王阿里奧巴扎涅斯的兄弟，王位爭奪者。亞：66

阿里奧巴扎涅斯(Ariobazanes)——小亞細亞卡帕多基亞的國王，龐培黨羽。內：III 4；亞：34, 66

阿里彌努姆(Ariminum)——今里米尼，在義大利北部亞得里亞海沿岸。內：I 8, 10—12

阿波尼亞那島(Aponiana insula)——今法維尼亞奈島(Favignana)，緊靠西西里的利呂拜烏姆。阿：2

阿波洛尼亞(Apollonia)——今波林奈(Polina)，伊里呂庫姆的一個市鎮，在迪拉基烏姆之南，近亞得里亞海。內：III 5, 11—13, 25, 26, 30, 75, 78, 79

阿非利加(Africa)——羅馬行省，包括撒丁尼亞和西西里對面的一長條北非沿

海地帶，同時又泛指亞歷山卓以東的北非沿海地帶，羅馬的主要糧食供應地。內：I 30, 31；II 23, 28, 32, 37；III 10；亞：9, 14, 28, 47, 51, 56；阿：散見全篇；西：1, 7, 8

阿奎努斯，馬爾庫斯(Aquinus, Marcus)——依附龐培的羅馬元老，在和敵人談話時被撞見。後受到凱撒寬恕。阿：57, 89

阿奎拉，昆圖斯(Aquila, Quintus)——凱撒部下將領，奉命在哈德魯墨圖姆海面巡邏。阿：62, 63, 67

阿奎塔尼亞(Aquitania)——高盧南部加龍河(Garonne)和庇里牛斯山之間的一個地區。內：I 39

阿洛布羅格斯(Allobroges)——羅納河和日內瓦之間的一個高盧部落。內：III 59, 63, 79, 84

阿庫提烏斯・魯孚斯(Acutius Rufus)——龐培黨羽。內：III 83

阿特尤斯，蓋尤斯(Ateius, Gaius)——龐培的黨羽，受到凱撒寬恕，阿：89

阿特瓜(Ategua)——可能即今薩爾蘇姆河岸的特瓦拉別哈(Teba la vieja)，科爾杜巴東南約十四英里。西：6—8, 22

阿特里烏斯，普布利烏斯(Arius, Publius)——烏提卡的羅馬騎士，在澤塔被凱撒俘虜，後獲赦免。阿：68, 89

阿馬努斯山(Amanus, Mons)——西里西亞和敘利亞間的山脈。內：III 31

阿勒西亞(Alesia)——今奧克蘇瓦山(M. Auxois)上的阿利斯聖蘭(Alise-Sainte-Reine)，在科多爾省(côte d'Or)的弗拉維尼(Flavigny)。內：III 47

阿曼提亞(Amantia)——伊庇魯斯的一個市鎮，大約在奧里庫姆附近，奧斯河〔Aous，今沃尤薩河(Voyussa)〕和阿克羅塞勞尼亞海岬(Acroceraunian Promontory)之間。內：III 12, 40

阿基利烏斯・卡尼努斯，馬爾庫斯(Acilius Caninus, Marcus)——凱撒的一個副將。內：III 15, 16, 39, 40

阿基拉(Acylla)——由凱撒駐守的阿非利加沿海市鎮，位置不詳。阿：33, 43, 67

阿基拉斯(Achillas)——托勒密國王手下的埃及軍統帥，曾和塞普提彌烏斯一起殺害龐培。內：III 104, 108—112；亞：4, 26

阿基勒斯(Achilles)——希臘神話中的著名英雄，曾在單鬥中殺死門農。西：25

阿提烏斯，蓋尤斯(Attius, Gaius)——龐培部下的一個佩利尼人。內：I 18

阿提烏斯・瓦魯斯，昆圖斯(Attius Varus, Quintus)——凱撒的一個騎兵指揮官。內：III 37

阿提烏斯・瓦魯斯，普布利烏斯(Attius Varus, Publius)——龐培部將，52B. C.的阿非利加行省長官。內：I 13, 31；II 23, 25, 27, 28, 30, 33—36, 43, 44

阿提烏斯・拉比努斯，提圖斯(Attius

Labinus, Titus)——凱撒在高盧作戰時的一位深受他信任的副將，內戰開始時投奔龐培，成為龐培一方最有經驗的戰將。內：I 15

阿斯帕維亞(Aspavia)——西班牙市鎮，在烏庫比以東五羅里的薩爾蘇姆河上。西：24

阿斯庫魯姆(Ascurum)——毛里塔尼亞的一個市鎮，龐培攻之未克。阿：23

阿斯庫盧姆(Asculum)——今阿斯科里皮切諾(Ascoli-Piceno)，義大利特倫多(Tronto)河上的一個市鎮，在凱撒當時為皮克努姆地區的首府。內：I 15

阿斯普雷那斯，盧基烏斯・諾尼烏斯(Asprenas, Lucius Nonius)——代行執政官，阿非利加戰爭中，凱撒留他在塔普蘇斯守衛營寨；西班牙戰爭中，從義大利率領騎兵到凱撒處。阿：80；西：10

阿斯塔(Asta)——可能即今加的斯東北20 英里的梅薩台阿斯塔(Mesa de Asta)。西：26, 36

阿普利亞(Apulia)——義大利南部靠近亞得里亞海的一個地區。內：I 14, 17, 23；III 2

阿普蘇斯(Apsus)——伊里呂庫姆的河流，今艾根特河(Ergent)在阿波洛尼亞以北入海。內：III 13, 19, 30

阿塔馬尼亞(Athamania)——伊庇魯斯東南地區，毗鄰塞薩利亞。內：III 78

阿雷拉特(Arelate)——今法國阿爾(Arles)，在羅納河上。內：I 36；II 5

阿雷提烏姆(Arretium)——今義大利阿雷佐(Arezzo)，約在弗羅倫薩東南四十英里。內：I 11

阿爾巴(Alba)——今阿爾貝(Albe)，義大利科菲尼烏姆西約 20 公里的一市鎮，在孚基努斯湖(Fucinus)邊。內：I 15

阿爾比西(Albici)——高盧部落，約居於今下阿爾卑斯省(Basses Alpes)。內：I 34, 56—58；II 2, 6

阿爾西諾(Arsinoe)——老托勒密・奧勒特斯的幼女，企圖代表克婁巴特拉登上王位。亞：4, 23, 33

阿維努斯，蓋尤斯(Avienus, Gaius)——第十軍團的軍團指揮官，因犯過失被開革。阿：54

阿德布基盧斯(Adbucillus)——阿洛布羅格斯族的一個首領。內：III 59

九　畫

哈德魯墨圖姆(Hadrumetum)——今突尼斯東海岸的蘇薩(Susa)，龐培的重要據點。內：II 23；阿：3, 21, 24, 33, 43, 62, 63, 79, 89, 97

屋大維，馬爾庫斯(Octavius, Marcus)——龐培艦隊的指揮官，和瓦魯斯一起指揮龐培的一支艦隊，游弋在烏提卡海面。內：III 9；亞：42—47；阿：44

拜比烏斯・奧盧斯(Baebius, Aulus)——阿斯塔的羅馬騎士，逃來凱撒處。西：26

十　畫

阿：78
特奧法涅斯(Theophanes)——米利都的希臘人，作家，龐培黨人。內：III 18
特雷貝利烏斯，奧盧斯(Trebellius, Aulus)——阿斯塔的羅馬騎士，逃奔凱撒。西：26
特雷博尼烏斯，蓋尤斯(Trebonius, Gaius)——凱撒的一個副將，在 55B. C.任保民官時，曾建議通過把凱撒在高盧的任期延五年。繼卡西烏斯任遠西班牙行省代行執政官。內： I 36；II 1, 5, 13, 15；III 20, 21；亞：64；西：7, 12
特爾穆斯，昆圖斯・彌努基烏斯(Thermus, Quintus Minucius)——52—50B. C.任亞細亞行省代行司法官。內： I 12
索里卡里亞(Soricaria)——西班牙市鎮，可能即今喀斯特羅德爾里奧(Castro del Rio)，阿特瓜東南六英里。西：24, 27
納巴泰伊人(Nabataei)——紅海東部佩得拉阿拉伯的居民。亞：1
納波(Narbo)——今納爾榜(Narbonne)，羅馬納波高盧行省的首府。內： I 37；II 21
馬扎卡(Mazaca)——卡帕多西亞的首府，今凱薩里耶(Kaisariyeh)，在塔爾蘇斯以北一百三十英里。亞：64, 66
馬尼利烏斯・托夸圖斯，盧基烏斯(Manilius Torquatus, Lucius)——49 B. C.司法官，龐培黨人。內： I 24；III 11
馬尼利烏斯・圖斯庫盧斯(Manilius Tusculus)——謀刺卡西烏斯的陰謀分子之一。亞：53
馬吉烏斯，努墨利烏斯(Magius, Numelius)——龐培的工程總監。內： I 24, 26
馬西利亞(Massilia)——今法國馬賽。內： I 34—36, 56—58；II 1, 3—7, 14, 15, 17, 18, 21, 22
馬其頓(Macedonia)——羅馬行省，在塞薩利亞之北，奧赫里德湖(Ochrida)之東，伊里呂庫姆的東南。它的西部稱做自由馬其頓。內：III 4, 11, 33, 34, 36, 57, 79, 102；亞：42
馬略，蓋尤斯(Marius, Gaius)——著名的軍事改革者，曾擊敗尤古塔和金布里人，七次任執政官，民主派的著名領袖之一，凱撒的姑丈。阿：32, 35, 56
馬爾西人(Marsi)——義大利中部部落，住在羅馬以東，孚基努斯湖周圍。內： I 15, 20；II 27, 29
馬爾克洛，盧基烏斯(Marcello, Lucius)——行刺卡西烏斯的陰謀分子之一。亞：52, 55
馬爾克盧斯，馬爾庫斯・克勞狄烏斯(Marcellus, Marcus Claudius)——51 B. C.執政官，龐培黨徒。內： I 2
馬爾克盧斯，蓋尤斯・克勞狄烏斯(Marcellus, Gaius Claudius)——49B. C.執政官，龐培黨徒。內 I 6
馬爾庫斯(Malchus)——納巴泰伊國王。亞：1
馬爾基烏斯，昆圖斯(Marcius, Quintus)——逃到凱撒方面來的軍團指揮官。

十一畫

十二畫

十　三　畫

十　四　畫

圖貝羅，盧基烏斯·埃利烏斯(Tubero, Lucius Aelius)——49B. C.被任命為阿非利加行省長官。內：I 30, 31

圖里伊(Thurii)——南義大利布魯提烏姆的一個市鎮，在地中海沿岸，離今貝爾韋代雷(Belvedere)不遠。內：III 21, 22

圖提卡努斯(Tuticanus)——高盧的一個羅馬騎士，父親是羅馬元老。內：III 71

寧費烏姆(Nymphaeum)——伊里呂庫姆的墨杜亞灣邊的一個市鎮，近利蘇斯(Lissus)。內：III 26

維比烏斯，盧基烏斯·帕基埃庫斯(Vibius, Lucius Paciaecus)——凱撒的軍官，奉命帶救兵去烏利亞。西：3

維比烏斯·庫里烏斯(Vibius Curius)——凱撒部下的騎兵軍官。內：I 24

維布利烏斯·盧孚斯，盧基烏斯(Vibullius Rufus, Lucius)——龐培官員，曾為和談奔走。內：I 15, 34, 38；III 10, 11, 15, 18, 22

維吉利烏斯，蓋尤斯(Vergilius, Gaius)——司法官，龐培的坐鎮塔普蘇斯的將領，襲擊凱撒的運輸隊，後獻出塔普蘇斯投降。阿：28, 44, 79, 86, 93

維托涅斯(Vettones)——西班牙部落，居於杜羅河(Douro)和瓜迪亞納河(Guadiana)之間，約今薩拉曼卡省地區。內：I 38

維博(Vibo)——今俾馮納(Bivona)，義大利布魯提烏姆西岸的市鎮，近蒙特萊翁(Monte-Leone)。內：III 101

維斯特里烏斯，普布利烏斯(Vestrius, Publius)——龐培一方的羅馬騎士，在勒普提斯海面上被俘，得到凱撒寬恕。阿：64

蒙達(Munda)——西班牙市鎮，雙方在它城外進行了決戰。位置有爭論，可能在奧蘇納(Osuna)西北六羅里左右。西：27, 32—34, 36, 41, 42

蓋圖利人(Gaetuli)——利比亞內地的一個民族，住在努米底亞和毛里塔尼亞南部。阿：25, 32, 35, 43, 55, 56, 61, 62, 67, 93

赫丘利(Herculus)——羅馬神話中的英雄，他在伽德斯有一座著名的神廟。內：II 18, 21

赫吉薩勒圖斯(Hegesaretus)——一個有錢的塞薩利亞人，龐培黨羽。內：III 35

赫爾維人(Helvii)——高盧部落，居於今法國的阿爾代什。內：I 35

赫彌尼烏斯山(Herminius)——西班牙山名，在盧西塔尼亞，近梅多布雷加。亞：48

遠西班牙(Hispania Ulterior)——伊比利亞半島兩半部和葡萄牙一帶內：I 38，39；II 17—19；III 73；亞：48—50, 53, 56—58, 64；西：1, 8

十　五　畫

德約塔魯斯(Dejotarus)——小亞細亞伽拉提亞的一個四分領君主，龐培黨

十　六　畫

十八畫

官。內：I 66
薩利努斯(Salienus)——凱撒的百夫長，因敗壞軍紀被凱撒斥革。阿：54
薩利努斯，提圖斯(Salienus, Titus)——凱撒第五軍團的百夫長，在海上被維吉利烏斯所俘。阿：28
薩呂斯（Sallyes，又作 Salluvii）——馬西利亞北部的一個高盧部落。內：I 35
薩宋(Sason)——阿克羅克勞尼亞海岬北部的一個小島，今薩辛諾(Sasino)。內：III 8
薩洛那(Salona)——達爾馬提亞沿海市鎮，靠近今斯帕拉托(Spalato)。內：III 9；亞：43
薩貢提亞人(Saguntini)——拜圖里亞的一個叫薩貢提亞(Saguntia)，即今錫貢塞 (Xigonza)的市鎮的居民，一說指埃布羅河口西南的一個市鎮叫薩恭圖姆〔Saguntum，今穆爾維德羅(Murviedro)〕的居民。西：10
薩塞那，普布利烏斯(Saserna, Publius)——蓋尤斯・薩塞那的兄弟，被留下來主管魯斯皮那。阿：10
薩塞那，蓋尤斯(Saserna, Gaius)——凱撒將領，被留下來守衛勒普提斯。阿：9, 29, 57
薩達拉(Sadala)——色雷斯統治者科蒂斯的兒子，龐培黨徒。內：III 4
薩圖尼努斯，盧基烏斯・阿普勒烏斯(Saturninus, Lucius Apuleius)——100 B. C.民主派的人民保民官，因倡議土地法，被元老院中的貴族共和派殺害。內：I 7
薩爾蘇姆河(Salsum flumen)——今夸達霍斯河(Quadajoz)。西：7, 9, 13, 14, 16, 23
薩爾蘇拉(Sarsura)——非洲內陸市鎮，在阿伽爾之西，可能在亨希爾克蘇爾(Henchir el Ksour)，被凱撒攻下。阿：75, 76
薩盧斯提烏斯，蓋尤斯・克里斯普斯(Sallustius, Gaius Crispus)——有名的歷史學家，司法官，由凱撒派去克爾基那，後尤巴的王國改成行省時，任第一任行省長官。阿：8, 34, 97
豐特尤斯，奧盧斯(Fonteius, Aulus)——凱撒的軍團指揮官，因破壞軍紀被開革。阿：54
豐達尼烏斯，蓋尤斯(Fundanius, Gaius)——龐培方面的羅馬騎士，逃往凱撒處。西：11

十　九　畫

龐培，昆圖斯・尼格爾(Pompeius, Quintus Niger)——義大利卡的羅馬騎士，單獨和安提斯提烏斯搏鬥。西：25
龐培，格涅尤斯(Pompeius, Gneius)——格涅尤斯・馬格努斯・龐培的長子，統率比布盧斯手下的部分艦隊，在西班牙戰爭中是凱撒的主要敵人，死於蒙達。內：III 40；阿：22, 23；西：

凱撒戰記 ／ 蓋尤斯・尤利烏斯・凱撒(Gaius Iulius Caesar)著；任炳湘、王士俊譯. -- 初版. --
臺北市 ：臺灣商務， 2001[民 90]
面 ； 公分. -- (Open ; 2:34)
含索引
譯自：Bellum Civile, De Bello Alexandrino, De Bello Africo, De Bello Hispaniensi
ISBN 957-05-1731-X(平裝)

1. 羅馬帝國 - 歷史 - 公元前 510-30 年

740.2237　　90017999

100臺北市重慶南路一段37號

臺灣商務印書館 收

對摺寄回，謝謝！

OPEN系列／讀者回函卡

感謝您對本館的支持，為加強對您的服務，請填妥此卡，免付郵資寄回，可隨時收到本館最新出版訊息，及享受各種優惠。

姓名：________________　　性別：□男 □女

出生日期：____年____月____日

職業：□學生　□公務（含軍警）　□家管　□服務　□金融　□製造
　　　□資訊　□大眾傳播　□自由業　□農漁牧　□退休　□其他

學歷：□高中以下（含高中）　□大專　□研究所（含以上）

地址：________________________________

____

電話：（H）____________（O）____________

E-mail: ________________________________

購買書名：________________________________

您從何處得知本書？

□書店　□報紙廣告　□報紙專欄　□雜誌廣告　□DM廣告
□傳單　□親友介紹　□電視廣播　□其他

您對本書的意見？（A/滿意 B/尚可 C/需改進）

內容____　編輯____　校對____　翻譯____
封面設計____　價格____　其他________

您的建議：

____

____

____

臺灣商務印書館

台北市重慶南路一段三十七號　電話：（02）23713712轉分機50～57
讀者服務專線：0800056196　傳眞：（02）23710274・23701091
郵撥：0000165-1號　E-mail：cptw @cptw.com.tw
網址：www.cptw.com.tw